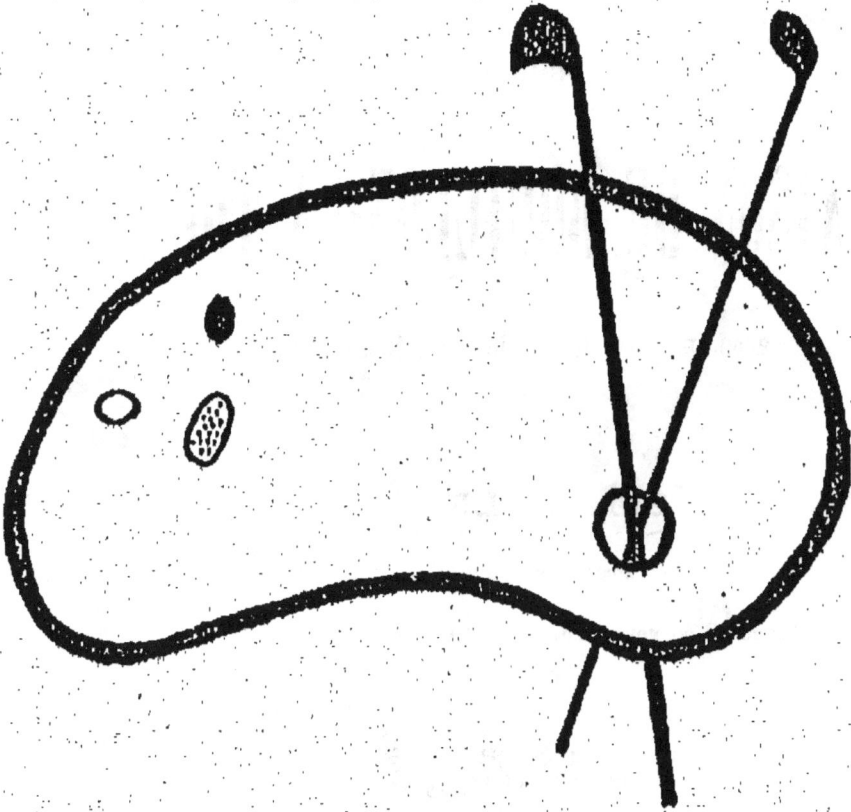

DEBUT D'UNE SERIE DE DOCUMENTS
EN COULEUR

NOTICE ARMORIALE & GÉNÉALOGIQUE

SUR LA

MAISON DE BOUILLON-LA TOUR

accompagnée de Tableaux généalogiques

PAR

Stéphen LEROY

Professeur d'histoire

Membre correspondant de l'Académie de Reims

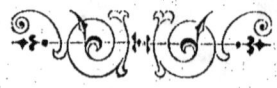

SEDAN

Librairie E. JOURDAN, 5, rue Gambetta

—

1896

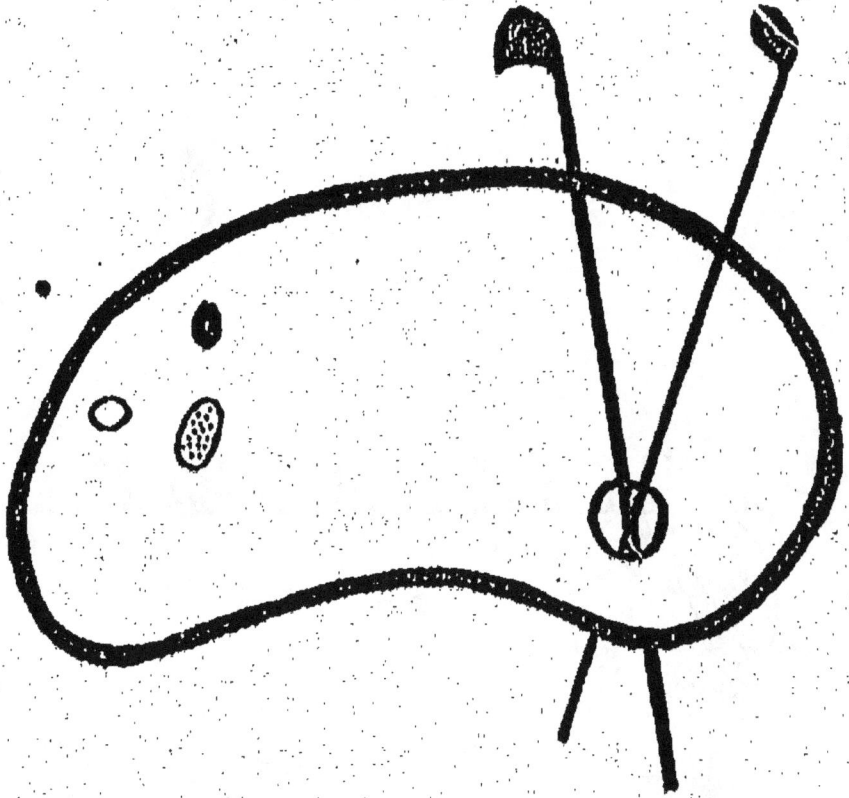

FIN D'UNE SERIE DE DOCUMENTS
EN COULEUR

LA MAISON DE BOUILLON-LA TOUR

NOTICE ARMORIALE & GÉNÉALOGIQUE

SUR LA

MAISON DE BOUILLON-LA TOUR

accompagnée de Tableaux généalogiques

PAR

Stéphen LEROY

Professeur d'histoire

Membre correspondant de l'Académie de Reims

SEDAN

Librairie E. JOURDAN, 5, rue Gambetta

—

·1896·

Tiré à 100 exemplaires.

NOTICE ARMORIALE & GÉNÉALOGIQUE

SUR

LA MAISON DE BOUILLON (1)

———

A partir de 1629, le dernier prince souverain de Sedan et
Raucourt, Frédéric-Maurice de La Tour, vicomte de Turenne et
de Lanquais, baron de Limeuil et de Montgacon, etc., composa
son blason de la manière suivante. Il écartela (2) : aux 1 et 4 de
La Tour, *d'azur semé de fleurs de lis sans nombre, à la tour d'argent
maçonnée de sable, brochante ;* au 2 de Boulogne, *d'or à trois
tourteaux de gueules ;* au 3 de Turenne, *cotice d'or et de gueules,
de huit pièces ;* et, sur le tout, parti d'Auvergne, *d'or au gonfanon
à trois pendants de gueules, frangés de sinople,* et de Bouillon,
de gueules à la fasce d'argent (3).

(1) Ce mémoire a été honoré d'une médaille de vermeil par l'Académie de Reims en 1893.

(2) En blason, *écarteler* signifie partager l'écu des armes en quatre quartiers égaux par
un *parti* et un *coupé*, c'est-à-dire par un trait perpendiculaire et par un trait horizontal qui
forment une croix, et placer dans chacun de ces quartiers ou seulement dans les quartiers qui
se correspondent deux à deux, c'est-à-dire dans le 1er et le 4e, le 2e et le 3e, les armes de
deux ou plusieurs familles différentes. On peut encore *contre-écarteler* (partager en quatre
parties l'un des quartiers de l'écu déjà écartelé) les quartiers, ou les multiplier à l'aide d'une
partition, et placer ainsi, au nombre de six, huit ou plus, les armes des grandes alliances dont
une famille se réclame.

(3) *Maçonné* se dit des ponts, des toits, pans de murs, châteaux et autres bâtiments,
lorsque les lignes qui marquent la séparation des pierres sont d'un émail particulier. —
Brochant se dit des pièces qui passent sur d'autres, et qui les couvrent en partie. — *Cotice*
se dit du champ ou de l'écu rempli de huit ou dix bandes ou cotices alternées de métal ou de
couleur. La *bande* est une pièce honorable qui occupe diagonalement le tiers de l'écu par le
milieu, de droite à gauche ; la *cotice* est la bande diminuée des deux tiers, ou quelquefois de
la moitié de sa largeur. — Le *surtout* ou *sur le tout* est l'écusson qui est sur le milieu d'une
écartelure ; il doit avoir en largeur 2 parties 1/2 des 7 de la largeur de l'écu, et en hauteur
3 parties des 7. — La *fasce* est une pièce honorable qui occupe le tiers (ou les 2/7) de l'écu,
au milieu, horizontalement. — Quant aux proportions géométriques de l'écu, il doit être plus
haut que large, avoir huit parties égales sur sept.

Porter des armes pleines, c'est les porter sans écartelure ni brisure. Le *bâton* est une
espèce de cotice alésée (qui ne touche pas les bords), dont on brise l'écu, pour distinguer les
branches cadettes d'avec la branche aînée ; il se met alors en bande. On se sert aussi à cet
effet du *lambel*, formé d'un filet ordinairement à trois pendants, qui ressemblent au fer d'une
cognée ; il se pose horizontalement en chef, sans toucher les extrémités de l'écu.

Ces armoiries furent adoptées sans aucune modification par son fils aîné, Godefroy-Maurice de La Tour et par les successeurs de ce dernier jusqu'à l'extinction de la maison, le 7 février 1802. Il peut être intéressant de rechercher les droits ou les prétentions du dernier prince de Sedan à porter sur son écu les armoiries de cinq familles illustres. On suivra dans cet exposé la doctrine établie par Christophe Justel dans son Histoire généalogique de la maison d'Auvergne et suivie plus tard dans ses grandes lignes par le fameux Etienne Baluze. Cette méthode permettra d'ailleurs d'indiquer à leur place et avec les détails qu'ils comportent, les démentis historiques et judiciaires infligés à l'ambitieuse maison des Bouillon-La Tour.

Chemin faisant, l'on espère établir d'une manière irréfutable que les trois tourteaux de gueules sur champ d'or qui figurent sur l'écu des Bouillon sont bien les armes de l'antique maison de Boulogne et nullement celles de Raucourt, comme n'ont pas craint de l'affirmer plusieurs écrivains, qui ont abordé dans ces derniers temps cette partie de l'histoire sedanaise, sans avoir consulté les travaux de Justel et de Baluze, ni même ceux du père Anselme et de ses continuateurs.

I

Pendant longtemps, jusqu'aux premières années du XVIIᵉ siècle, le premier auteur certain de la maison de Bouillon-La Tour passait pour être un nommé Bertrand de La Tour, seigneur d'Oliergues (1), en Auvergne, qui vivait vers la fin du XIIᵉ siècle et c'est de lui que ses premiers successeurs avaient pris le nom de seigneur de La Tour-d'Oliergues. Il n'y avait pas de titres authentiques établissant que ce Bertrand se rattachât par un lien certain de parenté à une autre famille d'Auvergne, nommée simplement La Tour — et l'on sait que plusieurs familles de ce nom se rencontrent en différentes provinces de la France, et qu'elles sont étrangères l'une à l'autre, bien qu'elles portent les

---

(1) Nous avons déterminé d'une façon précise l'emplacement des terres dont les titres ont été portés par les La Marck et les La Tour et nous avons ramené les noms à l'orthographe moderne.
Oliergues, Puy-de-Dôme, arr. Ambert, ch.-l. de canton.
La Tour-d'Auvergne, Puy-de-Dôme, arr. Issoire, ch.-l. de canton.
Turenne, Corrèze, arr. Brive (naguère Brives-La-Gaillarde), cant. Meyssac. On y voit encore des ruines de château-fort.

mêmes armes parlantes — et qui se titrait La Tour d'Auvergne, comme étant cadette de l'antique lignée des comtes d'Auvergne.

Comme ces deux familles habitaient la même province, portaient à peu près le même nom et les mêmes armoiries, mais brisées d'un bâton de gueules pour celles d'Oliergues, on pouvait cependant supposer qu'elles avaient une origine commune. Il va sans dire — et les frères de Sainte-Marthe dans leur Histoire généalogique de la maison de France, parue en 1619, sont de cet avis — que la maison de La Tour-d'Oliergues se déclarait cadette de la maison de La Tour-d'Auvergne. Aussi, après la mort, en 1501, de Jean III de La Tour, comte d'Auvergne, qui ne laissait pas d'héritier mâle direct, Antoine de La Tour-d'Oliergues se qualifia seigneur de La Tour et porta désormais les armes pleines de La Tour, sans brisure, comme seul chef du nom et des armes. Naturellement ses successeurs suivirent son exemple, jusqu'à Henri de La Tour, que son mariage avec Charlotte de La Marck en 1591 fit prince de Sedan et duc de Bouillon. Ce prince, après l'extinction de la maison d'Auvergne, se déclara le seul représentant mâle de cette illustre famille et, « pour conserver la mémoire de son origine et extraction, ajouta à ses armes le gonfanon d'Auvergne sur le tout, ainsi qu'il se voit en ses sceaux. »

Il ne restait plus à Henri de La Tour qu'à fournir la preuve positive de ses prétentions généalogiques. Ce fut son secrétaire, Christophe Justel, qui se chargea de la constituer.

Christophe Justel appartient particulièrement à l'histoire de Sedan et mérite à coup sûr plus qu'une simple mention. C'était, dit l'abbé Louis-Ellies du Pin, l'homme de son temps qui savait le mieux l'histoire du moyen âge. Il naquit à Paris le 5 mars 1580 et tout jeune encore, se lia d'amitié avec le célèbre Pierre de l'Estoile. On lit en effet dans les *Mémoires-Journaux* que, dès l'année 1608, les deux savants se prêtaient régulièrement les pièces curieuses de leurs collections de brochures et de documents inédits. Peu après la mort d'Henri IV, le 23 août 1610, il entra au service d'Henri de La Tour. Le duc de Bouillon, raconte l'Estoile à cette date, « a fait ledit Justel, son secrétaire, qui m'a fait cet honneur, comme à son ami, de m'en communiquer la nouvelle. Je ne trouve petit avantage pour lui, étant bien appointé comme il est, d'entrer au service d'un tel seigneur que M. de Bouillon ;

mais je le trouve encore plus grand du côté du maître que du valet, pour ce que ce n'est peu de chose en ce temps à un seigneur de la qualité et religion de M. de Bouillon principalement de rencontrer un bon serviteur, fidèle et homme de bien, tel que je connois ledit Justel. La rencontre en est rare. »

Ajoutons que l'éloge était mérité. Justel s'occupe tout d'abord de former auprès de l'Académie de Sedan une bibliothèque savante, qui devient bientôt l'une des plus riches de l'Europe. Il publie des ouvrages de controverse religieuse (1), mais sans négliger cependant ses études d'histoire profane. Il soutient en effet de son savoir et de son autorité les droits et les privilèges d'Henri de La Tour et de son fils, Frédéric-Maurice, dont il devient le surintendant dès 1623.

En 1633, il publie, sans le signer, un *Discours du duché de Bouillon et du rang des ducs de Bouillon en France, avec les déclarations des rois Charles IX, Henri IV et Louis XIII, touchant le rang des ducs de Bouillon en France* (Paris), in-4°, 63 p.

Trois ans plus tard paraît également sans nom d'auteur — mais tout porte à croire que cet ouvrage est de Justel — un *Discours des droits et prétentions de Monseigneur Frédéric-Maurice de La Tour, duc de Bouillon, prince souverain de Sedan, contre l'évêque et chapitre de l'Église de Liége et les États et Communautés dudit Pays*, s. l., in-4°, 38 p.

Enfin, en 1645, il publie, évidemment après de longues études préparatoires, son *Histoire généalogique de la maison d'Auvergne, justifiée par chartres, titres et histoires anciennes et autres preuves authentiques, enrichie de plusieurs sceaux et armoiries, et divisée en sept livres*, Paris, in-fol., pp. 584, qu'il fait suivre d'une *Histoire généalogique de la maison de Turenne, justifiée*, etc., in-fol., pp. 242.

Cependant Christophe Justel, en sa qualité de surintendant du duc de Bouillon, procéda, ainsi que Barthélémy Aubertin, membre démissionnaire du conseil souverain de Sedan, et Jean de Chadirac, secrétaire du prince, à l'évaluation des revenus de la principauté de Sedan et Raucourt, lorsque Frédéric-Maurice de La Tour dut abandonner sa souveraineté à la France.

(1) Il publie en 1618 *le Temple de Dieu ou Discours de l'Église, de son origine et de l'excellence des perfections de l'Église chrétienne* ; Sedan, Jean Jannon, in-8°, 59 p., dont il offre la dédicace à la duchesse de Bouillon, Elizabeth de Nassau, sous la date de Paris, 1er janvier 1618.

L'Histoire généalogique de la maison d'Auvergne est dédiée à « très haut et très puissant prince Monseigneur Frédéric-Maurice de La Tour, duc de Buillon, prince souverain de Sedan et Raucourt, vicomte de Turenne et Lenquais, baron de Limueil et de Montgascon, seigneur de Gerzat, Saint-Bozire, Chastel-d'Ennezat, etc. » (1).

Dans sa dédicace, Justel affirme n'avoir cherché d'abord qu'à éclaircir la branche des La Tour. Mais, ajoute-t-il, « il m'est arrivé ce qu'on dit de ceux qui fouillent aux minières d'or et autres métaux précieux, qu'une veine découverte leur sert d'indice pour en trouver une autre. Car ayant frayé cette première trace, j'y trouvai tant de lustre et de grandeur, que cela me donna envie de pénétrer plus avant et sonder jusques à sa source, laquelle je trouvai se dériver de bien plus loin, à savoir de l'ancienne maison d'Auvergne et de Guyenne..... Ce que je vérifie par des preuves authentiques, tirées de chartres anciennes et titres publics et domestiques. Et, s'il vous plaît, Monseigneur, jetter les yeux sur cet ouvrage, vous y verrez la suite de ces anciens comtes d'Auvergne....., comme par diverses branches et par divers degrés de succession masculine, en sont descendu les comtes de Clermont, dauphins d'Auvergne, et les seigneurs de La Tour (aucuns desquels, après que la première branche fut finie en filles, ont aussi été comtes d'Auvergne et de Boulogne), les barons de Montgascon, et les barons d'Oliergues, vicomtes de Turenne....., et comment les maisons de Boulogne et de Turenne y sont entrées, après avoir, durant plusieurs siècles, passé par diverses familles très illustres, lesquelles, jointes ensemble, l'ont élevée à un si haut degré de grandeur et de gloire, qu'elle est tenue sans contredit pour l'une des plus nobles et plus anciennes du royaume..... »

Comme on voit, l'offre est tentante et, s'il plaît au lecteur de jeter à son tour les yeux sur les lignes qui suivent, il pourra voir comment Justel expose toutes ces généalogies.

(1) *Raucourt*, Ardennes, arr. Sedan, ch.-l. de cant.
Lanquais, Dordogne, arr. Bergerac, cant. Lalinde.
Limeuil, Dordogne, arr. Bergerac, cant. Sainte-Alvère.
Montgacon, Puy-de-Dôme, arr. Thiers, cant. et com. Maringues. A vrai dire, le hameau de Montgacon (on écrivait autrefois Montgascon), est divisé entre les communes limitrophes de Maringues et de Luzillat. Mais le château de Montgacon, dont il reste des ruines insignifiantes, se dressait sur la hauteur, où est figuré le château de Montgacon dans la carte de Cassini. Cf. Bouillet, *Dict. des lieux habités du Puy-de-Dôme*, 1854, in-8°.
Gerzat, Puy-de-Dôme, arr. et cant. (Est) Clermont-Ferrand.
Saint-Beauzire, Puy-de-Dôme, arr. Riom, cant. *Ennezat*.

II

La première lignée des comtes héréditaires d'Auvergne, ducs de Guienne ou d'Aquitaine, se termine avec Guillaume de Poitiers, lequel n'eut pas d'enfant de sa femme, Ingelberge et mourut en 927, selon la chronique de Flodoard. Mais, comme dit le poète latin, *uno avulso, non deficit alter* (faute d'un moine, l'abbaye ne chôme pas), et Acfred, comte de Bourges, fut la souche de la seconde lignée. Après sa mort, en 928, son fils, Acfred II, lui succéda : c'est le fondateur de la célèbre abbaye clunisienne de Sauxillanges, en Auvergne. Il se qualifiait *par la grâce de Dieu comte et duc d'Aquitaine*. Comme il mourut sans enfant, son frère cadet, Guillaume II, lui succéda dans ses titres et qualités.

Un autre frère, Bernard d'Auvergne, reçut en apanage la seigneurie de La Tour, en Auvergne. Toutefois, ce fut son fils, Gérard d'Auvergne, qui le premier prit le nom de La Tour, conservé par ses descendants. Car « telle étoit la coutume dès ce temps-là que les puinés des grandes et illustres familles, laissans à leurs aînés le titre principal de leurs dignités, prenoient leurs surnoms des terres et seigneuries qui leur étoient baillées en apanage, dont les exemples sont infinis et seroit superflu de les rapporter en chose si notoire. »

Raymond II, fils aîné de Guillaume II, continue la dynastie des comtes d'Auvergne, dont les armes sont *d'or, au gonfanon à trois pendants de gueules, frangés de sinople*. On sait que le gonfanon ou gonfalon était une banderole d'étoffe à deux ou à trois dentelures et qui servait alors de drapeau, mais plus particulièrement aux troupes d'église. La couleur du gonfalon était rouge, c'est-à-dire de gueules, quand le patron de l'église était un martyr, sans doute en souvenir du sang versé. C'était l'avoué qui portait le gonfalon et pour ce motif on l'appelait le gonfalonier.

Le onzième descendant en ligne directe de Raymond II, Guillaume XI, épouse en 1224 Alix de Brabant, fille de Henri I, duc de Brabant et de Mahaud de Boulogne. Cette princesse cède à son neveu, Henri II, duc de Brabant, les droits que sa mère avait hérités sur le comté de Boulogne de sa cousine-germaine, Mahaud, comtesse de Boulogne, épouse de Philippe, dit Hurepel (le fils de Philippe-Auguste et d'Agnès de Méranie). Mais son fils aîné, Robert V d'Auvergne, acquiert les droits de ses cohéritiers et réunit ainsi les comtés d'Auvergne et de Boulogne. Par suite il modifia ses armoiries, qui furent écartelées de Boulogne, *d'or à trois tourteaux de gueules.*

La maison de Boulogne était l'une des plus anciennes et des plus illustres du Nord de la France. Elle se rattachait par les femmes à la dynastie carolingienne et rappelait volontiers que l'un de ses comtes, Eustache II, dit *aux grenons,* c'est-à-dire aux (fortes) moustaches, avait épousé la pieuse Ide d'Ardenne ou de Lorraine. Or on sait que de cette union, entre autres enfants, naquit à Baisy (1), près de Genappe, le chef de la première Croisade, Godefroid de Bouillon, qui ne laissa point de postérité.

Robert VII, comte d'Auvergne et de Boulogne, troisième successeur de Robert V, eut, entre autres enfants : Guillaume XIII, Jean (plus tard Jean I) et Godefroy, seigneur de Montgacon. Or le petit-fils de Guillaume, Philippe de Rouvre, qui était en même temps duc de Bourgogne, meurt en 1361 dans sa seizième année, sans enfants de sa très jeune femme, Marguerite de Flandre et son oncle, Jean I, lui succède. Mais la descendance de ce dernier s'éteint également en 1422, et c'est la fille unique de Godefroy d'Auvergne, seigneur de Montgacon, qui se trouve être l'héritière des comtés d'Auvergne et de Boulogne. Sans doute Philippe-le-Bon avait, en 1419, enlevé le comté de Boulogne à la maison d'Auvergne ; mais la comtesse Marie et ses successeurs continuèrent de porter dans leurs armes les trois tourteaux de gueules sur champ d'or, écartelés du gonfanon d'Auvergne.

Quand elle hérita de ce comté, la fille de Godefroy de Montgacon était veuve de Bertrand V de La Tour, descendant de ce Bernard d'Auvergne, que Justel regarde comme la souche des seigneurs de La Tour-d'Auvergne et dont il convient d'exposer rapidement la filiation. Rappelons que Gérard d'Auvergne, fils de Bernard, avait pris le premier le surnom de La Tour ; ses armes étaient simplement *de gueules, à une tour d'argent, maçonnée de sable.*

Suivant Justel, le huitième successeur de Gérard I, Albert II de La Tour, aurait pris part à la Croisade et, pour le récompenser, Philippe-Auguste lui aurait accordé, entre autres avantages, de porter dans ses armes le champ de France, qui était à cette

---

(1) Cf. de Ram, *Notice sur le lieu de naissance de Godefroid de Bouillon,* Bruxelles, 1857, in-8°, p. 15.
Baisy, prov. Brabant, arr. Nivelles, cant. Genappe. On sait que la ville de Boulogne a réclamé l'honneur d'être la patrie du fameux croisé.

époque *d'azur semé de fleurs de lis d'or sans nombre*, en y plaçant *une tour d'argent, brochante*. Disons toutefois que les armoiries des La Tour, ainsi modifiées, figurent pour la première fois, à notre connaissance, sur un sceau de 1233 et l'on sait que Louis IX accorda ce privilège à beaucoup de grandes familles.

III

Bertrand I de La Tour, seigneur de La Tour en 1206, serait, d'après Justel, le deuxième descendant d'Albert II. Avant d'aller plus loin, il convient de dire que ce seigneur a été considéré comme le premier auteur certain de la maison de La Tour par le père Anselme et ses continuateurs dans l'Histoire des grands officiers de la couronne et, depuis, par tous les généalogistes sérieux, malgré les assertions de Justel et de Baluze. On a reconnu, en effet, l'impossibilité d'établir une filiation précise, s'appuyant sur des pièces authentiques, au delà du xiiiᵉ siècle. Nous verrons plus tard qu'un frère cadet de Bertrand, Guillaume de La Tour, fut élu en 1226 prévôt de l'église de Brioude et, dans les lettres portées à cette occasion par Louis XI, il est dit que les *prédécesseurs* dudit Guillaume, les ducs d'Aquitaine et comtes d'Auvergne, avaient été les défenseurs de cette église. Voilà sur quelle base fragile reposent les prétentions des La Tour à descendre des anciens ducs de Guienne.

Bertrand III de La Tour épouse, en 1275, Béatrix, fille aînée d'Agne ou Anne, seigneur d'Olliergues et d'Alix du Breuil d'Escorailles. Il en eut deux fils : Bernard VI, qui continua la branche aînée, et Bertrand, qui fut chef d'une branche cadette, celle des seigneurs de La Tour-d'Olliergues. Les deux frères portèrent les mêmes armes, avec cette différence que le cadet brisa les siennes d'un bâton *(de gueules)*, suivant l'habitude des cadets.

C'est l'arrière-petit-fils de Bernard VI, Bertrand V de La Tour, qui épousa, en 1389, Marie d'Auvergne, héritière du comté d'Auvergne. Mais, comme il était mort avant l'héritage, son fils aîné fut le chef de la troisième lignée des comtes d'Auvergne, vers 1437 ; il s'appelle Bertrand VI comme seigneur de La Tour-d'Auvergne et Bertrand I comme comte d'Auvergne et de Boulogne. Il modifia ses armes, qui furent aux 1 et 4 de La Tour, aux 2 et 3 de Boulogne, et, sur le tout, d'Auvergne.

Gabrielle de La Tour, fille aînée de Bertrand VI de La Tour, baron de La Tour et de Jacquette du Peschin, épousa le 15 février 1442 Louis de Bourbon, comte de Montpensier, etc., surnommé le Bon. Une clause expresse de leur contrat de mariage portait que, si les enfants mâles des deux conjoints ou leur postérité en ligne masculine venait à défaillir et que leur race tombât en filles, la postérité de Gabrielle de La Tour succéderait et reprendrait la tierce partie des biens de Bertrand de La Tour et de Jacquette du Peschin, même le comté d'Auvergne. Ce défaut de mâles eut lieu à la mort du connétable Charles de Bourbon et il en résulta un grand procès, intenté par Catherine de Médicis à Louise de Bourbon, princesse de la Roche-sur-Yon, la sœur du connétable : le comté d'Auvergne fut adjugé à la reine Catherine de Médicis, comme étant sortie par sa mère de la maison d'Auvergne et de Boulogne (1).

La troisième lignée des comtes d'Auvergne ne dura pas longtemps. Le comte Bertrand II (Bertrand VII, comme seigneur de La Tour), cède à Louis XI ses droits sur le comté de Boulogne par un acte daté du 24 janvier 1477, au bas duquel son sceau est appendu ; c'est un écu écartelé, aux 1 et 4 de La Tour, aux 2 et 3 d'Auvergne et, sur le tout, de Boulogne (2). En échange, Louis XI lui donnait le comté de Lauragais, situé dans le Languedoc (3).

Le petit-fils du fondateur, le comte Jean III, meurt en 1501, ne laissant que deux filles de son mariage avec Jeanne de Bourbon-Vendôme : 1° Anne de La Tour, qui épouse son cousin-

(1) Cf. Scévole et Louis de Sainte-Marthe, *Histoire généalogique de la maison de France*, 1628, in-fol., tome II, p. 68.
Le comté d'Auvergne était composé de la portion du comté de Clermont que Louis IX avait laissée à Guillaume de La Tour ; il avait pour chef-lieu Vic-le-Comte, aujourd'hui chef-lieu de canton de l'arrond. de Clermont-Ferrand. Quant au dauphiné d'Auvergne, très peu étendu, il faisait partie du duché de Montpensier et avait pour capitale Vodable, aujourd'hui simple commune du canton d'Issoire, et où l'on voit encore les ruines de l'ancien château des dauphins. On peut trouver des renseignements historiques et topographiques sur le comté et le dauphiné dans le *Mémoire concernant la province d'Auvergne (1607)*, publié par Bouillet en 1844, ou dans le *Dict. géographique d'Expilly*, t. I, p. 404 et 407.

(2) Cf. Douët d'Arcq, *Collection de Sceaux*, 1867, in-4°, n° 397.

(3) Les La Tour d'Auvergne-Lauragais ont établi par preuves en 1777 leur descendance directe des anciens comtes d'Auvergne, ducs d'Aquitaine, par Bernard VI de La Tour, dont le fils, à cause de sa mère, Amasie de Toulouse, a écartelé des armes de Toulouse (de gueules, à la croix vidée, cléchée, pommetée et alésée d'or).
Ajoutons ici que le cœur de Turenne est actuellement conservé au château de Saint-Paulet, qui appartient au prince de La Tour-d'Auvergne. Cf. P. Laurent, *Archives historiques, artistiques et littéraires*, 1890, 1er mars.

germain Jean Stuart, duc d'Albany, et meurt sans enfant ;
2° Madeleine, qui épouse Laurent de Médicis, duc d'Urbin, et
dont la fille unique, Catherine de Médicis, est mariée à Henri
d'Orléans. Or, par le contrat de mariage conclu le 27 octobre 1533,
il fut convenu que les biens maternels devaient passer au fils
aîné et, à défaut de fils, aux filles. Devenu héritier desdits biens
par la mort de ses frères aînés, Henri III les donna à son neveu,
Charles de Valois, fils naturel de Charles IX et de Marie Touchet,
qui en jouit jusqu'à ce que l'arrêt, porté le 17 juin 1606 par le
parlement de Paris, le condamnât à les restituer à la reine
Marguerite, la véritable héritière ; mais il faut ajouter que cette
princesse en avait d'abord cédé irrévocablement la propriété au
jeune dauphin, le futur Louis XIII.

Revenons donc à la branche cadette de La Tour-d'Oliergues.
A Bertrand I (arrière-grand-oncle de Bertrand V de La Tour-
d'Auvergne, qui épousa Marie d'Auvergne) succèdent Agne ou
Anne I, — Jean I, mort sans enfant, — le frère de ce dernier,
Agne II, — et les trois fils d'Agne II : Agne III, qui meurt sans
enfant mâle, Guillaume qui se fait d'église, et Bertrand II. Tous
portent les mêmes armes, celles de La Tour brisées.

Agne IV, fils de Bertrand II et de Marguerite de Beaufort,
soutient un grand procès contre son oncle maternel, Pierre de
Beaufort, à l'occasion de l'héritage de sa mère. Il le termine en
épousant sa cousine-germaine, Anne de Beaufort, qui lui apporte
en dot la vicomté de Turenne et, par suite, il modifie ses armes,
qui sont désormais : aux 1 et 4, de La Tour, avec la brisure, et
aux 2 et 3, de Turenne, *cotice d'or et de gueules*.

La vicomté de Turenne formait une superbe acquisition. Elle
est située, dit Christophe Justel dans l'*Histoire généalogique de
cette maison* (1), « ès confins et limites d'Auvergne et enclavée
ès trois diocèses du Limousin, Quercy et Périgord et a son étendue
depuis la ville de Sarlat jusques à Neuvic, avec distance de plus
de trente lieues françoises de long et de douze de large, depuis
la ville de Tulle jusqu'à Neuvic, et est arrosé de dix rivières, la

---

(1) Cf. Ch. Justel, *Histoire généalogique de la maison de Turenne*, in-fol., p. 20.
Ajoutons que la vicomté de Turenne comprenait les villes de Turenne, de Beaulieu, d'Argental,
de Saint-Céré, de Meyssac et de Collonges, avec une très grande quantité de fiefs mouvants,
tels que Noailles, le Montal et Durfort. Elle faisait partie de la généralité de Limoges et de la
sénéchaussée de Brive. Cf. le *Mémoire de la généralité de Limoges* dressé en 1698 par
l'intendant. Cf. aussi une pièce du ms. Clairambault, 1155, fol. 1-41.

Dordogne et la Vézère, qui sont navigables, la Corrèze, la Bave, l'Ouysse, l'Oustre, la Cère et la Tourmente. Cette vicomté comprenoit alors cinquante-huit châtellenies et paroisses au pays du Limousin, trente-neuf au pays de Quercy et douze au pays de Périgord, desquelles dépend un nombre infini de villages qu'il seroit ennuyeux de spécifier par le menu. »

Voici d'autre part comment de Thou résume (1) l'histoire antérieure de cette vicomté : Turenne, qui en est le chef-lieu, a donné son nom au pays et n'est qu'à deux lieues de Brives. Les vicomtes du pays le possédaient autrefois en toute souveraineté et ne reconnaissaient aucun suzerain, pas même le roi de France. Il ne leur fut pas difficile de se maintenir dans cette possession pendant les guerres des Français et des Anglais. Ainsi Raymond, qui vivait du temps de Louis le Jeune, et, après lui, ses successeurs ont joui tranquillement de ce droit, prétendant ne le tenir que de Dieu et du corps de saint Marcel qui est dans la chapelle du château de Turenne, et ne relever d'aucun autre seigneur. Voilà l'origine des franchises dont jouissent encore les vicomtes, en vertu desquelles leurs sujets sont exempts de la taille, qui est payée dans tout le reste du royaume par les paysans et par les autres personnes de basse condition. La postérité masculine des premiers seigneurs finit à Raymond VII († 1304), qui ne laissa qu'une fille, nommée Marguerite. Cette héritière épousa Bernard VII, comte de Comminges ; mais elle mourut en couche et sa fille ne lui ayant survécu que trois jours, Bernard, en qualité d'héritier de sa fille, prit possession de la vicomté. Il épousa quelque temps après Mathilde, comtesse de l'Isle, dont il eut une fille, nommée Eléonore, qui épousa vers 1340 Guillaume-Roger, comte de Beaufort, neveu du pape Clément VI. Philippe de Valois, pour faire plaisir au pape, avait donné à son frère, Guillaume, le comté de Beaufort-en-Vallée (2), en Anjou, et tous les descendants de ce Guillaume, tant les vicomtes de Turenne que les marquis de Canillac et les comtes d'Alais, ont porté le nom de Beaufort. La ligne masculine des Beaufort, vicomtes de Turenne, subsista jusqu'à Antoinette de Beaufort, qui vers l'an 1400 épousa Jean le Meingre, dit Boucicaut, maréchal de France ; Antoinette n'ayant pas eu d'enfant, ses biens passèrent à une

---

(1) Cf. J.-A. de Thou, *Histoire universelle*, livre LXXXV, édit. de 1740, tome VI, p. 658.
(2) *Beaufort-en-Vallée*, Maine-et-Loire, arr. Baugé, ch.-l. de cant.

fille de Pierre de Beaufort, nommée Anne, qui épousa le baron d'Oliergues de la maison de La Tour.

Le fils aîné d'Agne IV, François I de La Tour, vicomte de Turenne, meurt sans alliance en 1493 et son frère Antoine, dit le Vieux (1), chambellan du roi Charles VIII, lui succède. C'est ce dernier qui, après la mort du comte d'Auvergne, Jean III, en 1501, supprime le bâton de gueules qui brisait ses armes et se déclare le seul chef du nom et des armes de la maison de La Tour. Le fils d'Antoine le Vieux, le vicomte François II, qui a l'honneur d'épouser Éléonore d'Autriche au nom du roi François I, et son petit-fils, François III de La Tour, qui meurt en 1557 des blessures qu'il a reçues à la bataille de Saint-Quentin, conservent le même blason. Mais le fils unique et successeur de François III, Henri de La Tour, qui épouse en 1591 Charlotte de La Marck, héritière des souverainetés de Sedan et de Raucourt, va lui faire subir d'importantes modifications.

Henri de La Tour n'avait qu'une sœur, Madeleine de La Tour, mariée par contrat du 1er janvier 1572 à Honorat de Savoie, comte de Tende, grand-sénéchal, gouverneur et lieutenant-général au pays de Provence et amiral des mers du Levant. Elle mourut sans lignée et par son testament du 11 juin 1580 institua son frère son unique héritier.

IV

Mais avant d'aller plus loin, il convient de donner quelques renseignements indispensables sur la généalogie et les armoiries des La Marck (2).

Le comté de Mark, dont nous avons fait La Marck en français,

(1) Un frère cadet d'Antoine le Vieux, Antoine-Raymond de La Tour, dit le Jeune, devient la souche d'une nouvelle branche, celle des seigneurs de Murat et de Quaires. Il portait *d'azur semé de fleurs de lis d'or à la tour d'argent et, sur le tout, une bande de gueules, chargée en chef d'un écusson d'argent.*
Son successeur, Jean de La Tour, eut deux fils : Martin, qui continue la lignée et René, qui devient le chef de la branche des seigneurs de Planchas et de Saint-Exupéry.

(2) Il y a une généalogie des La Marck dans Imhof, *Notitia Sacri Romani Germanici Imperii procerum*, 1693, p. 449-456, dans le P. Anselme, *Hist. généal. des grands officiers de la couronne*, t. VII, dans le *Dictionnaire de Moréri*, et dans les *Manuscrits du héraut d'armes Le Fort*, aux archives de l'État à Liège. Enfin François de l'Alouette publia en 1584 une *Généalogie de la très illustre maison de La Marck, en Allemagne, de laquelle est issue M. le comte de Maulevrier, chevalier des ordres du roi*, Paris, in-folio. L'*Histoire généalogique* et le *Moréri* sont loin d'être d'accord pour les détails de la filiation, les dates, etc.

était situé entre la principauté épiscopale de Munster et le duché de Berg. Il fut formé par Frédéric, deuxième fils d'Eberhard, comte d'Altena, qui était lui-même le troisième fils d'Adolphe IV, comte de Berg. Ce Frédéric acheta, vers 1178, d'un seigneur nommé Rathobon, le château de La Marck, situé près de la ville de Ham, sur la Lippe, et s'y établit.

La maison de La Marck finit par absorber les domaines de plusieurs familles, solidement installées dans la partie occidentale de la Basse-Allemagne. Elle s'étend de plus en plus, prend bientôt une part active aux luttes intérieures qui troublent l'évêché de Liége, et lui fournit même plusieurs princes remarquables (1).

A Englebert (2) ou mieux Engelbert I (fils d'Adolphe I, le premier comte de La Marck), qui meurt en 1251, succède Eberhard ou Everard I (3). Celui-ci a pour héritier de son nom Engelbert II (4), que son frère cadet, Adolphe, prince-évêque de Liége, choisit comme mambour de la principauté.

Engelbert II, qui mourut en 1328, épousa Mathilde, fille unique de Jean, seigneur d'Arenberg, château situé près de l'Ahr supérieure, dans la régence actuelle de Koblenz. Il laissa pour fils : Engelbert III, mort sans enfants, — Adolphe, d'abord archevêque de Cologne et évêque de Munster, puis comte de La Marck sous le nom d'Adolphe II, — Everard II, seigneur d'Arenberg, la souche des nombreux La Marck du pays de Liége au moyen âge, — enfin Engelbert, prince-évêque de Liége à la mort de son oncle, Adolphe.

Adolphe II de La Marck réunit le comté de Clèves à celui des La Marck par son mariage en 1332 avec Marguerite, fille et

(1) Cf. Joseph Daris, *Hist. de la principauté et du diocèse de Liége pendant le XIII⁰ et le XIV⁰ siècle*, 1891, in-8⁰, *passim*.

(2) On trouve les formes Englebert, Engilbert et Engelbert ; nous avons adopté la dernière qui est la seule employée aujourd'hui dans la famille d'Arenberg. — De même on trouve successivement les formes Eberhard, Everard et Erard ; c'est évidemment le même nom. Dans le *Miroir des nobles de la Hesbaye*, Jacques de Hemricourt parle à plusieurs reprises des seigneurs de La Marck qui étaient de grande naissance ; nous ne pouvons qu'y renvoyer le lecteur.

(3) Nous avons relevé les sceaux des La Marck qui sont indiqués dans les inventaires publiés par Douët d'Arcq et Demay.—Cf. G. Demay, *Inventaire des sceaux de la Flandre*, 1873, in-4⁰, n⁰ 251 ; Evrard de La Marck, 1292 ; sceau rond de 71 mill. Type équestre, fruste, aux armes du contre-sceau. *Sigillum* [Ever]hardi, [comitis de] Marka. — Contre-sceau : écu portant une fasce échiquetée, au lion couronné issant ; même légende.

(4) Cf. Demay, *ouvr. cité*, n⁰ 253 ; Engilbert II, comte de La Marck, 1309 ; sceau rond de 71 mill. Type équestre ; haubert ; cotte d'armes armoriée, casque ovoïde cimé d'une fasce échiquetée de cinq petits écussons rangés en éventail ; le bouclier, l'épaulière et la housse à la fasce échiquetée. Légende : *Sigillum* [En]gelberti, co[mitis d]e Marka.—Contre-sceau : écu portant une fasce échiquetée au lion issant.

héritière de Thierry X, comte de Clèves. Son arrière-petit-fils, Jean I, obtient de l'empereur Sigismond, en 1417, l'érection de ce comté en duché ; en 1455, il épouse Elisabeth, fille de Jean II de Bourgogne, comte et pair de Nevers. Son fils aîné, le duc Jean II de Clèves (1), continue la branche des La Marck-Clèves, dont le dernier représentant mâle, Jean-Guillaume, meurt en 1609 et l'on sait que cette branche, en s'éteignant, mit le feu à toute l'Europe (2). Son fils puîné, Engelbert de Clèves, fonde une nouvelle lignée de comtes de Nevers (1491). François de Clèves, petit-fils d'Engelbert, est fait duc et pair en 1539 et sa fille aînée, Henriette, après la mort de ses deux frères, François II et Jacques, porte ce duché dans la maison de Mantoue, en 1565, par son mariage avec Ludovic de Gonzague, troisième fils de Frédéric et frère cadet de Guillaume, tous deux ducs de Mantoue.

Eberhard ou Everard II de La Marck, sieur d'Arenberg épouse en 1339 Marie de Looz (3), dame héritière de Lumain (actuellement Lummen), de Neufchâteau en Ardenne et de l'avouerie de Hesbaye, dont il a : Everard III, qui suit, et Marie, qui épouse en 1381 Robert IV, seigneur de Florange (4) et qui meurt sans enfants.

Everard III de La Marck épouse en 1410 Marie de Bracquemont, fille de Guillaume de Bracquemont, dit Braquet, seigneur de Sedan et Florenville (5), dont il a : *Jean I de La Marck*, qui suit ; — *Jacques*, seigneur d'Aisseu en Vimeu, mort sans postérité ; —

(1) Cf. Douët d'Arcq, *ouvr. cité*, n° 11081 : Jean, duc de Clèves, 12 mars 1517. Sceau armorial. Deux écus penchés et se touchant ; à dextre, de Clèves, timbré d'un heaume cimé d'une tête de taureau couronnée ; à senestre, une fasce échiquetée (La Marck), timbré d'un heaume couronné, cimé d'un vol. Légende : *Sigillum Johanis, ducis Clivensis, comitis de Marcka*.

(2) Il en résulta en effet une longue guerre, à laquelle le roi Henri IV allait prendre part quand il fut assassiné, et qui se termina, après de nombreuses difficultés, par l'acte du 9 septembre 1666 au profit du margrave de Brandebourg, Frédéric-Guillaume, le Grand Electeur, et du duc de Neubourg, Philippe-Guillaume. Le premier obtint le duché de Clèves et les comtés de Marck et de Ravensberg ; le second, les duchés de Juliers et de Berg et la petite seigneurie brabançonne de Ravestein. Quant aux autres La Marck, toutes leurs revendications furent vaines. Cependant le prince de Sedan, Guillaume-Robert de La Marck avait escompté tout ou partie de l'héritage. Voyez sur ce point notre étude intitulée : *Michel de La Huguerye à Sedan*, in-8°, 1891, p. 16-18.

(3) Sur la famille de Marie de Looz et la branche des La Marck-Rochefort, Cf. C. G. Roland, *Notice historique sur la seigneurie d'Agimont-Givet*, 1892, in-8°, p. 29, p. 40-62. — *Looz*, Limbourg belge, arr. Tongres, ch.-l. de cant.

(4) *Florange*, all. Flœrchingen, Alsace-Lorraine, cercle de Thionville. Les Florange portaient *d'or à la bande de gueules, chargée de trois fleurs de lis d'argent*. Cf. *l'Armorial luxembourgeois*. Voir la généalogie de la maison de Florange dans D. Calmet. *Hist. de Lorraine*, 2° édit., t. II, p. XXIV des Préliminaires.

(5) La seigneurie de Sedan était d'abord un fief de l'abbaye de Mouzon. Elle fut tenue en avouerie, au plus tard dès 1280 par Gérard III ou IV de *Jauche* (prov. Brabant, arr. Nivelles,

Elisabeth, qui épouse George de Sayn, comte de Wittgenstein, sur le Rhin. Devenu veuf, il épouse en secondes noces (1422) Agnès de Rochefort, fille aînée de Jean III de Walcourt, dit de Rochefort, seigneur de Rochefort et d'Agimont, et de Marguerite d'Autel dont il a : *Everard IV de La Marck*, seigneur de Rochefort et d'Agimont, qui meurt en 1452 sans enfants, dépouillé de ses terres ; — *Louis*, seigneur d'Herbeumont et de Neufchâteau, puis en 1453 de Rochefort et d'Agimont et qui est la tige des seigneurs de Rochefort-La Marck ; — *Jean*, archidiacre de Liége.

Everard III de La Marck meurt le 13 octobre 1440. Il avait acquis en 1421, par voie de retrait lignager, les seigneuries de de Logne, grâce à un prêt de 4,000 florins, fait à l'abbé de Stavelot Mirwart, Lomprez et Villance, puis en septembre 1427 le château et qui ne fut jamais remboursé. Mais son acquisition la plus importante par ses conséquences fut celle des seigneuries de Sedan et de Florenville, qu'il acheta en 1424 à son beau-frère, Louis de Bracquemont, lequel ne laissa pas de postérité (1). Il fut donc le premier La Marck seigneur de Sedan, de 1424 à 1440,

cant. Jodoigne), fils ou petit-fils de Gérard II, sire de Jauche et de Gommegnies et de Berthe d'Hierges, puis par le fils de Gérard IV, Guillaume de Jauche qui meurt sans postérité. Une sœur de Guillaume, Marie de Jauche, avait épousé Hugues de Barbençon et non Barbançon ou Barbanson), seigneur de Boussu, encore vivant en 1389, fils de Jean III de Barbençon, seigneur de *Boussu-lez-Walcourt* (prov. Hainaut, arr. adm. Thuin, cant. Beaumont) et d'Eustachie d'Argies. Leur fils Jean de Barbençon est seigneur de Boussu et de Sedan en 1381. Mais Charles V ayant acquis la seigneurie de Mouzon par le traité du 16 juillet 1379, Charles VI obligea le seigneur de Barbençon à lui échanger le fief de Sedan en octobre 1389, et le donna en 1400 à son frère Louis, duc d'Orléans. Le fils de ce dernier le céda par lettres de février 1413 à Guillaume de *Bracquemont* (Seine-Inférieure), arr. et cant. Dieppe). Au reste, toute cette période est fort embrouillée et l'histoire de l'avouerie de Sedan est encore à faire.

Ce Guillaume de Bracquemont, dit Braquet, — frère aîné de l'amiral Robert de Bracquemont, dit Robinet — s'était attaché à la fortune du duc d'Orléans. En 1402 Josse de Moravie se départit en faveur de ce duc du gouvernement de Luxembourg, dont il était engagiste, et lui engagea en outre les villes de Montmédy, Ivois, Damvillers et Orchimont. Guillaume de Bracquemont reçut la lieutenance générale du gouvernement en question. De son mariage avec Marie de Campremy, il eut : Louis, seigneur de Sedan et Florenville jusqu'en 1424 ; — Braquet, seigneur de Berry-au-Bac ; — Guillaume, seigneur de Campremy (Oise, arr. Clermont, cant. Froissy), commis au gouvernement de la ville de Mouzon en 1414 ; — Marie, qui épouse en 1396 Louis d'Argies, seigneur d'Aymeries, puis en 1410 Everard III de La Marck, seigneur d'Aremberg ; — enfin Robine et Marguerite.

(1) Cf. Douët d'Arcq, *ouvr. cité*, n° 10438 : Everard de La Marck, écuyer. Sceau rond de 28 mill., armorial. Écu à la fasce échiquetée de trois tires, accompagné d'un lion issant en chef. Légende : *scel Evart de la Marche*. Ce sceau est appendu à un hommage au duc d'Orléans pour une pension de 100 livres ; Senlis, 16 novembre 1400. Cf. *Arch. nat.*, K 57, n° 96.

Jean, seigneur de Rochefort et d'Agimont, avait deux filles dont la puînée épousa Guillaume d'Argenteau. Mais Everard garda les deux forteresses ; il fut condamné par le prince-évêque, Jean de Heinsberg et les Trois-Etats, à payer onze mille florins du Rhin à son beau-frère. Cf. la *Chronique de Jean de Stavelot*, p.p. Borgnet, p. 395 et 443.

Agimont, prov. Namur, arr. adm. Philippeville, cant. Florennes.
Logne, prov. Liège, arr. Huy, cant. Ferrières, com. Vieuville.
Mirwart, Luxembourg belge, arr. adm. Neufchâteau, cant. Nassogne.
Lomprez,   id,   id.   cant. Wellin.
Villance,   id.   id.   cant. Saint-Hubert.

Son fils aîné, **Jean Ier de La Marck**, seigneur de Sedan de 1440 à 1469, en outre seigneur d'Arenberg, Aigremont, Neufchâtel en Ardenne et Lumain, conserve en entier l'héritage paternel; il épouse Agnès, fille de Robert ou Ruprecht, comte de Virnenbourg (1). Mais, après lui, l'héritage se divise. *Robert I* fonde la lignée des La Marck-Sedan, *Everard* fonde celle des seigneurs d'Arenberg, qui s'éteint en 1547 et dont les domaines passent par un mariage à la famille de Ligne-Barbançon. *Guillaume*, plus connu sous le nom de Sanglier des Ardennes, fonde celle de Lumain ou Lummen, dont l'histoire est continuellement mêlée à celle du pays de Liége.

Mais la branche des La Marck-Sedan est la seule qui doive ici nous occuper. Ses armoiries étaient *d'or, à la fasce échiquetée d'argent et de gueules de trois tires, surmontée d'un lion issant de gueules* (2). On pense bien qu'elles subirent des modifications. Nous indiquerons, à leur place, celles qui se trouvent sur les monnaies frappées spécialement pour l'usage des terres souveraines de Sedan et Raucourt. Ce sont là, à coup sûr, des documents irréfutables.

Robert I de La Marck, seigneur de Sedan, de 1469 à 1489 épouse Jeanne de Marley, fille et unique héritière de Colart ou Nicolas de Marley, seigneur du Saulcy (3), de Jametz et en partie de Florange. Ce Colart était fils de Jean de Marley, seigneur du Saulcy, époux par contrat du 2 juin 1403 de Jeanne de Lenoncourt, fille de Colart de Lenoncourt et de Lise de Florange (fille unique et héritière de Philippe III, seigneur de Florange), laquelle vivait veuve le 20 août 1420, le 30 octobre 1430 et donna la seigneurie de Florange à sa fille par acte du 4 janvier 1430.

Robert I eut quatre enfants de sa femme: Robert II, qui suit; — *Erard*, seigneur de Jametz, qu'il donna ensuite à sa belle-sœur, Catherine de Croy, et qui fut prince-évêque de Liége de

(1) *Virneburg*, Prusse rhénane, rég. de Koblenz, cercle d'Adenau. Par lettres données en novembre 1455, Charles VII autorisa la fortification de Sedan. Cf. Bibl. nat., *Coll. Dupuy*, n° 570, f° 40 et le *Cabinet historique*, t. V (1850), p. 228.

(2) Disons toutefois que le lion issant ne figure pas sur les monnaies des La Marck-Sedan.

(3) *Le Saulcy*, Meurthe-et-Moselle, arr. Briey, cant. Chambley, com. Tronville. Cf. G. Demay, *Inventaire des sceaux de la collection Clairambault à la bibliothèque nationale*, 1880, in-4°, n° 8425: Jeanne du Saulcy, femme de Robert de La Marck; sceau rond de 32 mill. Écu parti: au 1, une fasce échiquetée de trois tires, surmontée d'un lion issant; au 2, un lion soutenu par un ange. Légende: *S. Jehenne de Saley*. (Rançon des habitants de Jametz, prisonniers du seigneur de Craon, 7 août 1476).

1506 à 1538, archevêque de Valence (Espagne) et cardinal (1); — *Claude*, qui épouse par contrat du 22 mai 1470 Louis de Lenoncourt, fils aîné de Philippe de Lenoncourt (2), seigneur de Gondrecourt et de Catherine de Beauvau, sa première femme; — *Bonne*, qui épouse en 1475 Pierre de Baudoche, seigneur de Moulins-les-Metz.

Robert II, seigneur de Sedan de 1489 à 1536, épouse en 1491 Catherine de Croy, fille de Philippe de Croy, comte de Chimay, chevalier de la Toison d'Or, et de Walpurge de Meurs. Son alliance avec François Ier contre Charles-Quint lui coûta le duché de Bouillon. « Pour récompense des terres qui lui appartiennent et qui ont été cédées à l'Empereur par le traité du 5 août 1529, » François Ier lui donne les châtellenies de Château-Thierry et de Châtillon-sur-Marne par ses lettres datées de Lusignem en avril 1529, avant Pâques, enregistrées le 21 avril 1530, après Pâques; il confirme cette donation par de nouvelles lettres données au mois de décembre 1523 (3).

Sa femme lui donna huit enfants: *Robert III*, qui suit; — *Guillaume*, seigneur de Jametz, qui mourut en 1529 sans laisser d'enfants de sa femme, Madeleine d'Azay, veuve de George de la Trémoïlle, seigneur de Jonvelle et qui épousa en troisièmes noces Gilles, seigneur de Linières; — *Jean*, seigneur du Saulcy, puis de Jametz (4) après la mort de Guillaume, et qui mourut en juin 1560; — *Antoine*, chanoine de Saint-Lambert (près de Liége), abbé de Beaulieu en Argonne; — *Philippe*, également chanoine de Saint-Lambert et archidiacre de Hesbaye, grâce à son oncle, l'évêque Erard; — *Jacques*, chevalier de Malte; — *Philippe*, qui

(1) On peut consulter sur ce personnage considérable la *Chronique de Jean de Brusthem* publiée en 1866 par Reusens, 1866, in-8°, 104 p. (en latin).

(2) La maison de Lenoncourt (*d'argent à la croix engrelée de gueules*) formait avec les maisons du Châtelet, d'Haraucourt et de Ligniville cette ancienne chevalerie, que l'on appelait *les quatre grands chevaux de Lorraine*, parce que l'origine de ces familles se confondait avec celle des ducs de Lorraine, ainsi qu'il appert, notamment pour les Lenoncourt, d'un arrêt du conseil du duc Henri II en 1612, qui les déclare descendants de la vraie maison de Nancy. Cf. M. Clesse, *le Canton de Conflans, ses villages et ses anciens seigneurs*, 1891, in-8°, t. II, art. Gondrecourt-Aix.

(3) Cf. le P. Anselme, *Hist. des Grands Officiers de la Couronne*, t. III, p. 238 et suiv.

(4) Cf. G. Demay, *Inv. des sceaux de la coll. Clairambault*, n° 5663; Jean de La Marck, chevalier de l'Ordre, capitaine de 50 lances. Sceau rond de 45 mill. Écu à la fasce échiquetée de trois tires et accompagnée d'un lion issant en chef, timbré d'une couronne sous un heaume, entouré du collier de Saint-Michel. Légende : *S. Jehan de La Marck, seignur de Jamaitz*. (Gages de l'office de capitaine; 24 janvier 1555, n. st.; Clair. v. 130, p. 1390).
Le sceau, catalogué 5064, est une variété du type précédent. (Gages de l'office de capitaine de 30 lances; 18 janvier 1560, n. st.; Clair., r. 130, p. 1405).

épouse en 1521 Renaud, seigneur de Bréderode, chevalier de la Toison d'Or ; — enfin, *Jacqueline*, religieuse.

Robert III de La Marck, seigneur de Sedan en 1536, chevalier de l'Ordre du roi en 1519 et maréchal de France en 1526, à l'âge de 36 ans, est plus connu sous le nom de *Fleurange l'adventureux* (1). Il épousa en 1519 Guillemette de Sarrebruck († 1571), fille de Robert II de Sarrebruck, comte de Roucy et de Braine et de Marie d'Amboise, nièce du fameux cardinal d'Amboise.

Le fils unique de Robert de Sarrebruck, Aimé III, étant mort en 1529, sans enfant de sa femme Renée de La Marck, (qui était petite-fille du Sanglier des Ardennes), ses trois sœurs, Philippe, Catherine et Guillemette, se partagèrent son héritage. Guillemette eut pour sa part le comté de Braisne-sur-Vesle, les seigneuries de Pontarcy, de la Ferté-Gaucher, de Neufchâtel et de Montaigu (2).

Robert IV de La Marck (3), seigneur, puis prince de Sedan, de 1536 à 1556, était l'unique enfant de Robert III et de Guillemette de Sarrebruck. Il épousa le 19 janvier 1538 Françoise de Brezé (4), fille aînée de Louis de Brezé, grand sénéchal et gouverneur de Normandie († 1521) et de Diane de Poitiers. Sa femme lui apporta le comté de Maulevrier, les baronnies du Bec-Crespin et de Mauny, les seigneuries de Nogent-le-Roy, de Bréval (5), etc., de l'héritage des Brezé.

(1) Il a laissé des mémoires fort curieux que nous avons analysés dans notre *Essai sur les Institutions de la Principauté de Sedan*, 1890, in-8°, p. 49-62.

(2) *Braisne*, Aisne, arr. Soissons, ch. l. de cant. — *Pont-Arcy*, Aisne, arr. Soissons, cant. Vailly. — *La Ferté-Gaucher*, Seine-et-Marne, arr. Coulommiers, ch. l. de cant. — *Neuchâtel*, Aisne, arr. Laon, ch. l. de cant. — *Montaigu*, Aisne, arr. Laon, cant. Sissonne.

(3) Cf. G. Demay, *Inv. des sceaux de la coll. Clairambault*, n° 5007 : Robert de La Marck, chevalier de l'Ordre, maréchal de France, capitaine de cent lances. — Sceau rond, de 37 mill. — Ecu à la fasce échiquetée de trois tires, timbré d'une couronne, entouré du collier de Saint-Michel. Légende : S Robert de La Marck. (Gages de l'office du capitaine ; 27 juillet 1552. — Clair., r. 70, p. 5435).

(4) Cf. G. Demay, *Sceaux de la coll. Clairambault*, n° 1314 : Françoise de Brezé, duchesse de Bouillon, dame d'honneur de la reine, etc. ; — Sceau rond, de 46 mill. Ecu parti : au 1, une fasce échiquetée de trois tires (La Marck) ; au 2, un écusson en abîme, accompagné de huit croisettes en orle dans un tresheur (Brezé) ; surmonté d'une couronne.— Sans légende. (Gages de l'office de capitaine, reçus au nom de son mari. — Fontainebleau, 23 février 1555, n. st. ; Clair. r. 124, p. 5571).

(5) *Maulevrier*, Seine-Inférieure, arr. Yvetot, cant. Caudebec-en-Caux. *Bec-Crespin*, Seine-Inférieure, arr. Le Havre, cant. Bolbec, com. St-Jean de la Neuville. *Mauny*, Seine-Inférieure, arr. Rouen, cant. Duclair. *Nogent-le-Roy*, Eure-et-Loir, arr. Dreux, ch. l. de cant. *Bréval*, Seine-et-Oise, arr. Mantes, cant. Bonnières. *Brezé*, Maine-et-Loire, arr. Saumur, cant. Montreuil-Bellay.

Du côté de la maison de Poitiers l'apport fut aussi important. De son mariage avec Françoise de Batarnay — car ses deux autres femmes, Françoise de Chabannes et Françoise de Polignac, ne lui donnèrent pas d'enfant — Jean de Poitiers, seigneur de Saint-Vallier, célèbre pour avoir pris part à la conspiration du connétable de Bourbon et qui, condamné à mort, fut gracié par François Iᵉʳ grâce à une intervention toute puissante, eut trois filles : Diane, Anne et Françoise et seulement un fils qui lui survécut, Guillaume de Poitiers. Celui-ci, n'ayant pas d'enfant, par son testament du 14 août 1547 institua pour son héritière universelle sa sœur aînée Diane et lui substitua le fils aîné de sa nièce, Françoise de Brezé et ses enfants mâles à l'infini, à condition que l'héritier de ses biens ajouterait sur son écu les armes de Poitiers, *d'azur à 6 besans d'argent, 3, 2 et 1, au chef d'or.* Son héritage procura aux La Marck-Sedan le comté d'Albon, les baronnies de Sérignan, de Privas et d'Arlempdes et les seigneuries d'Aramon, de Vallabrègues et de La Baume-de-Transit (1), sans compter le titre de marquis de Cotron, qui appartenait aux Saint-Vallier depuis le mariage de Louis de Poitiers avec Polyxène Ruffo, fille unique et héritière de Nicolas Ruffo, viceroi de Calabre et marquis de Cotrone (2). De son côté, Diane de Poitiers laissa encore à sa fille, Françoise de Brezé, en dehors de la seigneurie de Bréval, celles de Rouvroy, de Plasnes et du Vivier (3). Quant à Robert IV de La Marck, capitaine des Cent Suisses de la garde du roi en 1543, maréchal de France en 1547, titré duc en 1552, il acheta en 1549 la seigneurie de Raucourt à Charles de Luxembourg, vicomte de Martigues, époux de Claude de Foix.

Toute cette brillante fortune, qui lui échut ainsi, dut être la bienvenue ; car Robert IV laissait une nombreuse famille : 1º

(1) *Albon* ou *Saint-Romain d'Albon*, Drôme, arr. Valence, cant. *Saint-Vallier.* — *Sérignan*, Vaucluse, arr. et cant. Orange. — *Arlempdes*, Haute-Loire, arr. Le Puy, cant. Pradelles. — *Vallabrègues*, Gard, arr. Nîmes, cant. *Aramon.* — *La Baume-de-Transit,* Drôme, arr. Montélimar, cant. Saint-Paul-Trois-Châteaux.

(2) *Cotrone,* Italie, prov. de Catanzaro ou Calabre Ultérieure 2ᵉ, ch. l. d'arr. — Nicolas Ruffo avait été dépouillé de ses biens pour avoir suivi le parti de Louis II d'Anjou, roi de Naples, et il s'était réfugié en France au commencement du XVᵉ siècle. Par l'article XI du traité particulier, signé à la suite du traité général entre Henri II et Philippe II le 3 avril 1559 à Cateau-Cambrésis, sa Majesté Catholique s'engageait à faire bonne justice aux prétentions que Diane de Poitiers revendiquait sur le marquisat de Cotrone, le comté de Catanzaro et autres terres du royaume de Naples.

(3) *Rouvroy,* Oise, arr. Clermont, cant. Bretouil. — *Plasnes*, Eure, arr. et cant. Bernay. — *Le Vivier,* actuellement *Saint-Martin-du-Vivier*, Seine-Inférieure, arr. Rouen, cant. Darnetal.

Henri-Robert, qui suit ; — 2° *Charles-Robert*, comte de Maulevrier et de Braisne, vicomte de Huissay, baron de Pontarcy, de Mauny et de Sérignan, qui fut marié trois fois et qui prit le titre de duc de Bouillon à la mort de sa nièce Charlotte de La Marck (1) ; — 3° *Chrétien*, mort à cinq ou six ans ; — 4° *Antoinette*, qui fut la première femme du connétable Henri de Montmorency ; — 5° *Guillemette*, morte dans sa première année ; — 6° une autre *Guillemette*, qui épousa successivement Jean de Luxembourg, comte de Brienne et de Roussy (2), et Georges de Bauffremont, comte de Cruzilles, mais qui n'eut d'enfant que de son premier mari ; — 7° *Diane*, qui épousa en premières noces Jacques de Clèves, sire d'Orval (en Bourbonnais) et marquis d'Isles, duc de Nevers et pair de France après la mort de son frère aîné,

(1) **Charles-Robert** de La Marck (1539 † 1622), comte de Maulévrier et de Braine, baron de Pontarcy, de Mauny et de Sérignan, puis duc de Bouillon, fut nommé chevalier de l'Ordre à la première promotion ; c'était l'un des mignons d'Henri III et, dit Brantôme, il aimait fort à rire, passer son temps, dire le mot et goguenarder. Il épousa : 1° en 1570, Jacqueline d'Averton, fille de Payen d'Averton, seigneur de Saint-Belin, dont il eut une fille, *Françoise*, épouse de Claude Pinart, marquis de Comblizy et mère de deux filles, mariées l'une au comte de Rouville et l'autre au marquis d'Armentières ; — 2° en 1574, Antoinette de La Tour, sœur de la fameuse Isabeau de La Tour, dont nous parlerons plus loin, et dont il eut : *Henri-Robert II* de La Marck, qui suit ; *Louis*, marquis de Mauny, conseiller d'État, chevalier des Ordres, capitaine des gardes du corps, premier écuyer de la reine Anne d'Autriche et gouverneur de Caen, qui n'eut pas d'enfant de sa femme, Isabelle Jouvenel des Ursins, mais qui eut de sa cousine, Elisabeth Salviati, quatre enfants naturels, légitimés ; *Alexandre*, abbé de Braine et d'Igny ; *Annet*, comte de Braine, qui n'eut pas d'enfant de sa femme, Marie Hennequin ; *Catherine*, épouse de Jean Flohard, seigneur de Pressins ; — 3° enfin, Isabelle de Pluviers, dont il n'eut pas d'enfant.

Henri-Robert II de La Marck (1575 † 1652), comte de Braine, baron de Sérignan, dit le duc de Bouillon, reçu capitaine des Cent-Suisses en survivance de son père en 1589, épousa : 1° Marguerite d'Autun, fille de Jacques d'Autun, seigneur de Champclos, et d'Isabelle de Pluviers, dont il eut : *Robert*, mort jeune en 1615 ; *Marie-Charlotte*, épouse de René de l'Hôpital, marquis de Choizy, et mère d'une fille, Geneviève-Charlotte, religieuse ; *Henriette*, religieuse, et *Louise*, qui suit ; — 2° Antoinette d'Albert, fille d'Honoré d'Albert, seigneur de Luynes, sans enfant ; — 3° Françoise d'Harcourt, fille de Pierre d'Harcourt, marquis de Beuvron, aussi sans enfant.

Louise de La Marck (1612 † 1668) épousa Maximilien Echallard, marquis de la Boulaye, d'une maison du Poitou, qui lui donna : *Henri-Robert III Echallard-de La Marck*, qui suit ; *Henri-Louis*, capitaine aux gardes du duc de Savoie, qui se titra comte de La Marck après la mort de son frère et qui eut deux filles : *Maximilienne* et *Charlotte-Elisabeth*, religieuses ; enfin, *Marie-Françoise*, fille d'honneur de Marie-Thérèse, épouse du comte de Lannion.

Henri-Robert III Echallard-de La Marck, institué héritier du nom et des armes des La Marck par le testament de son aïeul Henri-Robert II en 1650, colonel du régiment de Picardie, maréchal de camp, fut tué à la bataille de Consarbruck, le 11 août 1675, il épousa en 1657 Jeanne de Saveuse, dont il eut deux filles : *Louise-Madeleine*, qui suit, et *Gabrielle*, morte à vingt ans, non mariée, en 1680.

Très riche héritière — elle avait 40,000 livres de rentes — **Louise-Madeleine** Echallard-de La Marck († 1717), montait toutefois en graine, quand elle épousa, à l'âge de 28 ans, le 8 mars 1689 Henry de Durfort, comte, puis duc de Duras, alors âgé de 19 ans et qui mourut en 1697. Elle lui donna deux filles : *Jeanne-Henriette-Marguerite*, (1691 † 1748), qui épousa en 1709 le prince de Lambesc, de la maison de Lorraine, et *Henriette-Julie* (1696 † 1779), qui épousa le comte d'Egmont en 1717.

(2) Il ne faut pas confondre *Roussy*, en allemand Rüttgen, Alsace-Lorraine, cercle de Thionville, avec *Roucy*, Aisne, arr. Laon, cant. Neufchâtel, qui donna aussi son nom à un comté.

François II, en secondes noces son cousin Henri de Clermont, comte de Clermont (en Dauphiné), vicomte de Tallart, enfin en troisièmes noces Jean Babou, comte de Sagonne, oncle maternel de la « charmante Gabrielle » d'Estrées ; — 8° *Françoise*, abbesse d'Avenay en 1585 ; — 9° enfin, *Catherine*, qui épousa Jacques de Harlay, seigneur de Champvallon, « le plus célèbre galant de la reine Marguerite » (1).

Henri-Robert, prince de Sedan, de 1556 à 1574 (2), était donc un superbe parti. Il épousa le 7 février 1558 par contrat passé à Paris, Françoise de Bourbon (3), qui reçut en dot la somme de 70.000 livres. Françoise était la fille aînée de Louis II de Bourbon, duc de Montpensier et pair de France, souverain de Dombes, dauphin d'Auvergne, etc., et de sa première femme, Jacqueline de Longwy, fille puînée de Jean IV de Longwy (4), seigneur de Gevry et de Jeanne, bâtarde d'Angoulême.

Henri-Robert eut quatre enfants : *Guillaume-Robert*, prince de Sedan de 1574 à 1588, et qui se titrait duc de Bouillon, prince souverain de Sedan, Jametz et Raucourt, Florange, Florenville, le Saulcy, Logne et Messincourt, marquis de Cotron, comte de La Marck, de Braine et d'Albon, baron de Sérignan, Privas, Arlempdes et Mauny, châtelain de Nogent-le-Roy et Chaumont-sur-Loire, conseiller d'Etat, capitaine de cent hommes d'armes des Ordonnances du Roi et des Suisses de sa garde ; — *Jean*, baron de Sérignan, mort également sans alliance, le 6 octobre 1587 ; — *Henri-Robert*, mort jeune ; — *Charlotte*, princesse de Sedan à la mort de son frère, Guillaume-Robert.

Il nous faut mentionner ici la *branche de Lummen*, parce que ses derniers représentants ont relevé le titre de comte de La Marck et se sont fixés en France vers la fin du xvII° siècle.

(1) Cf. Tallemant des Réaux, *l'Historiette du feu archevêque de Rouen.*
(2) Cf. G. Demay, *Inventaire des Sceaux de la collection Clairambault*, n° 1815 : Henri-Robert de La Marck, duc de Bouillon, capitaine de 50 lances, lieutenant-général en Normandie. — Sceau ovale, de 25 mill. — Ecu écartelé : aux 1 et 4, un gonfanon (celui d'Auvergne) ; aux 2 et 3, une fasce échiquetée de trois tires (La Marck) ; surmonté d'une couronne, entouré du collier de Saint-Michel. — Sans légende. (Gages de l'office de capitaine, 12 novembre 1565 ; Clair. r. 130, p. 1401). — N° 5002 : Henri-Robert de La Marck, seigneur de Sedan, chevalier de l'Ordre, capitaine de 60 lances. — Sceau ovale, de 26 mill. — Ecu écartelé : aux 1 et 4, une fasce échiquetée de trois tires ; aux 2 et 3, un gonfanon ; surmonté d'une couronne, entouré du collier de Saint-Michel. — Sans légende. (Gages de l'office de capitaine, 1er octobre 1572. — Clair., r. 130, p. 1405).
(3) Les armes des Bourbon-Montpensier, branche de la Roche-sur-Yon, sont *d'azur, à trois fleurs de lis d'or, au bâton de gueules péri en bande, brisé en chef d'un croissant d'argent.*
(4) *Longwy*, Jura, arr. Dole, cant. Chemin. — *Gevry*, Jura, arr. et cant. Dole.

Guillaume de La Marck, dit le *Sanglier des Ardennes*, seigneur d'Aigremont, des Awirs (1) et de Logne, est le premier des La Marck-Lummen. Après le meurtre de l'évêque Louis de Bourbon en 1482, il se fit nommer mambour de la principauté liégeoise ; mais en 1485 il fut supplicié, contre tout droit, à Maestricht. Il avait épousé Jeanne d'Aerschot, fille de Jean d'Aerschot, seigneur de Schoonhoven, dont il eut : 1° *Jean I*, qui suit ; — 2° *Guillaume*, qui se fixa en France, où il devint chambellan du roi Louis XII et capitaine des Cent-Suisses en 1505 ; il est inhumé dans l'église de Sainte-Maure, près Fontenay, en Poitou ; de sa femme, Renée du Fou, veuve de Louis III de Rohan, seigneur de Guémené et de Montbazon, il n'eut que des filles : Renée, qui épouse Amé de Saarbruck, comte de Roucy et de Braine, Anne, qui épouse Jean, sire de Rambures (Picardie), et Françoise, qui épouse Joachim de Hangest, seigneur de Moyencourt et de Montmor ; — 3° *Marguerite*, qui épouse Lancelot, seigneur de Berlaymont et de Hierges ; — 4° une fille encore, qui épouse le seigneur de Fauquemont, au pays de Liége. — Il eut en outre un fils naturel, *Guillaume*, écuyer d'écurie de François Ier en 1534 et qui laissa une fille, *Françoise de La Marck* ; elle épousa René de Villequier, gouverneur de l'Ile-de-France, qui la poignarda en plein jour (sept. 1577), au château de Poitiers, où se trouvait alors Henri III, encore qu'elle fût enceinte, et cela sous prétexte de jalousie, ou plutôt, comme on le crut, pour satisfaire les rancunes du roi contre elle.

Jean I († 1526) seigneur de Lummen, fut élu prince-évêque de Liége le 4 septembre 1482 par les chanoines restés à Liége ; mais l'élection de son rival, Jean de Hornes, fut confirmée par le pape, le 17 décembre 1483. Il épousa Marguerite de Ronckel de Wied, dont il eut : *Jean II*, qui suit ; — *Guillaume*, chanoine de Saint-Lambert, archidiacre de Brabant, plus connu sous le nom d'archidiacre de Seraing.

Jean II († 1553) seigneur de Lummen et de Seraing, épouse Marguerite, fille de Jean de Wassenaar, vicomte de Leiden, chevalier de la Toison d'Or, dont il a : 1° *Guillaume*, fameux dans

---

(1) *Aigremont*, prov. et arr. Liége, cant. Hollogne-aux-Pierres, com. *Les Awirs*. La haute dignité *d'avoué de Hesbaye* fut de très bonne heure l'apanage du seigneur d'Aigremont ; la cour féodale de l'avouerie siégeait ordinairement à Aigremont. Cf. pour plus de détails Amédée de Ryckel, *Les Communes de la province de Liége, notices historiques* ; 1892, p. 62 et suiv.; et J. Daris, *Notices sur les églises du diocèse de Liége*, t. XII, *passim*.

la guerre contre l'Espagne comme le chef des Gueux de mer,
mort sans hoirs en 1573 ; — 2° *Georges*, chevalier de l'Ordre Teu-
tonique ; — 3° *Philippe*, qui suit ; — 4° *Marguerite*, qui épouse
Charles de Gavre, comte de Beaurieux ; — 5° *Jossine*, abbesse à
Thore ; — 6° *Madeleine*, qui épouse Philippe, baron de Beaufort
(Artois).

Philippe († 1613), d'abord chanoine de Saint-Lambert, devient
seigneur de Lummen après la mort de son frère aîné, Guillaume.
Il épouse Catherine de Manderscheid, fille de Théodoric, comte
de Manderscheid, seigneur de Schleiden, dont il a : 1° *Ernest*, qui
suit ; — 2° *Elizabeth-Catherine*, qui épouse Pierre-Ernest de
Gavre, comte de Fresin ; — 3° *Jossine*, qui épouse Jean-Théodoric,
comte de Lœwenstein et de Rochefort ou Rosenberg.

Ernest († 1654), comte de Lummen et de Manderscheid, seigneur de Schleiden, de Seraing et de Kerpen, avoué héréditaire
de Franchimont, prit le titre de *comte de La Marck* après l'extinction de la branche des Maulévrier en 1652. Il épousa en premières
noces Sibylle de Hohenzollern, fille du prince Jean-Georges,
dont il eut : 1° *Jean-Guillaume*, comte de La Mark et mort sans
hoirs en 1674. Il épousa en secondes noces Catherine-Richarde
d'Esch, « imparis conditionis, » dit Imhof que suit le Moréri, et
dont il eut : 2° *François-Antoine*, qui suit ; — 3° *Engelbert*, non
marié ; — 4° *Marie-Antoinette*, qui ne laissa pas de postérité ;
— 5° *Catherine-Françoise*, religieuse au monastère de Sainte-
Agathe de Liége.

François-Antoine († 1680), comte de La Marck, baron de
Lummen et de Seraing, épouse Marie-Catherine-Charlotte de
Wallenrod. Elle se remaria avec Emmanuel-François-Egon,
comte de Furstenberg, qui fut tué à l'assaut de Belgrade, en 1688.
Très belle, mais hommasse comme un cent-suisse habillé en
femme, dit Saint-Simon, elle exerçait un grand empire (1) sur
l'oncle de son second mari, le cardinal de Furstenberg, qu'elle
« menoit à baguette » et, grâce à ce puissant concours, elle
établit solidement en France les enfants qu'elle avait donnés à
son premier mari : 1° *Jean-Berthod-François*, mort en 1697 mestre
de camp d'un régiment de cavalerie-Furstenberg, non marié ; —

(1) Elle fut très galante ; « je crois qu'il lui seroit difficile de nommer le père de ses enfants, »
dit la seconde duchesse d'Orléans (Cf. *Lettres de Madame*, trad. Jaeglé, t. 1, p. 345).
Saint-Simon affirme que son fils, le comte de La Marck, ressemblait, trait pour trait, au
cardinal de Furstenberg.

2° *Louis-Pierre-Engelbert*, qui suit ; — 3° *Jules-Auguste*, lequel quitta la France à la suite d'un duel en 1697 et mourut général de l'artillerie de l'Empire, en 1753.

Louis-Pierre-Engelbert († 1750), comte de La Marck, etc., maréchal de camp en 1709, lieutenant-général en 1718, chevalier des Ordres en 1724, gouverneur de Landrecies en 1737, grand d'Espagne et chevalier de la Toison d'Or en 1739, gouverneur du Cambrésis en 1740. Il épousa en 1700 Marie-Marguerite-Françoise de Rohan-Chabot, fille de Louis de Rohan-Chabot, duc de Rohan, pair de France, et de Marie-Elizabeth du Bec-Vardes, dont il eut : *Louis-Engelbert*, qui suit.

Louis-Engelbert, comte de La Marck, marquis de Vardes (1), colonel du régiment d'infanterie-La Marck, épouse en 1727 Marie-Anne-Hyacynthe Visdelou, fille de René-François Visdelou, dit le comte de Bienassis (Bien-Assis en Pléneuf) et de Marguerite-Iris de Foix, remariée à Jean-Baptiste, marquis de Montesson, brigadier des armées du roi. C'est le dernier représentant mâle de la branche La Marck-Lummen. Il maria sa fille unique, *Louise-Marguerite*, au duc d'Arenberg. Le fils cadet issu de ce mariage, Auguste-Marie-Raymond, prince d'Arenberg (1753 † 1833), prit le titre de *comte de La Marck* afin d'hériter du régiment de son aïeul ; sous ce nom, il joua un rôle assez considérable en France pendant le règne de Louis XVI et les débuts de la Révolution, comme en témoigne sa Correspondance avec Mirabeau, publiée en 1851 par M. de Bacourt (3 vol. in-8).

V

C'est le 11 septembre 1577 que Françoise de Bourbon, régente des Terres Souveraines, porta l'ordonnance prescrivant l'érection d'un hôtel monétaire à Sedan (2). Jusque dans ces derniers temps, les plus anciennes monnaies sedanaises, dont on possédât

---

(1) Le duc de Rohan donna pour une valeur de 50.000 écus la terre de Vardes, qui lui venait de son beau-père et Louis-Engelbert, en releva le titre de marquis. Louis XIV donna 40.000 écus au cardinal de Furstenberg pour faciliter le mariage et constituer le douaire de la mariée. Cf. le *Journal de Dangeau*, t. XII, p. 290 ; les *Mémoires de Sourches*, t. VI, p. 254. *Vardes* était une petite terre en Normandie ; c'est aujourd'hui le Marais-Vernier, près Quillebœuf.

A propos du *sanglier* que les La Marck-Sedan avaient placé dans les armoiries de la Ville de Sedan, rappelons que les Gaulois portaient comme étendard un sanglier au bout d'une perche, ainsi qu'en témoignent les monuments.

(2) Cf. J.-B. Brincourt, *Notice sur les monnaies de Sedan et Raucourt*, 1877 (tirage à part du *Bulletin du Musée de Sedan*).

des types, avaient été frappées en 1587 seulement. Mais, depuis peu, on a retrouvé un double tournois, daté de l'année de l'Ordonnance. L'écu est écartelé aux 1 et 4 d'Auvergne, aux 2 et 3 de La Marck. Il faut sans doute attribuer la transposition des armes (1) à la maladresse du graveur ; car les armes de La Marck devraient évidemment figurer à la place d'honneur, c'est-à-dire aux 1 et 4.

De 1578 à 1586, l'hôtel monétaire paraît n'avoir rien produit. En tout cas, on n'a pas encore rencontré de monnaies à ces dates. Elles reparaissent en 1587 et l'écu est composé comme suit : écartelé au 1 de La Marck, au 2 de Bourbon-Montpensier, branche de La Roche-sur-Yon, au 3 de Poitiers et au 4 d'Auvergne. Cette fois, les partitions sont plus nombreuses. Guillaume-Robert a joint aux armes de sa maison celles de sa mère Françoise de Bourbon, celles des Poitiers pour se conformer au testament de 1547, enfin celles d'Auvergne, qui figuraient déjà sur les monnaies de 1577.

Les monnaies, frappées sous le principat de Charlotte de La Marck, présentent le même type d'écu que celles de 1587.

Le 15 octobre 1591, cette princesse épouse Henri de La Tour, qui a, en outre cette même année, la bonne fortune d'hériter des terres de Limeuil et de Lanquais par la mort de son cousin, Galiot de La Tour (2). Les monnaies, frappées en 1592, sont évidemment aux armes des deux époux, tous deux princes

---

(1) Cette transposition des armes est également à remarquer sur le sceau de 1565, décrit précédemment, p. 25, n° 2.

(2) Pourtant ce Galiot ou Gilles de La Tour, de son mariage avec Marguerite de La Cropte, avait une fille qui vivait encore, Isabeau de Limeuil, célèbre dans la chronique galante du XVIe siècle. Dans une audience solennelle, tenue à l'hôtel de Saulx, à Dijon, elle se trouva tout à coup indisposée. On l'emporta dans une salle voisine où elle accoucha d'un fils attribué au prince de Condé, mais plus justement, paraît-il, à Florimond Robertet, sieur de Fresne, secrétaire d'État, son rival heureux. Catherine de Médicis, rapporte Brantôme à cette occasion, dut renvoyer la Limeuil hors de la troupe (des filles d'honneur) et la fit enfermer dans un couvent d'Auvergne. D'après des propos qu'elle avait tenus au comte de Maulevrier, Charles-Robert de La Marck, contre le prince de La Roche-sur-Yon, elle fut accusée d'avoir voulu empoisonner ce prince et l'on chargea les évêques d'Orléans et de Limoges de conduire l'instruction. Une lettre du baron de Bolwiller au cardinal de Granvelle, publiée dans les Papiers d'État de ce cardinal, t. VIII, p. 305, fait mention de ce prétendu empoisonnement. L'année suivante, au mois d'avril 1565, Condé la fit enlever du couvent de Tournon, où elle avait été transférée, pour vivre avec elle. Elle épousa plus tard un noble Lucquois, Scipion Sardini, baron de Chaumont-sur-Loire. Cf. pour plus de détails l'art. Limeuil dans le Dict. crit. de Bayle et surtout l'Information contre Mademoiselle de Limeuil, imprimée par le duc d'Aumale dans son Hist. des princes de Condé, t. I, in fine.

On peut lire dans les Titres des anciens princes de Sedan (Étude Foucart, à Sedan), une transaction du 22 janvier 1602 entre le mandataire d'Henri de La Tour et Messire Scipion Sardini, gentilhomme de la chambre du roi, et Isabeau de La Tour, sa femme, au sujet du procès intenté par ces derniers aud. duc, en revendication du comté de Beaufort-en-Vallée, par laquelle led. mandataire cède auxd. sieur et dame de Sardini led. Comté et dépendances, donne ou promet de donner main-levée des saisies, à charge par ceux-ci de payer à Marcel Regnault et consorts la somme de 24.000 écus.

souverains : au 1 de La Tour, au 2 de La Marck, au 3 de Turenne, au 4 de Bourbon-Montpensier, et sur le tout, d'Auvergne. Comme on voit, le côté dextre de l'écu est réservé aux armes du prince et le côté sénestre, aux armes de la princesse. Quant à l'écusson d'Auvergne, il appartient aux deux.

Charlotte de La Marck meurt bientôt, le 8 mai 1594, et Henri de La Tour conserve les principautés. Afin d'assurer l'avenir de sa maison, il se remarie peu après, le 16 février 1595, avec Elizabeth de Nassau (1), seconde fille de Guillaume Ier, prince d'Orange et de sa troisième femme, Charlotte de Bourbon-Montpensier.

Les monnaies frappées à Sedan en 1595 ne présentent plus que les armes propres de Henri de La Tour, ainsi composées : aux 1 et 4 de La Tour, aux 2 et 3 de Turenne et sur le tout, d'Auvergne. Ce sont tout simplement les armes de François III de La Tour. Quant au gonfanon d'Auvergne, Henri de La Tour l'a placé en écusson, comme étant l'héritier des comtes d'Auvergne, ainsi qu'on l'a vu plus haut.

Le type de l'écu, frappé en 1595, est conservé intact jusqu'à l'année 1613. Il va subir, coup sur coup, deux importantes modifications.

Rappelons que c'est en 1610 que Christophe Justel entre au service du prince de Sedan et qu'il s'occupe activement des intérêts de son maître, au point de se proposer d'écrire son histoire, comme il le déclare dans l'Histoire généalogique de la maison d'Auvergne. Puisque Henri de La Tour est l'héritier des comtes d'Auvergne, qui se titraient aussi comtes de Boulogne, il doit également placer les armes de Boulogne sur son écu. En effet, sur les monnaies frappées en 1613, l'écu du prince est écartelé aux 1 et 4 de La Tour, au 2 d'Auvergne, au 3 de Turenne et sur le tout, de Boulogne, *d'azur à trois tourteaux de gueules.*

En 1614, nouveau changement, nouvelle addition. L'écu est écartelé au 1 de La Tour, au 2 d'Auvergne, au 3 de Turenne, au 4 de Bouillon, *de gueules à la fasce d'argent,* et, sur le tout, de Boulogne.

Les prédécesseurs de Henri de La Tour dans les souverainetés

(1) Les armes de la maison de Nassau étaient : *d'azur, au lion d'or, billeté du même* (qui est de Nassau), *écartelé aux 1 et 4 de gueules, à la bande d'or* (qui est de Chalon), aux *2 et 3, d'or, au cor d'azur virolé et lié de gueules* (qui est d'Orange). — Les armes de Nevers, *d'azur au lion d'or, armé et langué de gueules, l'écu semé de billettes d'or,* se rapprochaient beaucoup de celles de Nassau.

de Sedan et de Raucourt se titraient depuis longtemps ducs de Bouillon, mais sans posséder le duché de ce nom et sans placer les armes de Bouillon sur leur écu (1), comme le prouve la description de leurs monnaies. Pourquoi Henri de La Tour a-t-il été plus loin qu'eux, c'est ce qu'il importe d'expliquer, autant que faire se peut. Le traité de Vervins, signé le 2 mai 1598, reproduisait la clause du traité de Cateau-Cambrésis, concernant les droits des princes de Sedan sur le duché de Bouillon. L'article XII porte en effet : « et, pour les choses contenues au dit traité de l'an 1559, qui n'ont esté exécutées suivant les articles d'iceluy, l'exécution en sera faite et achevée en ce qui reste à exécuter pour le duché de Bouillon, etc. » L'affaire traînant en longueur, Henri de La Tour rappela ses droits à l'évêque et à la communauté de Liége par une lettre en date du 29 novembre 1604. Mais les choses devaient en rester là pour le moment. Sans doute qu'en plaçant les armes de Bouillon sur son écu en 1614, le prince de Sedan entendait revendiquer de nouveau ses droits méprisés. Ou bien, faudrait-il chercher une autre explication ? Nous avons vu que l'antique maison de Boulogne pouvait se considérer comme étant l'héritière de Godefroid de Bouillon, mort sans enfants. Faudrait-il conclure que Henri de La Tour a été conduit à prendre les armes de Bouillon après celles de Boulogne, de même qu'il avait pris les armes de Boulogne après celles d'Auvergne ? Tout en penchant pour la seconde hypothèse, qui nous semble plus simple et plus rationnelle, nous n'osons trancher la question. D'ailleurs, les deux hypothèses ne s'excluent pas.

A partir de l'année 1614, les armes des La Tour subissent encore des modifications, mais de peu d'importance. Leur blason est une mosaïque qui peut varier, mais seulement par la disposition des quartiers de l'écu. La combinaison adoptée en 1629 par Frédéric-Maurice de La Tour (2) est la dernière ; c'est celle

---

(1) Toutefois il faut dire qu'ils prenaient sur leurs monnaies le titre de duc de Bouillon, et rien que celui-là. Voyez par exemple le double tournois frappé en 1587.

(2) Frédéric-Maurice de La Tour épousa en 1634 Eléonore de Berg, dont les armes étaient *d'argent, au lion de gueules, couronné, lampassé et armé d'or, à la bordure de sable, chargée de onze besants d'or.*

Avant d'adopter cette combinaison, Frédéric-Maurice de La Tour avait composé comme suit son blason sur les monnaies frappées en 1624 : au 1, de La Tour ; au 2, d'Auvergne ; au 3, de Turenne ; au 4, de Boulogne ; sur le tout, de Boulogne (par suite d'une maladresse).

Pour être complet, nous donnons également les armes qui figurent sur un jeton de Charlotte de La Tour, en 1639 : au 1, de La Tour ; au 2, de Nassau (d'azur au lion d'or, billeté du même) ; au 3, de Bourbon-Montpensier ; au 4, contr'écartelé de Turenne (aux 1 et 4), de Boulogne et de Bouillon.

qui a été décrite au commencement de cette notice. Ajoutons toutefois pour être complet, que ses descendants (1), en leur qualité de grand chambellan du roi de France, portaient derrière l'écu de leurs armes deux clefs d'or passées en sautoir et dont l'anneau était surmonté par une couronne royale (2), et qu'ils le timbraient du heaume ou de la couronne de prince souverain.

Dans son *Histoire* (3) l'abbé Prégnon déclare que l'écu d'or aux trois tourteaux de gueules est de Raucourt et non de Boulogne, comme on a pu voir dans notre exposé. « A mesure, dit-il, que la maison de La Marck prit de l'extension par ses alliances et ses acquisitions, elle modifia son blason: ainsi Robert IV, ayant acquis les terres de Raucourt, y ajouta les armoiries de cette principauté et Henri-Robert, ayant épousé Françoise de Bourbon, mit dans son écusson les armes de cette princesse. »

Les auteurs du Catalogue du Musée municipal de Sedan ont adopté cette façon de voir. « Plusieurs auteurs, ont-ils ajouté en note (4), indiquent l'écusson d'or aux trois tourteaux de gueules comme étant de Boulogne. Mais il ne peut y avoir de doute à cet égard, il s'agit bien ici des armes de Raucourt. »

Comme on voit, l'affirmation est des plus précises. Malheureusement ce n'est qu'une *affirmation sans preuve aucune*. Où donc a-t-on pu voir, pour l'affirmer si nettement, que la terre de Raucourt avait des armes en propre et que ces armes étaient d'or à trois tourteaux de gueules? Dans quel recueil armorial? Sur quel monument? Sur quels sceaux ou sur quelles monnaies? Autant de questions auxquelles il semble impossible de répondre.

D'après quelle autorité l'abbé Prégnon avance-t-il que « Robert IV, ayant acquis la terre de Raucourt, ajouta les armoiries de cette principauté à celles des La Marck? » Il a oublié de le dire, tout simplement parce qu'il ne le pouvait pas.

<hr>

(1) Voici comment Douët d'Arcq dans sa *Collection de Sceaux*, t. 1, p. 333, décrit le Sceau armorial de Godefroid de La Tour, le fils aîné et successeur de Frédéric-Maurice, n° 444 : « Ecartelé aux 1 et 4 de La Tour, au 2 de Boulogne, au 3 de Turenne ; sur le tout, un parti, au 1 d'Auvergne, au 2 d'une fasce ? » Le 2 du surtout, que semble ignorer Douët d'Arcq, est de Bouillon.

(2) C'est ce qu'ignoraient sans doute les auteurs du *Catalogue du Musée municipal de Sedan*. Voici en effet la description qu'ils donnent à la page 185, du sceau catalogué le n° 1 : Sceau ovale, à l'écu écartelé au 1 *de Raucourt*, aux 2 et 3 de La Tour, au 4 de Turenne ; sur le tout, un écusson aux armes de Bouillon à gauche, à droite le gonfanon d'Auvergne. Les ornements extérieurs sont deux aigles accostant l'écu et se regardant ; *deux clefs de ville* en faisceau et une couronne de prince souverain surmontant le tout.

(3) Cf. l'abbé Prégnon, *Histoire du pays et de la ville de Sedan*, t. II, p. 417.

(4) Cf. Ed. Depaquit et Em. Theilier, *Catalogue du Musée municipal de Sedan*, p. 101 et 161.

Ces armes prétendues de Raucourt ne figurent pas en effet, comme on l'a vu plus haut, sur les écus des monnaies frappées en 1577 et en 1587, au temps des La Marck. Elles devraient pourtant y figurer, plutôt que celles d'Auvergne, si l'on devait ajouter foi à ce que dit l'abbé Prégnon.

Comment, en outre, d'après cette affirmation, pourrait-on expliquer ce fait que les trois tourteaux de gueules sur champ d'or subsistent dans le blason des ducs de Bouillon, après le contrat d'échange de 1651, alors que la principauté de Raucourt est réunie au domaine royal ?

Enfin, dernière difficulté à résoudre : que le lecteur veuille bien se reporter à la description des monnaies frappées sous Henri de La Tour en 1592, en 1595, en 1613 et en 1614. Dès 1595, le prince de Sedan, remarié avec Elizabeth de Nassau, enlève pour toujours de son blason les armes de La Marck et, d'après l'affirmation de l'abbé Prégnon, il aurait placé sur son écu, tout-à-coup, en l'année 1613, non les armes de Sedan (1), mais celles de Raucourt. Voilà qui serait assez étrange et qui exigerait des explications détaillées, puisque la principauté de Raucourt n'était alors qu'une simple annexe de la principauté de Sedan.

Voici, paraît-il, d'où provient l'erreur qui a été commise. L'hôtel monétaire de Raucourt commença à fonctionner en 1614 sous la direction du sieur Manlich ou Manelich (2), qui était en même temps directeur des monnaies de Cologne, Liége, Sedan, La Tour à Glaire et Château-Regnault. Les espèces, frappées à Raucourt, devaient, suivant l'Ordonnance du 4 février, présenter une marque distinctive de celles frappées à Sedan. Cette marque se trouve, à vrai dire, dans la légende qui a porté alternative-ment : RAUCURTII, RAUCURTI, RAUCURT, etc. Or on croyait la

---

(1) Il convient de dire ici que les armes de Sedan existent sur la poitrine de l'Aigle dans les monnaies frappées à ce type, à la date de 1612, 1613, 1614, et à la place d'honneur, au droit de la pièce, où se trouve le nom du prince, mais cette constatation n'affaiblit en rien notre raisonnement. — Il va sans dire que la meilleure preuve que nous puissions donner de l'attribution des trois tourteaux de gueules à la maison de Boulogne et non à celle de Raucourt, c'est ici est l'avis de Justel et de Baluze, et par suite de la maison de Bouillon elle-même, qui, à coup sûr, devait connaître ses armoiries.

(2) Ce Paul Manlich fit à Sedan de mauvaises affaires, comme le prouvent ces deux articles des Comptes de la Ville : Le Comptable (Gérard Baron) fait recepte de la somme de 44 livres 5 sols qu'il auroit receeue par les mains de Billot sergent sur ce qui revenoit à la ville de la sentence de la desconfiture des meubles de Manelle, rendue le 20e jour de juillet 1624 ; — led. comptable fait recepte de la somme de 800 l. t., provenant de l'amende à quoy Manelich auroit esté condempné par jugement du jour de (en blanc), laq. somme de iije iiijxx x liv. t. receeue par les mains du sr Deshayes, receveur général de Monseigneur, suivant le décret de Madame (Elizabeth de Nassau).

trouver dans la présence des trois tourteaux, qui figuraient cependant sur les monnaies frappées à Sedan, en 1613. De là à dire que les trois tourteaux de gueules sur champ d'or étaient les armes de Raucourt, il n'y avait qu'un pas et il fut vite franchi.

Mais ce n'était pas assez de cette hypothèse, pourtant si hardie. On sait que sur les sceaux et sur les monnaies les besants, qui sont toujours de métal, et les tourteaux, qui sont toujours d'émail, sont représentés de la même manière, par des ronds en relief. Cette similitude de reproduction donna naissance à une seconde hypothèse, encore plus hardie que la première : on crut retrouver les prétendues armes de Raucourt sur les monnaies frappées en 1587. Sans doute les armes de Poitiers-Valentinois présentaient 6 besants et non 3 ; mais cette difficulté n'était pas pour arrêter des esprits aventureux, en train de faire des suppositions. Et voilà comment il se fait que les armes de Boulogne sont devenues pendant quelque temps des armes dites de Raucourt (1).

VI

Nous allons reprendre la généalogie de la maison de Bouillon et la conduire jusqu'à son extinction, en 1802. Chemin faisant, nous donnerons quelques renseignements biographiques sur ceux du moins des membres de cette famille qui ont joué un rôle appréciable à leur époque (2).

Henri de La Tour, prince de Sedan de 1591 à 1623, se titrait en outre duc de Bouillon, vicomte de Turenne, comte de Montfort et de Nègrepelisse, vicomte de Castillon et de Lanquais, baron de Montgacon, seigneur d'Olliergues, Limeuil, Fay(-le-Froid), Servissac, Saint-Bonnet, Novacelles, Issandolanges, Croc, Ferrières et de plusieurs autres terres, également situées en Auvergne, dans le Velay et le Bourbonnais.

Il épousa en secondes noces (3), le 16 février 1595, Elizabeth

(1) Nous tenons à remercier ici de leur extrême obligeance MM. J.-B. Brincourt et Marc Husson, qui ont mis leurs collections de monnaies à notre disposition et nous ont ainsi permis d'établir la discussion qu'on vient de lire.

(2) Ozeray, *Histoire de la ville et du duché de Bouillon*, 1864, in-8°, donne des renseignements assez détaillés sur le fameux procès relatif au duché de Bouillon et qui eut lieu après le traité de Vienne ; mais il est presque muet sur la vie des ducs de Bouillon et de leurs familles.

(3) Nous donnerons plus tard une étude détaillée sur les deux mariages de Henri de La Tour.

de Nassau, fille cadette de Guillaume Ier de Nassau, prince d'Orange, dit le Taciturne, et de sa troisième femme, Charlotte de Bourbon-Montpensier. Elizabeth mourut le 3 septembre 1642 à l'âge de 67 ans, après avoir administré à plusieurs reprises les Principautés souveraines de Sedan et de Raucourt.

De ce mariage allaient naître huit enfants, mais dix longues années devaient s'écouler avant la naissance d'un fils qui continuerait le nom des La Tour et garantirait l'avenir de la maison. Le premier enfant qui naquit, en août 1596, fut donc une fille (Cf. *Lettres de la duchesse de Bouillon à la duchesse de La Trémoïlle*, publ. par P. Marchegay, 1875, aux dates du 4 juin et du 4 novembre 1596), qui reçut le prénom de Louise, sa marraine étant Louise de Coligny, belle-mère de la duchesse. La jeune mère semble envier la bonne fortune de sa sœur Charlotte-Brabantine, qui donne un fils à son mari, le duc Claude de La Trémoïlle, la seconde année de son mariage. « Vous avez, lui écrit-elle le 25 mars 1599 (Cf. les *Lettres citées*, p. 60), vous avez emporté le prix de nous toutes, ayant fait un beau garçon. » De son côté Louise de Coligny, qui félicite à cette occasion la duchesse de La Trémoïlle, plaint sincèrement la malechance de la duchesse de Bouillon. « Ma fille, un fils ! écrit-elle à la première (Cf. *Correspondance de Louise de Coligny (1588-1620)*, p. p. P. Marchegay et L. Marley, 1887, p. 145). Vraiment vous avez bien de l'avantage sur toutes vos sœurs d'avoir si bien commencé et promptement..... Je meurs d'envie de voir ce petit-fils, et comment vos petites mains le manient. Croyez que votre petit frère (Frédéric-Henri de Nassau, qui fut stathouder de Hollande de 1625 à 1647) est bien glorieux d'avoir ce petit neveu, et Monsieur de Bouillon bien en colère de ce que votre sœur ne lui en fait. »

Le 25 juin de cette même année, le duc de Bouillon se rendait avec sa femme et son enfant à Pougues, dont les eaux carbonatées et ferrugineuses sont, paraît-il, excellentes pour combattre la gravelle et les maux d'estomac. Louise de Coligny vint les rejoindre quelques jours après. En sa double qualité de grand'mère et de marraine, elle s'enthousiasma de la petite Louise de La Tour, « qui est la plus belle et la plus jolie qu'il est possible. » C'est à Charlotte de La Trémoïlle qu'elle fait cette confidence. (Cf. *Corresp. de Louise de Coligny*, p. 157). Elle continue sur le même ton. « Elle (la petite fille) m'a prise en une amitié si grande que j'en suis extrêmement glorieuse; car ils disent tous qu'elle n'a jamais caressé personne que moi. Elle ne fait plus de cas de père ni de mère ; il n'y a que sa grand'maman. Cela est si violent que j'ai peur qu'il ne dure pas ; je ferai bien pourtant tout ce que je pourrai pour conserver sa bonne grâce. » La veuve du Taciturne ne fut pas seulement une grand'maman modèle. Elle s'ingénia aussi à provoquer l'amour-propre maternel d'Elizabeth de Nassau. Mais, malgré toute sa bonne volonté, la duchesse de Bouillon eut encore une fille, qui s'appela Marie. « Je m'attendais, écrit le 28 janvier 1601 Louise de Coligny (Cf. ses *Lettres*, p. 176) à la duchesse de la Trémoïlle, qui allait accoucher de nouveau, je m'attendais que Madame de Bouillon aurait un fils ; mais ce sera donc vous, ma belle mignonne, qui m'en donnerez un. » Le duc de Bouillon devait d'autant plus se dépiter de n'avoir que des filles que, « neuf mois et quatorze jours après son mariage, » Henri IV avait un fils. En effet, « ce fut le jeudi 27 septembre 1601, à dix heures et demie du soir, que la sage-femme Louise Bourgeois accoucha la reine Marie de Médicis d'un petit Monsieur le Dauphin. » (Cf. le *Récit véritable de la naissance de Messeigneurs et dames les Enfans de France, par Louise Bourgeois*, dans Cimber et Danjou, *Arch. curieuses*, 1re série, t. xiv.)

Décidément, Elisabeth de Nassau semble jouer de malheur. En avril 1603, elle accouche d'un enfant qui meurt le même jour, comme nous l'apprend encore une lettre de Louise de Coligny (Cf. ses *Lettres*, p. 208) à Charlotte-Brabantine : « Mon Dieu, dit-elle, que je plains cette pauvre créature ; car il semble que tous les maux la poursuivent. Ç'a été un grand heur que vous avez été auprès d'elle en cette affliction ; car je m'assure que vous aurez été cause qu'elle l'aura bien plus doucement supportée, qu'elle n'eut fait étant seule. On me mande que Monsieur de Bouillon l'a passé avec une contenance admirable, bien que l'on voit qu'il en a très vif ressentiment. Certes, Dieu l'exerce en beaucoup de façons. Veuille sa divine bonté lui donner les consolations ordinaires. » Enfin un fils naquit le 22 octobre 1605, assurant désormais l'avenir de la race.

De sa seconde femme Henri de La Tour eut huit enfants, deux fils et six filles, savoir :

1° *Frédéric-Maurice de la Tour*, prince de Sedan, qui suit.

2° *Henri de La Tour*, vicomte de Turenne et de Castillon, comte de Nègrepelisse (1), né à Sedan le 4 septembre 1611. D'abord simple soldat en 1624 et capitaine d'infanterie en 1626 sous ses oncles maternels en Hollande, il entra au service de la France et devint successivement colonel d'un régiment d'infanterie en 1632, maréchal de camp en 1634, lieutenant-général en mars 1642, maréchal de France en décembre 1643, gouverneur du Haut et Bas Limousin et ministre d'Etat en 1653, colonel-général de la cavalerie légère en 1654, maréchal-général des camps et armées du roi en 1660, se convertit au catholicisme en 1668 et mourut à Sasbach le 25 juillet 1675.

Il épousa en 1653, par contrat passé le 29 juillet 1651 au château de la Boullaye (2), en Normandie, et du consentement

(1) Henri de La Tour portait le titre de vicomte de Turenne en sa qualité de fils cadet, mais la vicomté ne lui appartenait pas. — Dans le traité de neutralité qu'il signa le 9 mai 1647 à Francfort-sur-le-Mein avec le prince-électeur de Mayence, le maréchal Turenne se titrait « le Sérénissime prince Henri de La Tour, duc de Bouillon, de Raucourt, vicomte de Turenne et de Castillon, comte de Nègrepelisse. » Cf. Frédéric Léonard, *Recueil des traités de paix*, 1693, t. iii, à la date.
(2) Cf. Baluze, *Hist. généal. de la Maison d'Auvergne*, t. ii, p. 820. — Mentionnons ici un fait relatif au maréchal Turenne et qui est trop peu connu : Dès l'année 1665, Louis XIV redoutait le rétablissement du stathoudérat de Hollande en faveur de la Maison d'Orange, et il songeait à opposer la candidature de Turenne (petit-fils du Taciturne par sa mère) à celle du jeune Guillaume d'Orange, qui devait être son pire ennemi. Cf. la *Correspondance de Colbert*, p. p. P. Clément, t. vi, p. 245-247.

du roi qui lui accorda une somme de cent mille livres à cette occasion, *Charlotte de Caumont* (1623†1666), fille unique d'Armand de Caumont, duc de La Force, pair et maréchal de France, et de sa première femme, Jeanne de La Rochefaton, dame de Saveilles, dont il n'eut pas d'enfant.

L'existence de Turenne est connue de tous, dans ses grandes lignes. Nous n'y reviendrons pas. Voici, à titre de curiosité, son *Portrait*, tracé de main de maître par le comte de Bussy-Rabutin, qui avait servi directement sous ses ordres, comme mestre de camp général de la cavalerie légère.

« Henri de La Tour, vicomte de Turenne, étoit d'une taille médiocre, large d'épaules, lesquelles il haussoit de temps en temps en parlant; ce sont de ces mauvaises habitudes que l'on prend d'ordinaire, faute de contenance assurée. Il avoit les sourcils gros et assemblés, ce qui lui faisoit une physionomie malheureuse. »

« Il s'étoit trouvé en tant d'occasions à la guerre, qu'avec un bon jugement qu'il avoit et une application extraordinaire au métier, il s'étoit rendu le plus grand capitaine de son siècle. A l'ouïr parler dans un conseil, il paroissoit l'homme du monde le plus irrésolu ; cependant, quand il étoit pressé de prendre parti, personne ne le prenoit ni mieux ni plus vite. »

« Son véritable talent, qui est, à mon avis, le plus estimable à la guerre, étoit de rétablir une affaire en méchant état. Quand il étoit le plus faible en présence des ennemis, il n'y avoit point de terrain d'où, par un ruisseau, par une ravine, par un bois, ou par une éminence, il ne sût tirer quelque avantage. Jusqu'aux huit dernières années de sa vie, il avoit été plus circonspect qu'entreprenant.... La prudence venoit de son tempérament, et sa hardiesse de son expérience. »

« Il avoit une grande étendue d'esprit, capable de gouverner un Etat aussi bien qu'une armée. Il n'étoit pas ignorant des belles-lettres; il savoit quelque chose des poètes latins, et mille beaux endroits des poètes françois; il aimoit assez les bons mots et s'y connoissoit fort bien. »

« Il étoit modeste en habits et même en expressions. Une de ses qualités, c'étoit le mépris du bien (c.-à-d. de la fortune). Jamais homme ne s'est si peu soucié d'argent que lui. — Il aimait les femmes (1), mais sans s'y attacher; il aimoit assez les plaisirs de la table, mais sans débauche; il étoit de bonne compagnie; il savoit mille contes; il se plaisoit à les faire et il les faisoit fort bien. »

(1) Turenne a aimé beaucoup et longtemps les femmes, dit Paul Boiteau, à qui nous empruntons cette note, dans son édition de l'*Histoire amoureuse des Gaules*, par Bussy-Rabutin, 1856, Coll. Jannet, t. 1, p. 187. C'est ce que ne disent ni l'abbé Raguenet, ni le chevalier de Ramsay, ni les diverses histoires de Turenne approuvées par les archevêques de Tours et de Rouen. Personne n'ignore qu'il fut très épris de Mme de Longueville qui n'aimait pas alors les plaisirs innocents. L'écrivain calviniste Pierre Coste (p. 87) ne le cache point, tout en affirmant que Turenne n'était pas d'un naturel impétueux : « Quoique le vicomte de Turenne ne fût pas fort porté à l'amour, le commerce continuel qu'il eut alors avec cette belle princesse l'ayant rendu plus sensible qu'à son ordinaire, il tâcha de s'en faire aimer. La duchesse de Longueville non seulement ne répondit pas à son amour, mais le sacrifia à La Moussaye, qui étoit alors gouverneur de Stenay. » Ramsay explique l'histoire à sa manière : « Quoique Mme de Longueville, dit-il (t. II, p. 155), fût dans une dévotion si grande qu'elle ne se mêloit d'aucune cabale, néanmoins son esprit avoit tant d'ascendant sur les personnes,

« Les dernières années de sa vie, il fut honnête (c.-à-d. affable) et bienfaisant. Il se fit aimer et estimer également de ses officiers et de ses soldats ; et, sur la gloire, il se trouva enfin si fort au-dessus de tout le monde, que celle des autres ne pouvoit plus l'incommoder. »

C'est Henri II qui, par son ordonnance du 20 décembre 1549, plaça la *cavalerie légère*, c.-à-d. toutes les troupes à cheval qui n'appartenaient pas au corps de la gendarmerie, sous l'autorité et la direction d'un *colonel-général*. Cette charge a existé sans interruption jusqu'au 17 mars 1788 et, pour ce motif, les chefs de régiments de cavalerie n'ont pas porté jusqu'à cette date le titre de colonel, mais celui de mestre de camp. Turenne, qui agissait déjà presque en colonel-général depuis la mort du dernier titulaire (le duc de Joyeuse) en 1654, fut définitivement nommé, le 24 avril 1657, à cette charge importante. Sa bannière personnelle, la cornette blanche, flottait en tête des escadrons de cavalerie légère ; elle était également arborée par la première compagnie de chaque régiment, qui lui appartenait en propre. L'œuvre de Turenne, comme colonel-général, peut se résumer d'un mot : c'est lui qui, après la paix d'Aix-la-Chapelle, réforme la cavalerie légère et la place entièrement dans la main du roi. On peut consulter pour plus de détails l'ouvrage si intéressant du général Susane, *Histoire de la cavalerie française*, 1874, in-18, t. I, p. 40, surtout p. 106-122, et t. II, p. 3-8.

Pour récompenser dignement Turenne des services exceptionnels qu'il avait rendus à la France, Mazarin le fit nommer en août 1660 *maréchal-général* des camps et armées du roi ; c'était lui assurer le commandement supérieur des armées où il se trouverait, en l'absence des princes du sang. « Alors, dit Saint-Simon (*Mémoires*, édit. Chéruel, t. v, p. 316), M. de Turenne, supérieur aux maréchaux de France qu'il commandait tous, cessant de l'être lui-même, mais n'étant pas connétable et ne pouvant en porter les marques, ne voulut plus de celles de maréchal de France, dont il quitta les bâtons à ses armes et le titre de maréchal, qu'il avoit toujours porté depuis plus de dix-sept ans qu'il l'étoit, pour reprendre celui de vicomte de Turenne, qu'il avoit porté avant d'être maréchal de France. » On sait que les maréchaux de Créquy, d'Humières et de Bellefonds ne voulurent pas reconnaître cette autorité supérieure lors de la campagne de Hollande en 1672. L'historiographe royal Jean du Bouchet composa à cette occasion, sur la demande de Créquy, un très curieux *Mémoire sur la charge de Maréchal général* (15 mai 1673), qui concluait contre Turenne. Mais Louis XIV obligea les trois maréchaux à servir sous les ordres de Turenne pour reparaître aux armées. Le comte G.-J. de Cosnac a inséré le Mémoire de du Bouchet dans les *Notices et documents publiés pour la Société de l'Histoire de France*, lors du cinquantième anniversaire de sa fondation, en 1884.

qu'elle les faisoit pencher du côté où elle avouoit bien que son inclination la portoit, c'est-à-dire du côté de Monsieur son frère. »

Turenne « aimoit naturellement la joie » (*Mémoires de Grammont*, chap. II). Avec la joie, il aima extrêmement, jusqu'à la compromettre, Mme de Sévigné. Il avait soixante ans quand il soupirait aux pieds de Mme de Coëtquen (*Mémoires de Choisy*, p. 354) et se laissait arracher le secret de l'État. En 1650, quand il tenait campagne contre le parti de la Cour, il entretenait à Paris, dans la rue des Petits-Champs, une petite grisette qu'il « aimoit de tout son cœur. » (*La Vie du Cardinal de Retz*, dans la coll. Michaud, 3e série, t. I, p. 209, 2e col.)

Les Bouillon avaient le titre d'*Altesse* en France, depuis la Fronde (Cf. le P. Anselme, t. IV, p. 509 et suiv.) et auparavant ils prenaient, même à l'étranger, le titre de « prince par la grâce de Dieu » (pièce n° 815 du *Musée des Archives nationales*), titre qui n'était pas reconnu en France. Mais ici quelques explications sont nécessaires. D'après plusieurs déclarations des rois Henri II, Charles IX, Henri III, Henri IV et Louis XIII, les Terres de Sedan et Raucourt jouissaient de la qualification de souveraineté, avec droits régaliens. En 1642, Frédéric-Maurice de La Tour fut arrêté pour avoir pris part au complot de Cinq-Mars et Sedan fut occupé par les troupes royales. Mazarin négocia un échange, qui fut arrêté par Charlotte de La Tour, au nom de son frère absent, le 10 mars 1647. Par un brevet du 21 mars suivant, le duc de Bouillon et Turenne se firent assurer, pour eux et leur maison, la jouissance du rang de « princes étrangers, issus de maisons souveraines et habitués dans le royaume. » (Cf. Baluze, *Hist. généal.*, t. II, p. 820). Un deuxième brevet, du 2 avril 1649, leur confirma la possession de ce titre. Arrive alors l'affaire des tabourets et les assemblées de la noblesse cette même année obtiennent la suppression de tous les brevets de prince. Bouillon et Turenne réclamèrent et la Cour revint sur sa décision. Un nouveau brevet, du 26 octobre 1649, reconnut aux deux frères la souveraineté des principautés de Sedan et de Raucourt; une déclaration ultérieure, en mai 1651, les maintint dans les mêmes privilèges, qui furent encore confirmés par un brevet du 15 février 1652 et un Arrêt du Conseil d'en Haut du 25 mai suivant. (Cf. Ramsay, *Histoire de Turenne*, aux preuves). Cependant le contrat d'échange avait été signé le 20 mars 1651 et enregistré en Parlement le 20 février, mais sous toutes réserves et avec mention de l'opposition que les ducs et pairs d'Uzès, de Sully, de Ventadour, de Lesdiguières, de Brissac, d'Halluin et de Saint-Simon faisaient à la qualité de prince. (Cf. le P. Anselme, t. IV, p. 514-520). — En tant que princes étrangers, les Bouillon avaient un *rang intermédiaire* entre les princes du sang, issus de la maison royale ou légitimés, et les ducs et pairs, avec l'avantage sur ceux-ci que leur qualité profitait à toute leur famille, tandis que les enfants d'un duc et pair ne pouvaient réclamer aucun de ses privilèges. (Cf. l'*État de la France*, 1698, t. II, p.159). En outre, ils jouissaient du *Pour*. « Le pour, dit Saint-Simon (*Addition au Journal de Dangeau*, t. VI, p. 404), est une distinction de ceux qui ont le rang de princes étrangers dans les voyages où on marque les logements à la craie. Sur les logements qu'on leur marque le fourrier écrit : *Pour M. un tel*, et sur les logements des autres point de Pour, mais simplement : *M. un tel*. Cela n'emporte ni primauté, ni préférence de logement entre ceux de ce rang et les ducs, qui sont logés sans distinction malgré celle du *Pour*, après le service, c.-à-d. toute charge de service nécessaire ; puis les maréchaux de France, puis les charges considérables, et puis le reste des courtisans. »

L'*hôtel de Turenne*, qui ne lui appartenait pas encore en 1652, était au Marais, le plus beau quartier de Paris sous le règne de Louis XIII, actuellement rue Turenne (anciennement rue Saint-Louis), au coin de la rue Saint-Claude. Le cardinal de Bouillon en hérita à la mort de son oncle et le céda en 1684, contre la terre, seigneurie et châtellenie de Pontoise, à la duchesse d'Aiguillon, qui le donna aux filles de l'Adoration du Saint-

Sacrement. L'hôtel et le couvent ont disparu et sur leur emplacement on a construit l'église Saint-Denis du Saint-Sacrement.

On avait déjà parlé de la *conversion de Turenne* en 1660, lorsqu'il reçut la dignité de maréchal-général ; mais ce fut seulement le 23 octobre 1668, après la mort de sa femme et de sa sœur Charlotte, toutes deux zélées calvinistes, qu'il abjura entre les mains de Bossuet. On peut consulter sur ce point le *Journal d'Olivier d'Ormesson*, t. II, p. 558-559 ; la *Gazette* de 1668, p. 1130 ; une lettre de Louis XIV au pape, du 31 janvier 1669, dans ses *Œuvres*, t. V, p. 443 ; les *Mémoires de l'abbé de Choisy*, p. 652-654 ; Baluze, *Hist. généal. de la Maison d'Auvergne*, t. I, p. 462, etc. Chacun revendiqua l'honneur de cette conversion si glorieuse. « J'admire ceux qui se croient si sûrs de ce qui se passait au fond de l'âme d'un Bouillon, » a dit Sainte-Beuve à ce propos. (T. de Larroque, *Lettres de Jean Chapelain*, t. II, p. 646, note) (1). Toujours est-il que désormais Turenne montra de l'attachement à sa nouvelle religion et fit de grands efforts pour ramener au catholicisme ses anciens coreligionnaires. (Cf. Elie Benoît, *Hist. de l'Edit de Nantes*, t. IV, p. 130 et suiv.) Par son testament (Baluze, *Hist. généal.*, t. II, p. 834) il légua « aux pauvres qui se convertiront à Sedan et dans les terres qui en dépendent la somme de 30.000 livres, lequel fonds sera employé en rentes et après distribué aux pauvres, ou bien il sera pris une somme pour aider chaque particulier ; aux pauvres qui se convertiront à Nègrepelisse la somme de 20.000 livres ; aux pauvres qui se convertiront à Castillon pareille somme de 20.000 livres. »

On sait que des honneurs considérables furent rendus après sa mort au glorieux enfant de Sedan (2). « Le 9 du passé, dit la *Gazette* du 7 septembre

---

(1) Mentionnons aussi les renseignements suivants, extraits des *Lettres choisies de feu M. Guy Patin*, 1725, in-18, 3 vol. : « La nuit passée, la maréchale de Turenne est morte ; on dit qu'elle étoit furieusement huguenote et que dorénavant son mari pourra bien se faire catholique ; il a l'esprit doux et il est fort raisonnable. » Cf. la Lettre du 13 avril 1666, t. III, p. 154.

« Monsieur le maréchal de Turenne s'est enfin converti ; il a abjuré son hérésie dans Notre-Dame entre les mains de M. l'archevêque de Paris. On dit qu'il deviendra connétable et qu'il se remariera ; car il est veuf de la fille de M. le duc de La Force ; c'est un excellent homme, et qui est aimé de tout le monde. » Cf. la Lettre du 2 novembre 1668, t. III, p. 202.

Enfin, dans la Lettre du 10 novembre suivant, t. III, p. 203 : « Pour M. de Turenne, les Huguenots, qui sont en peine des motifs de sa conversion, demandent en riant si, en qualité de catholique romain, il trouve le vin meilleur qu'auparavant. Ils sont pourtant bien fâchés de ce changement. »

(2) Le 30 juillet, c.-à-d. 5 jours après la mort de Turenne, Louis XIV fit une promotion exceptionnelle de huit maréchaux de France. On sait qu'il fut de bon ton à la Cour de faire de l'esprit sur ces maréchaux à la douzaine, sur cette monnaie de Turenne, sur ce beau louis d'or changé en louis de cinq sous et que Bussy trouva l'occasion bonne de se dire en quelque façon consolé de n'avoir pas le bâton par le rabais où le roi l'avait mis. (C. Rousset, *Histoire de Louvois*, t. II, p. 166.)

Le marquis de La Fare (*Mémoires*, coll. Michaud, 3ᵉ série, t. VIII, chap. 8, p. 282) fit en termes émus l'éloge du grand homme : « Ainsi finit, au comble de la gloire, non seulement le plus grand homme de guerre de ce siècle et de plusieurs autres, mais aussi le plus grand homme de bien et le meilleur ; et, pour moi, j'avouerai que, de tous les hommes que j'ai connus, c'est celui qui m'a paru approcher le plus de la perfection. »

La mort de Turenne fut considérée comme un grand malheur par les populations des provinces frontières, qu'il protégeait des insultes de l'ennemi. Elle a donné naissance au dicton suivant, qui est encore souvent cité dans la Franche-Comté : « Allons, remettez-vous ; c'est un malheur, mais ce n'est pas la mort de Turenne. » (Cf. *De quelques coutumes, proverbes et locutions du pays de Salins*, par M. Charles Toubin, dans les *Mémoires de la Société d'Emulation du Doubs*, 1868, Besançon, in-8°).

1675, le corps du vicomte de Turenne arriva en l'église de Saint-Denis, avec
la compagnie de ses gardes. » Les Lettres données le 25 août par Louis XIV
ordonnaient en effet que le corps de Turenne fût reçu et mis en dépôt dans
la chapelle Saint-Eustache de l'église de Saint-Denis. Le corps resta dans la
chapelle jusqu'au 21 novembre et à cette date on le descendit dans un
caveau sous la même chapelle. De nouvelles Lettres royales, du 22 novembre
et contresignées Colbert comme les précédentes, portent ce qui suit: « Ayant
résolu de faire bâtir dans l'église de Saint-Denis une chapelle pour la
sépulture des rois et des princes de la branche royale de Bourbon, Nous
voulons que lorsqu'elle sera achevée, le corps de notre cousin, le vicomte
de Turenne, y soit transféré pour y être mis en lieu honorable suivant
l'ordre que nous donnerons. »

Voici, d'autre part, comment dom Félibien dans son *Histoire de l'abbaye
royale de Saint-Denis en France*, 1716, p. 515, relate la cérémonie: « Le corps
de Turenne fut apporté à Saint-Denis le 29° d'août 1675 (de Brie-Comte-
Robert). Dom Claude Martin, pour lors grand prieur, accompagné de ses
religieux, le reçut huit ou dix pas avant dans la nef, à la distinction des
princes du sang, au-devant desquels on a coutume d'aller jusqu'au parvis.
Après les harangues réciproques, le corps fut porté dans le chœur, sur une
estrade couverte d'un dais aux armes du vicomte de Turenne. Le lendemain
on lui fit un service solennel, auquel assistèrent le cardinal et le duc de
Bouillon, ses neveux et plusieurs autres personnes de qualité. » Parmi ces
dernières figurait la marquise de Sévigné, qui a tracé une relation émou-
vante de la cérémonie dans sa lettre du vendredi 30 août à sa fille,
Mme de Grignan.

Le lundi 9 septembre il fut célébré à Notre-Dame, par ordre du roi, un
service solennel dont on peut lire une longue description dans un extraordinaire de la *Gazette* du 1er octobre 1675. A la fin de la relation, le rédacteur de la *Gazette* dit que les choses avoient été ainsi disposées par les
soins d'un bel esprit de la compagnie des Jésuites et qu'on en peut voir
tout le détail dans l'imprimé qu'il en a donné au public. Ce bel esprit est le
P. Ménestrier, si connu par ses ouvrages héraldiques et son imprimé, de 28
pages, a pour titre: *Les vertus chrétiennes et les vertus militaires en deuil.
Dessins de l'appareil funèbre dressé par ordre du Roy dans l'église de
Notre-Dame de Paris, le 9° septembre 1675, pour la cérémonie des obsèques de
très haut et très puissant prince Monseigneur Henry de La Tour d'Auvergne,
vicomte de Turenne*, in-4°.

On trouve en outre dans les registres du parlement de Paris une
description curieuse de cette cérémonie officielle. En voici le passage le plus
important: « ...La pompe funèbre étoit extraordinaire. Elle étoit digne du
Roy qui la faisoit faire et de celui pour qui elle étoit faite. Les trois grandes
portes de l'Église étoient tendues de drap avec des doubles lez de velours
noir, où étoient de grandes armoiries et des inscriptions en plusieurs
langues à l'honneur du vicomte de Turenne. La nef de l'Église étoit tendue
de même sorte. Entre les armoiries on avoit mis de grands squelettes
blancs, leurs faulx à la main, et au-dessous un rang d'écussons en forme
de boucliers, où l'on avoit peint divers emblèmes et d'autres figures représentants les vertus du mort, ses alliances, les principaux sièges où il a
commandé, et tant de batailles qu'il a données.

« Le même ordre avoit été observé autour du chœur, sinon qu'il étoit armé d'une corniche qui régnoit à l'entour, qui portoit des frontons formés par deux consoles et portés d'espace en espace par des têtes de mort d'argent aux ailes de chauves-souris couronnés de lauriers, chaque fronton soutenant une urne de porphyre poussant une grosse flamme et des parfums. Entre deux frontons il y avoit une tour d'argent qui jettoit un fanal et des deux côtés des fleurs de lis d'or, qui portoient un très grand nombre de flambeaux, qui faisoient une très grande clarté. Sur la porte du chœur et le long du jubé on avoit mis une très grande quantité de cornettes et de drapeaux, remportés sur les ennemis pendant cette dernière campagne, en forme de trophées d'armes très agréables à voir.

« Le mausolée étoit au milieu du chœur en une tour ovale élevée sur une montagne entre quatre grands palmiers, chargés d'armes en trophées et couronnés de trois couronnes, l'une de prince, l'autre de lauriers et la troisième d'étoiles. Au-dessus de tout, quatre vertus soutenoient une urne à l'antique, faite en forme de tombeau, sur laquelle l'Immortalité, foulant la mort aux pieds, portoit l'image du vicomte de Turenne vers le ciel. Il y avoit aux quatre portes de cette tour quatre vertus représentans la piété, la fidélité, la valeur et la sagesse.

« La messe fut dite par l'archevêque de Paris (François II de Harlay de Champvallon). Le duc de Bouillon et son fils qui faisoient le grand deuil, furent conduits à l'offrande par le sieur Sainctot et un aide des cérémonies en la manière accoutumée. Le père dom Côme (Roger), feuillant, évêque de Lombez, prononça l'Oraison funèbre. Et, la messe étant achevée, Messieurs (du Parlement) sortirent par la porte d'en bas, et la Chambre des Comptes par celle d'en haut, du côté du cloître. Et chacun se retira chez soi. » (Cf. Baluze, *Histoire généalogique de la Maison d'Auvergne*, t. I, p. 462-463.)

3° *Louise de La Tour* (1596 † 1607).

Elle mourut du pourpre à Paris au mois de novembre 1607. « En ce mois, dit Pierre de l'Estoile, l'indisposition du temps et de l'air, extrêmement nébuleux, humide et malsain, cause force catharres à Paris, avec force petites véroles, rougeoles et pourpre, tant aux grands qu'aux petits, dont plusieurs meurent, entr'autres la fille de M. de Bouillon, de la petite vérole et du pourpre (1) tout ensemble. » La mort si brutale de cette enfant charmante et fort bien douée a été déplorée par son précepteur Louis Cappel le Jeune, qui composa en cette occasion une *Complainte élégiaque en (cent vingt-quatre) vers féminins*. Artur Jonston et Samuel Néran composèrent également des épigrammes en vers latins sur le même sujet. (Cf. Bouillot, *Biographie Ardennaise*, t. I, p. 196 et t. II, p. 66 et 281.)

4° *Marie de La Tour* (1600 † 1665) épouse, par contrat passé le 19 janvier 1619 à Sedan, *Henri de La Trémoïlle* (1599 † 1674),

(1) « Le pourpre, dit le *Dictionnaire de Trévoux*, est une espèce de peste ou fièvre maligne, qui paroît par des éruptions sur le cuir, semblables à des morsures de puces ou de punaises, ou de grains de mil ou de petite vérole. Elles sont rouges, citronnées, tannées, violettes, azurées, livides ou noires et quand elles paroissent en grande quantité, c'est bon signe. » D'après Littré, le pourpre a dû être confondu avec des rougeoles et des scarlatines malignes.

troisième duc de Thouars, pair de France, prince de Talmont, comte de Laval, Guines, Taillebourg, Benon, Quintin, Montfort, baron de Vitré et vicomte de Rennes, chevalier des Ordres, fils aîné de Claude de La Trémoïlle et de Charlotte-Brabantine de Nassau, sœur cadette d'Elizabeth de Nassau.

Marie de La Tour et Henri de La Trémoïlle, cousins germains du côté maternel, étaient en outre cousins issus de germains du côté paternel, la mère d'Henri de La Tour, Eléonore de Montmorency, étant la sœur aînée de Jeanne de Montmorency, mère de Claude de La Trémoïlle ; les deux époux étaient donc parents à un degré prohibé par les lois du royaume. A cause de la religion dont il faisait profession, le duc de La Trémoïlle ne pouvait recourir aux dispenses et remèdes accoutumés en pareils cas. Il s'adresse donc à Louis XIII ; il lui remontre qu'étant le chef des deux anciennes et illustres maisons de La Trémoïlle et de Laval, il ne lui était convenable de s'allier qu'avec une personne de grande et ancienne maison, qu'il a voulu éviter une alliance étrangère et que, dans le royaume de France et parmi ceux de la Religion, il n'a pu faire autre élection que de la personne de Marie de La Tour. Il lui demande en conséquence de lui octroyer des lettres patentes pour qu'à l'avenir les conventions de son mariage et l'état des enfants qui en naîtront ne puissent être troublés en aucune manière. Louis XIII eut égard aux services signalés que les maisons de La Trémoïlle et de La Tour avaient rendus à la Couronne et, désirant que de telles maisons, qui sont les colonnes de l'Etat, ne soient affaiblies ou ruinées par les troubles et différends qu'occasionnerait cette situation, il octroya en mai 1619 les lettres patentes demandées, lesquelles furent enregistrées par le Parlement de Paris, le 4 avril suivant, sans tirer à conséquence. (Cf. Baluze, *Hist. généal.*, t. 11, p. 802).

Marie de La Tour reçut en dot la somme de 300.000 livres, bien plus que ses autres sœurs, comme nous le verrons plus loin et le duc de La Trémoïlle lui donna un douaire de 12.000 livres, qui fut assigné sur la baronnie de Vitré.

La ville de Sedan manifesta sa joie de cette union par un présent, d'une valeur de 400 écus, qu'elle fit à la mariée. Comme ses finances étaient obérées, elle emprunta la somme à Mlle de Saingry et, pour pouvoir la rembourser, elle mit une taxe de 16 sols sur chaque corde de bois des usages, délivrée aux bourgeois pendant l'année. L'impôt fut productif et la ville y trouva un boni de 88 livres. (Cf. le *Compte de l'année 1620-1621*.)

Ce mariage avait été désiré par Louise de Coligny. Quand il fut célébré, elle montra son contentement par une lettre, adressée de La Haye à la duchesse de La Trémoïlle : « Que vous êtes heureuse entre les heureuses, lui dit-elle (Cf. *Corresp. de Louise de Coligny*, lettre du 20 janvier 1619) de voir Monsieur votre fils avoir fait une si bonne rencontre ; car je crois qu'il sera parfaitement heureux avec une femme si bien née, sage, vertueuse et bien nourrie, comme est celle-ci. Si je voyais un tel honneur préparé pour mon fils, sans mentir, je crois que j'en mourrois de joie, puisque l'on dit que les femmes en peuvent mourir. » Elle revient encore sur ce sujet, qui lui tient au cœur, dans sa lettre du 20 février suivant : « — Madame ma fille, je m'imagine que vous avez passé ce jour de carême prenant (le mardi-gras) avec plus d'allégresse que nous n'avons fait ici ; et vous à Sedan êtes pleins d'allégresse, puisque dimanche était le jour de mariage de vos chers enfans. Dieu veuille bénir cet heureux hyménée et vous rende dans neuf mois grand'maman ! »

Le poète latin, Arthur Jonston, qui professait alors la logique et la métaphysique à l'Académie de Sedan, célébra à sa manière le mariage de la jeune sedanaise, qui réunissait, déclare-t-il avec exagération, l'esprit de Minerve, l'opulence de Junon et les traits de Vénus, sans offrir les défauts de ces déesses. Au reste, voici l'épigramme (1) :

AD TRIMOLLIUM DUCEM, DE MARIA TURRÆA SPONSA.

Jam tibi connubio sociatur nympha, Trimolli,
Turræa soboles Auriacæque domûs.
Quæ Paridi obtulerant tria numina, possidet una,
Mentem Pallas, opes Juno, dat ora Venus.
Ipse Paris, qualis olim conspexit in Idâ,
Juret in hâc unâ tres simul esse deas.
Dissimilis tantum tribus una est, quod sit in illâ
Pallas blanda, humilis Juno, pudica Venus.

Des hauteurs de la poésie descendons à la réalité et les choses changent d'aspect. On trouve le portrait de notre jeune duchesse — il a été tracé par elle-même — dans le recueil de portraits, publiés à la suite des *Mémoires de Mademoiselle*. « Pour qui sait lire, dit à ce propos Paulin Paris (*Historiettes de Tallemant des Réaux*, t. I, p. 188), il en résulte qu'elle était laide, intéressée et avant tout ambitieuse, comme il convenait à une Bouillon. » C'est un peu notre avis et le lecteur curieux qui voudrait être renseigné sur ses intrigues politiques n'a qu'à consulter Walckenaer, *Mémoires touchant la vie et les écrits de Madame de Sévigné*, t. V, p. 311 et s.

Ajoutons toutefois que Paulin Paris est revenu dans la suite de son jugement trop rigoureux : il a publié aux *Additions* de son Tallemant plusieurs lettres fort intéressantes de Marie de La Tour, qui lui ont été communiquées par le duc actuel de La Trémoïlle et qui mettent en relief ses qualités morales et intellectuelles.

Le chapitre, consacré à Marie de La Tour dans le *Chartrier de Thouars*, est tout à son honneur. De son côté, Victor Cousin (*Madame de Sablé*, p. 74) l'appelle « l'aimable duchesse de La Trémoïlle, célèbre par ses goût élégants et qui a laissé le plus charmant recueil des devises de toutes les grandes

---

(1) Cf. Bouillot, *Biographie ardennaise*, t. II, p. 60. Bouillot ajoute que André Melvin et Samuel Néran ont exercé leur plume sur le même sujet. Voici quelques vers de la seconde épigramme d'Artur Jonston sur le mariage de Marie de La Tour.

DE ARMILLA QUAM TURRÆA SPONSO DEDIT.

Sunt gemmae pars una tui, pars altera crines,
Armilla, hinc ingens surgit et inde nitor.
. . . .
Nympha dedit crines ; Mosae Sedanensis ad undas,
Hos sponso laqueos textuit ales amor, etc.

dames de son temps. » Cet album d'autographes précieux (1) conservé dans les archives du château de Middachten (près Arnheim, Gueldre), est devenu par héritage la propriété de la maison comtale d'Aldenburg-Bentinck ; il a inspiré dernièrement à M. Philippe Godet, rédacteur au *Journal des Débats*, un article justement enthousiaste, qui a été reproduit par la *Revue de Champagne et de Brie*, janvier 1893, p. 151-158.

Comme sa mère et comme sa belle-mère, Marie de La Tour fut une calviniste très fervente. Aussi fut-elle douloureusement frappée, lorsque son mari embrassa le catholicisme à la Rochelle, en 1628, entre les mains du cardinal de Richelieu, qui lui donna comme récompense la charge de mestre de camp général de la cavalerie légère. Le pasteur André Rivet (2), qui avait été chapelain de sa maison jusqu'en 1620, lui offrit à ce propos ses consolations. Cf. ses *Lettres escrites à Mmes les duchesses de La Trémoïlle sur le changement de religion de M. le duc de La Trémoïlle*, Genève, 1629, in-8°.

Marie de La Tour avait pris comme devise habituelle : *De vertu bonheur*. Dans son recueil des synodes provinciaux de 1569 à 1644, dont le manuscrit en quatre volumes in-folio appartient à la bibliothèque d'Angers, on lit au premier feuillet recto de chaque volume, en caractères grands et bien formés : *Qui craint Dieu sort de tout*. (Cf. le duc de La Trémoïlle, *le Chartrier de Thouars*, p. 153 et 445).

Marie de La Tour donna cinq enfants à son mari.

a. Henri-Charles de La Trémoïlle (1621†1672), prince de Tarente et de Talmont, etc., épouse en 1648 *Amélie* de Hesse, fille de Guillaume V, landgrave de Hesse-Cassel et d'Amélie-Elizabeth de Hanau-Munzenberg (dont la mère, Catherine-Belgique, était la sœur cadette d'Elizabeth de Nassau). Il joua un rôle pendant la Fronde, embrassa le parti de la Cour, puis celui de Condé, passa en Hollande et rentra en France (1655), où il fut emprisonné quelques mois ; il retourna en Hollande, où il devint général de cavalerie et gouverneur de Bois-le-Duc. Il abjura peu après son retour définitif en France, en 1670, et son exemple fut imité par ses cinq enfants, à

---

(1) Voici des autographes de la famille de Bouillon et de ses alliés, tous datés de 1641 :
Frédéric-Maurice de La Tour : *Etourdi comme le premier coup de matine ;*
Frédéric-Maurice de Durfort, comte de Rozan : *Il sue quand il voit l'orage ;*
Guy de Durfort, comte de Lorge : *Esveillé comme un chat que l'on foûle ;*
François de Roye de La Rochefoucauld, comte de Roucy : *Il fait bon pêcher en eau trouble ;*
Henriette de La Tour, marquise de La Moussaye : *Saute crapaut, voici la pluye ;*
Marie-Catherine de La Rochefoucauld, marquise de Sillery : *Pour se taire, on n'en pense pas moins ;*
Marie de La Tour, duchesse de La Trémoïlle : *Telle vie, telle fin ;*
Charlotte-Amélie de La Trémoïlle : *Je donne un coup pour en recevoir deux* (1659).
Ajoutons ici que le nom de précieuse de la duchesse de La Trémoïlle était *Thessalonice*. (Cf. Somaize, *Dictionnaire des précieuses*.)

(2) Il s'était lié l'année précédente avec le pasteur sedanais Abraham Rambour, qui avait accompagné Elizabeth de Nassau aux eaux de Spa. Rambour également avait adressé une *Lettre à la duchesse de la Trémoïlle*, en date du 5 août 1628, au sujet du changement de religion de son fils, conservée dans la *Collection Conrart*, t. v. Cf. Haag, *La France protestante*, art. *Rambour*.
Bayle dans son *Dict. crit.*, art. *Drelincourt*, rem. D, prête au pasteur sedanais Charles Drelincourt une « Lettre à Mme de La Trémoïlle sur la révolte de son époux. » C'est peut-être, dit à ce propos *La France protestante* (art. *Drelincourt*, en note), l'opuscule anonyme attribué à André Rivet.

l'exception de sa fille aînée, Charlotte-Amélie (1), qui épousa en 1680 le comte Antoine Ier d'Altenburg, allié à la maison royale de Danemark. Il a laissé des *Mémoires*, qui furent publiés en 1767, in-12. Sa femme, Amélie de Hesse, *la bonne Tarente* des *Lettres* de Mme de Sévigné, demeura fidèle jusqu'à sa mort au calvinisme. Après la mort d'Henri-Charles, elle se retira dans son château de Vitré, où l'exercice du culte réformé ne pouvait être célébré qu'en sa présence ; un peu après la révocation de l'Edit de Nantes, elle obtint non sans peine de quitter la France et se rendit à Francfort-sur-le-Main, où elle mourut en 1693.

b. Louis-Maurice, abbé de Charroux (diocèse de Poitiers) et de Talmont (diocèse de Luçon), se signala par son zèle contre les huguenots et fit détruire tous les temples situés sur les terres de sa famille.

c. et d. Armand-Charles et *Elizabeth*, meurent jeunes.

e. Marie-Charlotte, épouse en 1662 le duc Bernard de Saxe-Weimar.

5° *Julienne-Catherine* (2) (1604-1637) épouse, par contrat passé le 13 décembre 1627, à Sedan, *François II de Roye de La Roche-foucauld*, comte de Roucy, vidame de Laon, etc. (1603 † 1680), fils aîné de Charles de Roye de La Rochefoucauld et de Claude de Gontaut-Biron (sœur du maréchal de Biron, décapité en 1602), tous deux décédés, et qui se fait autoriser par Messire Jacques Nompar de Caumont, marquis de La Force, maréchal de France, son tuteur honoraire.

On sait que la maison de La Rochefoucauld tire son nom de la seigneurie

---

(1) Sa petite-fille, Charlotte-Sophie, épousa en 1733 Guillaume, comte de Bentinck, deuxième fils du comte de Portland. Charlotte-Amélie avait été élevée par Marie de La Tour ; c'est sans doute pour ce motif qu'elle demeura calviniste. Ses *Mémoires* ont été publiés par E. de Barthélemy, d'après les Archives de Thouars. Comme sa mère et comme sa grand'mère, elle a tracé elle-même son portrait. Nous le donnons ici, à titre de curiosité :

« J'ai les yeux noirs, un peu trop petits, le tour du visage rond, le front trop grand, le nez un peu camus, les sourcils bien faits, la bouche fort jolie, le menton un peu carré, le teint bien blanc quand je me suis décrassée, la tête un peu grosse. — J'ai plus d'esprit que de jugement ; j'aime mieux donner que recevoir ; j'ai l'humeur douce, mais je suis pourtant quelquefois un peu dépitée ; je suis grande aumônière ; j'aime fort à lire et principalement la parole de Dieu ; j'aime fort mes parents et ne suis pas gourmande ; je n'aime point qu'on se moque de moi ; j'ai l'humeur fort gaie ; je hais fort de ne rien faire ; je suis tout-à-fait secrète ; j'aime fort ceux qui me servent ; je n'aime point ceux qui mentent, et je me hais quand j'ai menti. Je ne suis point glorieuse ; je ne serai jamais coquette ; je suis fort craignant Dieu ; j'aime à faire sa volonté et j'espère qu'il me bénira. »

(2) Voici son acte de baptême, extrait du baptistaire des protestants de Sedan, *(Archives du tribunal)* : « Le mercredi 22e jour de ce mois (juin 1605), Mons. du Thilloy a baptizé Mademoiselle *Julianne Catherine*, fille de haut et puissant prince Monseigneur Henry de La Tour, duc de Bouillon, prince souverain de Sedan et Raucourt, et de Madame Elizabeth de Nassau, sa femme, présenté au baptesme par Monseigneur le comte Jean de Nassau pour son Altesse Monseigneur l'Electeur palatin du Rhin, etc., et Madame Louise (Julianne) de Nassau, palatine, duchesse de Bavière, contesse de Spanheim, qui ont esté par. et mar. » — Voici, d'autre part, son acte de décès, extrait du registre mortuaire des protestants de Sedan : « Le 7 octobre 1637 est décédée *Julie Anne Catherine* de La Tour, femme de très haut et puissant prince sérénissime Mons. François Roy de La Rochefoucauld, cte de Roussy, agée de 32 ans. » Remarquons que le rédacteur de l'acte a donné à François de Roye des titres et qualités qui ne lui appartenaient pas.

Julienne-Catherine, baptisée le 22 juin 1605, a dû naître en 1604, du 8 octobre à la fin de l'année, au plus tard, puisqu'elle est morte à l'âge de 32 ans et que son frère, Frédéric-Maurice, naquit le 22 octobre 1605.

de La Roche en Angoumois, possédée par un nommé Foucauld sous le
règne de Robert le Pieux. Cette seigneurie fut érigée en comté, en 1528,
en faveur de François II de La Rochefoucauld, qui prit ensuite le titre de
prince de Marcillac. Le fils de ce dernier, François III, après la mort de sa
première femme, épousa en 1557 Charlotte de Roye, fille puînée de Charles,
sire de Roye (dans le Santerre) et de Muret, et comte de Roucy (dans le
Laonnais) par sa mère, Catherine de Sarrebruck, laquelle était la belle-sœur
de Robert II de La Marck, comme on l'a vu plus haut, p. 22. Il devint par
là le beau-frère de Louis I de Bourbon, prince de Condé, embrassa le calvinisme et fut l'un des plus vaillants capitaines du parti huguenot. (Cf. le duc
d'Aumale, *Histoire des princes de Condé*, t. I, p. 100 et suiv.) Le fils du
premier lit, François IV, continue la branche aînée. Le fils du second lit,
Charles, hérite du comté de Roucy, l'une des sept pairies de la Champagne
et joint le nom patronymique de Roye à celui de La Rochefoucauld. Il
épouse en 1600 Claude de Gontaut-Biron et meurt en 1605. C'est son fils
aîné, François II, qui devient l'époux de Julienne-Catherine de La Tour ; il
était donc le petit-fils du bisaïeul de François VI, duc de La Rochefoucauld,
l'auteur des « Maximes. »

Dans son contrat de mariage (Baluze, *Hist. généal.*, t. II, p. 803), Messire
François de Roye de La Rochefoucauld se titre chevalier, comte de Roucy,
vidame de Laon, baron de Pierrepont, Nizy-le-Comte, Reuil, Pourcy, Cour-
tonne, l'Echelle, Monvoisin, Orainville, Chef-Boutonne, Verteuil, Champagne-
Bouton, Montignac, Genac, Blanzac, Marthon, etc. La situation de ces terres,
qui se trouvent dans la Champagne, l'Angoumois ou le Poitou, rappelle sa
double origine.

Par ce contrat, la duchesse de Bouillon promet à Julienne-Catherine pour
ses droits successifs la somme de 150,000 livres avec des joyaux et un
ameublement convenables ; de son côté, son époux lui donne un douaire de
7,000 livres.

La ville de Sedan fit à la jeune épouse un présent de la valeur de
1,200 livres, comme à la duchesse de La Trémoïlle. M. Rambour, ministre
de la parole de Dieu, avança la moitié de la somme en question et, pour
rentrer dans ses fonds, le conseil de police établit la taxe extraordinaire
de 12 sols par chaque corde de bois des usages, qui fut vendue pendant
les années financières 1627-1628 et 1628-1629. Il y trouva un boni de
21 liv. 18 s. pendant la première année et de 79 liv. 10 s. pendant la seconde.
(Cf. les *Comptes de la Ville*).

François II de Roye de La Rochefoucauld semble avoir joué un rôle insi-
gnifiant. Il servit d'intermédiaire au cours des négociations entamées entre
le cardinal de Richelieu et le duc de Bouillon, lors du complot de Cinq-Mars,
en 1642. (Cf. les *Lettres, instructions diplomatiques et papiers d'Etat du
cardinal de Richelieu*, p. p. Avenel, t. VII, p. 114). Le compte de la ville de
Sedan pour l'année 1642-1643 nous fournit quelques renseignements à ce
sujet: le comptable Jean du Cloux paya en effet aux sieurs Trouillard,
Sperlette et autres la somme de 193 liv. 4 s. 6 d. pour la dépense qu'ils
avaient faite au voyage de Roucy et, comme le cheval loué au sieur Trouillard périt pendant le voyage, il fallut indemniser le propriétaire, Pierre Prin:
coût, 69 livres.

Enfin, dernier renseignement, Mme de Sévigné annonce à Mme de Grignan, dans sa lettre du 12 janvier 1680, qu'elle a été faire une visite à Mme de Roye, à l'occasion de la mort du « vieux Rouci. »

Julienne-Catherine de La Tour donna trois enfants à son mari : deux fils et une fille. La fille mourut jeune. Le fils cadet, *Henry de Roye*, vidame de Laon, fut tué, à l'âge de 19 ans et 10 mois, au siège de Mouzon, où il servait sous les ordres de son oncle, le maréchal Turenne, le 20 septembre 1683 ; « il reçut un coup de mousquet dans la tête en montant la tranchée. » (*Mémoires du duc d'Yorck*, coll. Michaud, 3e série, t. III, p. 570). Il fut enseveli dans le caveau des princes de Sedan, ainsi que sa mère et son neveu, Guy de Roye, qui fut tué au siège de Luxembourg, le 1er juin 1684.

L'aîné, *Frédéric-Charles* (1628 † 1690), *M. de Roye*, comme on l'appelait, fut un personnage considérable. C'était, dit le marquis de Sourches, « un des plus braves, des plus honnêtes et des meilleurs seigneurs du royaume. » (*Mémoires de Sourches*, t. I, p. 112). Il comptait parmi les principaux protecteurs du protestantisme, affirme avec raison l'historien A. Jal dans son étude sur *Abraham du Quesne*, t. I, p. 522. Cependant Louis XIV lui avait accordé sa faveur ; il l'associait à son jeu et lui donnait de grosses gratifications, en dehors d'une pension de 12,000 livres, qui fut plus tard reportée sur ses enfants, grâce aux bons offices du duc de La Rochefoucauld. Il fit une rapide fortune dans la carrière des armes et en 1676, il fut nommé lieutenant-général. Il avait épousé sa cousine germaine, Elizabeth de Durfort ; c'était, au dire du marquis de Sourches, une femme de beaucoup de mérite, mais protestante des plus ferventes et qui pensa mourir de chagrin, lorsque son frère bien-aimé, le maréchal de Lorges, se fit catholique. Elle empêcha son mari de suivre cet exemple et le poussa à prendre du service en pays étranger. En 1683, le roi de Danemarck, Christian V, le nomma maréchal de camp général et lui confia le commandement de toutes ses troupes ; au mois de décembre de la même année, il le fit chevalier de l'Eléphant. Une atteinte portée à ses prérogatives le décida à résigner ses fonctions, dit A. Galtier de Laroque dans son étude sur *le marquis de Ruvigny*, p. 263. Cette affirmation serait incomplète, si l'on en croit Saint-Simon, qui parle longuement du comte de Roye et de sa famille à l'année 1690. Dans un repas à la Cour, la comtesse de Roye dit imprudemment à sa fille que la reine du Danemarck ressemblait comme deux gouttes d'eau à Mme Panache, « une petite et fort vieille créature, avec des lippes et des yeux éraillés, » etc. Cette plaisanterie cruelle fut entendue de la reine, qui fit prendre des informations à Versailles, et leur attira bientôt l'ordre de quitter le Danemarck. Le comte de Roye se retira donc à Hambourg en 1686, et y passa deux ans ; il se rendit de là en Angleterre, où il fut créé pair d'Irlande, sous le nom de comte de Lifford. Ses enfants, à l'exception d'un seul, étaient demeurés en France, par ordre de Louis XIV ; on les mit dans le service, dit Saint-Simon, après leur avoir fait faire abjuration et les autres dans des collèges ou des couvents. Vers le 12 février 1685, rapportent les *Mémoires de Sourches*, « le Roi donna 12,000 livres de pension à M. le comte de Roucy, fils aîné de M. le comte de Roye ; en cela il prenoit à tâche de faire voir qu'il faisoit du bien aux gens de qualité, qui abandonnoient la R. P. R. » Le cinquième enfant du comte de Roye, Charles, dit le comte de Blanzac, eut pour fils Louis-Armand-François, qui fut créé duc d'Estissac, en 1737, après son mariage avec la fille cadette du duc de La Rochefoucauld. Son septième enfant, Louis, eut pour fils Jean-Baptiste-Louis-Frédéric, qui fut créé duc d'Anville, en 1732, à l'occasion de son mariage avec la fille aînée de ce même duc, qui ne laissait pas d'héritier mâle ; ce fut le fils aîné, issu de ce mariage, qui hérita du duché de La Rochefoucauld, et qui se joignit l'un des premiers au Tiers, lors des Etats-Généraux de 1789. Cette branche s'est éteinte depuis.

6° *Elizabeth* (1606 † 1685) épouse, par contrat passé le 27 juin 1619 à Sedan, *Guy-Aldonce de Durfort* (1605 † 1694), *comte de Duras* et de Lorges, seigneur des Roches, Tranchelion, Bazauges, etc., fils unique de Jacques de Durfort, marquis de Duras, comte de Rozan, Pujols, etc., et de feu Marie de Montgommery, dame de Lorges (en Orléanais).

La maison de Durfort était une ancienne maison de Guienne, qui prétendait, à tort ou à raison, descendre de l'antique maison de Foix. Dès le commencement du xiv° siècle, elle avait acquis par un mariage la seigneurie agenaise de Duras, qui fut érigée en marquisat, par lettres de février 1609, en faveur de Jacques de Durfort.

Avant d'unir leurs enfants, le duc de Bouillon et le marquis J. de Duras avaient eu des relations d'une nature toute autre et que nous allons rappeler. En 1576, le gouvernement de la place de Casteljaloux avait été confié à Jacques de Durfort, alors comte de Rozan, lequel, crainte de surprise, défendit à son lieutenant d'y laisser entrer des personnes de marque. Les portes de la place restèrent donc fermées devant le vicomte de Turenne, malgré les ordres supérieurs qu'il portait et il en demanda raison au comte de Rozan. L'affaire traîna en longueur jusqu'en 1579, où les frères Durfort vinrent saluer la reine-mère à Agen. Le 17 mars, de grand matin, Rozan fait appeler Turenne en duel. Aussitôt Turenne sort de la ville et se rend sur le gravier d'Agen, près de Sauvetat, emmenant avec lui comme second le baron de Salignac. La lutte s'engage, Turenne contre Rozan et Salignac contre Duras (Jean de Durfort, le frère aîné de Rozan et qui mourut en 1576). L'affaire fut si malheureuse pour Turenne, qu'il resta comme mort sur le terrain, percé de vingt-deux blessures qu'il avait reçues dans le dos et dans les côtés. Mais il réclama avec grand bruit, prétendant qu'il y avait eu de la surprise, que Rozan portait une cotte de mailles sous ses vêtements — quoique Rozan eût affirmé le contraire — et que des gens apostés l'avaient attaqué en traîtres. C'est ce qu'il publia dans un écrit qui parut à cette occasion. Son oncle, Montmorency-Damville, prit hautement parti pour lui et Catherine de Médicis, qui était sa parente, voulut faire informer contre les deux frères, qui s'étaient mis en sûreté. Mais Turenne arrêta les poursuites. Cf. De Thou, *Histoire universelle*, liv. LXVIII, édit. de 1740, t. v, p. 603 ; les *Mémoires de Henri de La Tour, vicomte de Turenne et depuis duc de Bouillon*, coll. Petitot, 1re série, t. xxxv, p. 179 et suiv.; le *Discours sur les Duels*, de Brantôme, coll. Buchon, t. i, p. 730.

Elizabeth de La Tour reçut en dot la somme de 150,000 livres et un

6

ameublement convenable et son douaire fut de 7,000 livres. La ville de Sedan fit acheter à Paris en 1624, pour lui faire don et présent, pour 900 livres de vaisselle d'argent ; ce qui laisse supposer que le mariage ne fut réellement consommé qu'à cette date, où les deux époux avaient de 18 à 19 ans. (Cf. *le Compte de la Ville*).

De 1625 à 1648, Elizabeth donna douze enfants à son mari, savoir huit fils et quatre filles. Les plus célèbres de ses fils furent : le duc de Duras, le duc de Lorges et le comte de Feversham.

L'aîné, *Jacques-Henri Ier de Durfort*, gravit rapidement l'échelle des honneurs militaires, grâce à ses propres mérites, grâce aussi au maréchal Turenne, et le 30 juillet 1675, il reçut le bâton de maréchal de France, lors de la fameuse promotion. Son marquisat fut érigé en duché-pairie en mai 1688, puis, les lettres d'érection n'ayant pas été enregistrées, en duché simple par lettres du mois de février 1689. Dès 1674, il fut pourvu du gouvernement militaire de la Franche-Comté et, après lui, la maison de Duras jouit toujours d'une très grande situation dans cette province. Nous avons dit plus haut (p. 24, note) que son fils aîné, Jacques-Henri II de Durfort, épousa en 1689 l'héritière de la maison de La Marck, malgré une différence d'âge assez prononcée. Mlle de La Marck, lit-on dans les *Mémoires de la Cour de France en 1688 et 1689*, par Mme de La Fayette (Coll. Michaud, p. 231), fut « très contente d'être mariée et d'avoir pour mari un aussi joli garçon que le petit Duras ; c'étoit de tous les jeunes gens le plus joli et le mieux fait. »

Guy de Durfort, d'abord *comte de Lorges*, entra au service comme capitaine de cavalerie à l'âge de 14 ans, en 1644. (Cf. Pinard, *Chronologie historique militaire*, t. III, p. 52-58.) Maréchal de camp en 1665, lieutenant-général en 1672, il prit, après la mort de son oncle Turenne, le commandement de l'armée d'Allemagne en un moment critique et la sauva par ses habiles manœuvres. Il aurait dû recevoir le bâton de maréchal plutôt que son frère et celui-ci l'écrivit au roi, nous apprend Mme de Sévigné (lettre du 14 août 1675 à Mme de Grignan). Mais il n'attendit même pas un an pour être récompensé suivant son mérite. Cependant, en sa qualité de cadet, il ne pouvait soutenir sa nouvelle situation. « Cette nécessité, rapporte Saint-Simon, le fit résoudre à un mariage étrangement inégal, mais dans lequel il trouvoit les ressources dont il ne se pouvoit passer pour le présent et pour fonder une maison. Il y rencontra une épouse qui n'eut d'yeux que pour lui, malgré la différence d'âge, qui sentit toujours avec un extrême respect l'honneur que lui faisoit la vertu et la naissance de son époux et qui y répondit par la sienne, sans soupçon et sans tâche et par le plus tendre attachement,.... en outre adroite pour la Cour et pour ses manèges. » C'est également l'opinion de Mme de Sévigné, dans sa lettre du 8 avril 1676 : « Le maréchal de Lorges n'est-il point trop heureux ? Les dignités, les grands biens et une très jolie femme ; on l'a élevée comme devant être un jour une grande dame. » Cette perle était la « fille d'un laquais, » écrit le dédaigneux Bussy-Rabutin : Geneviève de Frémont (1658 † 1727), dont le père était l'un des intéressés aux fermes générales. On sait que Saint-Simon épousa la fille aînée du duc de Lorges. En 1681, le maréchal de Lorges acheta la terre de Quintin, en Bretagne ; en 1691, il en obtint l'érection en duché de Quintin et, en 1706, son fils fit changer le nom en duché de Lorges, tandis que la terre de Lorges, en Beauce, prenait le nom de Moncourt. Ajoutons enfin que le duc de Lorges et son frère aîné, le duc de Duras, se convertirent au catholicisme, un an après leur oncle Turenne, entre les mains de Bossuet. (Cf. Floquet, *Etudes sur la vie de Bossuet*, t. III.)

Louis de Durfort, marquis de Blanquefort, passa de bonne heure en Angleterre pour y pouvoir plus facilement rester fidèle à la religion réformée. Le roi Jacques le fit capitaine de ses gardes du corps et le nomma chevalier de la Jarretière en 1685. Il mourut en 1709, à l'âge de 71 ans, sans postérité de sa femme, Marie Sondes, fille aînée du comte de *Feversham*, dont il avait relevé le titre.

Parmi les filles d'Elizabeth de La Tour, il nous faut mentionner Henriette, Elizabeth et Marie.

Henriette de Durfort épousa en 1653 Guy-Henri de Bourbon, marquis de Malauze, qui appartenait à une branche bâtarde de la maison de Bourbon.

Elizabeth épousa, comme nous l'avons vu plus haut, son cousin-germain, M. de Roye.

Marie, demeurée fille, se fit catholique le 22 mars 1678. « Elle ne voulut point, dit Bayle (*Dict. critique*, art. *Claude*, rem. *D*.), abjurer sa religion, sans avoir fait disputer en sa présence M. l'évêque de Meaux et M. Claude. Elle eut le plaisir qu'elle souhaita ; ces deux illustres champions entrèrent en lice chez Mme la comtesse de Roye, sa sœur, le 1er de mars 1678. Chacun d'eux fit la Relation de la Conférence et s'attribua la victoire. » On sait que cette fameuse conférence roula sur l'autorité de l'Eglise et qu'elle occupe une grande place dans l'histoire de la controverse religieuse au XVIIe siècle entre les protestants et les catholiques. (Cf. sur ce point l'étude si documentée d'A. Rébelliau, *Bossuet, historien du protestantisme*, p. 78-80.) Mlle de Duras devint ensuite dame d'atour, autrement dit présidait à la toilette de la duchesse d'Orléans. « Elle est morte cette nuit, à 6 heures du matin, lit-on dans le *Journal de Dangeau*, le 13 mai 1689 ; M. de Meaux l'a assistée à la mort. »

Elizabeth de La Tour était fort zélée pour la religion réformée, nous apprend Elie Benoît ; elle fut donc cruellement éprouvée par l'abjuration volontaire ou forcée de ses enfants. Lors de la révocation de l'Edit de Nantes, elle aurait voulu, malgré son grand âge, suivre à l'étranger ses coreligionnaires qui y allèrent chercher la liberté de conscience. Louis XIV ne lui permit pas de quitter la France, mais il ne voulut pas non plus qu'on la contraignît à se convertir, et, ajoute le marquis de Sourches à qui nous empruntons ce renseignement, « le chagrin qu'elle en ressentit pourrait bien avoir hâté sa mort. » Elle mourut en effet le 1er décembre 1685, à l'âge de 79 ans. Ajoutons à ce propos qu'il n'y eut en France que six personnes, recommandées par leur naissance ou par de grands services à l'indulgence de Louis XIV, qui ne furent pas emprisonnées et dont les biens ne furent pas confisqués pour refus de conversion ou pour exil volontaire. Ce furent la marquise de Duras, la princesse de Tarente, le comte de Roye, le marquis de Ruvigny, le maréchal de Schœnberg et Abraham du Quesne. (Cf. Rev. D.-C.-A. Agnew, *Protestant exiles from France of the huguenot refugees and their descendant in Great Britain and Ireland*, 1874, 3 vol.). Il est à remarquer que les quatre premières de ces personnes, ainsi privilégiées, appartenaient à la maison de La Tour ou lui étaient alliées et que la grande ombre de Turenne a dû les protéger.

7° *Henriette-Catherine* épouse, par contrat passé le 11 avril 1629 à Sedan, *Amaury III Gouyon, marquis de La Moussaye,* comte de Plouer, vicomte de Pommerit et de Tonquédec, sire de Juch, etc., fils aîné de feu Amaury II Gouyon de La Moussaye et de Catherine de Champagne (Maine).

La maison de Goyon, ou plutôt Gouyon, est l'une des plus illustres de la Bretagne par son ancienneté et par ses alliances. Des nombreuses branches qu'elle a produites, la plus célèbre à coup sûr est celle des Gouyon-Matignon, qui a donné naissance à la famille actuelle de Monaco. C'est à cette branche que se rattache également la famille de La Moussaye. La seigneurie de ce nom, située dans le diocèse de Saint-Brieuc, entra par un mariage au XVI° siècle dans la maison de Gouyon-Matignon et fut érigée en marquisat, en 1615, en faveur d'Amaury II Gouyon de La Moussaye. On a souvent confondu ce seigneur avec son frère cadet, *François de Gouyon,* qui fut titré d'abord baron de Nogent, puis baron et marquis de La Moussaye. Ce dernier s'est signalé par sa belle conduite à la bataille de la Marfée ; il devint ensuite le plus intime ami et confident du duc d'Anguien et fut fait maréchal de camp en 1644. Condé lui ayant donné un titre de lieutenant-général et le gouvernement de Stenay, il s'enferma dans cette place, en 1650, avec la belle duchesse de Longueville, dont il était amoureux, (Cf. *les Mémoires de Monglat,* p. 229 et suiv.) et provoqua bientôt la jalousie de Turenne, moins heureux que lui (voir plus haut, p. 37, n. 1). On a de lui la « Relation des campagnes de Mgr le duc d'Enguien pendant les années 1643 et 1644, par M. le marquis de La Moussaye, » dont la première édition fut éditée en 1673 seulement, avec des altérations profondes. (Chéruel, *Hist. de France pendant la minorité de Louis XIV,* t. II, p. 308 et suiv.; le duc d'Aumale, *Hist. des princes de Condé,* t. IV, p. 405 et suiv.)

Comme ses autres sœurs cadettes, Henriette-Catherine de La Tour reçut en dot la somme de 150,000 livres, avec des joyaux et un ameublement convenables. La ville de Sedan lui fit également un présent de la valeur de 900 livres et, pour le payer, contracta un emprunt de 1,000 livres à la recette ecclésiastique et à la recette de l'hôpital. L'emprunt fut ensuite remboursé à l'aide de la taxe extraordinaire de 12 sols par chaque corde de bois des usages, vendue pendant les années 1629-1630 et 1630-1631. (Cf. les *Comptes de la Ville.*)

Amaury III de Gouyon acheta la belle terre de Quintin, au sud de Saint-Brieuc, au beau-frère de sa femme, le duc Henri de La Trémoïlle et à bon compte, puisqu'il put payer son acquisition par le seul produit des coupes de la forêt pendant une année. (Tallemant des Réaux, *Historiettes,* t. II, p. 25.) Il devint ensuite gouverneur de la place de Rennes.

Henriette-Catherine lui donna cinq enfants: trois fils qui ne laissèrent pas de postérité et deux filles, *Marie* qui resta fille et *Elizabeth* qui épousa en 1669 *René V de Montbourcher,* second *marquis du Bordage.* Ce seigneur, qui avait

de brillants états de services, fut nommé brigadier en 1677. Lors de la
révocation de l'Edit de Nantes, il abandonna une belle fortune, environ
50.000 livres de rente, pour pouvoir pratiquer librement le calvinisme. Le
17, janvier 1686, il partit de Paris avec sa famille et sa belle-sœur,
Mlle de La Moussaye, afin de gagner les Pays-Bas. Les fugitifs furent
arrêtés, près de Trélon, entre la Sambre et la Meuse, par des paysans et
furent emprisonnés chacun dans une place différente. Louis XIV déclara
qu'on allait procéder contre eux avec toutes les rigueurs de la justice; au
bout de six mois de prison, le marquis se convertit et fut mis en liberté,
mais avec défense de voir sa femme qui demeurait opiniâtre. (*Journal de
Dangeau*, t. I et II; *Mémoires du marquis de Sourches*, t. I; E. Benoît,
Hist. de l'Edit de Nantes, t. V, p. 955; Haag, *la France protestante*, art.
Montbourcher, t. VII, p. 459.) Le père fut tué au siège de Philippsburg d'un
coup de mousquet, le 19 octobre 1688. Le fils fut mis au collège et abjura ;
il hérita du marquisat de La Moussaye. La fille, *Henriette*, fut mise au
couvent et abjura aussi; elle épousa en 1699 François de Francquetot,
marquis de Coigny, qui fut gouverneur de Sedan en 1725; elle était, dit
Saint-Simon (t. V, p. 429), « très jolie et encore plus vertueuse et plus
sainte toute sa vie. »

8° *Charlotte*, dite Mademoiselle de Bouillon, mourut le 29.
juillet 1662.

Elle resta fille. Après la mort de sa mère et pendant l'exil volontaire de
son frère aîné en Italie, elle fut à Paris comme le centre de toute la famille.
Disgraciée de la nature — elle était laide, bossue et épileptique (D. Ganneron,
Centuries du pays des Essuens, p. p. Paul Laurent, 1891, p. 533), — elle avait
au plus haut point le génie de l'intrigue et des négociations. Elle servit très
souvent d'intermédiaire entre son frère Turenne et la Cour, comme le
prouvent de nombreuses lettres insérées dans les *Lettres et Mémoires de
Turenne*, publiées par le comte de Grimoard et dans les *Lettres de Mazarin*,
publiées par Chéruel. Ce fut elle surtout qui poussa Frédéric-Maurice à faire
sa paix avec Mazarin. « Elle étoit si bonne française qu'elle voudroit que
son frère le fut aussi. » (Cf. *le Recueil de Grimoard*, t. I, p. 54). Elle reçoit
enfin, le 10 août 1646, sa procuration pour négocier le contrat d'échange des
Souverainetés et met sa signature au bas du traité du 10 mars 1647, dont les
conclusions sont adoptées, après de nombreuses péripéties, dans le contrat.
d'échange du 20 mars 1651.

Elle était très fière de ce que Louis XIV avait reconnu « la principauté »
de sa maison. Aussi se montrait-elle désolée de ce que « trois de ses sœurs se
fussent mésalliées, n'ayant épousé que des gentilshommes; sans cela elle
seroit morte contente. » (Cf. *Mme la comtesse de Maure, sa vie et sa correspondance*, par Ed. de Barthélémy, 1867, in-12 ; lettre à Mme la duchesse de
Longueville, de Bourbon, septembre 1655.)

VII

Frédéric-Maurice de La Tour (1605 † 1652), duc de Bouillon, dernier prince souverain de Sedan et Raucourt, se titre, comme son père, vicomte de Turenne, de Castillon et de Lanquais, comte de Montfort, baron de Montgacon, Olliergues, Limeuil, Fay, Servissac, etc.

Il épouse, par contrat passé le 1er février 1634 au château de Boxmeer (Pays-Bas), sa cousine *Eléonore-Catherine-Fébronie de Berg* (1615 † 1657), fille de Frédéric de Wassenaar, comte de Berg ou 'S Heerenberg, seigneur de Dixmude, Boxmeer, etc., chevalier de la Toison d'or, sénéchal d'Artois, puis de Gueldre, et de Françoise de Ravenel, demoiselle d'honneur de l'archi-duchesse.

Après avoir été l'élève du célèbre Pierre Du Moulin, Frédéric-Maurice de La Tour (1) succède comme prince de Sedan à son père Henri de La Tour, le 25 mars 1623; envoyé par sa mère aux Pays-Bas pour y apprendre le métier militaire sous la direction de ses oncles maternels, Maurice et Frédéric-Henri de Nassau, il se distingue au siège de Bois-le-Duc en 1629, puis est nommé gouverneur de Maestricht, après la prise de cette ville le 22 août 1632; il reçoit le commandement de la cavalerie dans l'armée française de Flandre par lettres du 12 octobre 1635, puis fait profession publique de catholicisme le jour de la Pentecôte 1636 (5 juin); il prend parti pour son hôte, le comte de Soissons, contre Louis XIII et Richelieu, et gagne la bataille de la Marfée le 6 juillet 1641; rentré en grâce auprès de Louis XIII, il est nommé lieutenant-général commandant l'armée française d'Italie par lettres du 24 janvier 1642; puis, arrêté pour avoir pris part au complot de Cinq-Mars, doit offrir au roi de France les souverainetés de Sedan et Raucourt le 15 septembre 1642; il quitte la France le 1er avril 1644 pour aller commander les troupes du Saint-Siège dans la guerre « barberine; » il rentre en France, en 1647 après la négociation du contrat d'échange de Sedan; ayant pris parti, ainsi que son frère Turenne, pour la Fronde, il lève dès les premiers jours de janvier 1649 l'un de ses six régiments de cavalerie parle-mentaire; entre dans le parti de la jeune Fronde et soulève la Guienne; il se détache peu à peu du prince de Condé et signe le 20 mars 1651 le contrat d'échange qui est enregistré le 20 février 1652 par le parlement et le 13 mars suivant par la Chambre des comptes; il se met alors du parti de la Cour, est nommé ministre d'Etat par un brevet du 16 avril 1652, lève un régiment

(1) Nous préparons depuis longtemps déjà une étude, aussi complète que possible, sur ce personnage qui a joué un rôle considérable en son temps et dont la gloire a été éclipsée ou, mieux, enveloppée par celle de son frère Turenne. Disons dès maintenant que les Histoires de Sedan, par Peyran et Prégnon, renferment à son sujet beaucoup d'inexactitudes et de lacunes.

de cavalerie qui porte son nom le 22 juillet et, au moment où il peut espérer la plus brillante fortune, meurt du pourpre à Pontoise le 9 août suivant (1).

Le *contrat d'échange*, signé le 20 mars 1651, réserve ses droits sur le duché de Bouillon, fixe à la somme de 104,904 livres, 8 sols, 9 deniers, le revenu des souverainetés de Sedan et Raucourt et lui accorde en contre échange la duché-pairie d'Albret et la baronnie de Duranee ; les terres de Nogaro, Barcelonne, Risele, Plaisance et Aignan dans le Bas-Armagnac ; la duché-pairie de Château-Thierry, y compris Epernay et Châtillon-sur-Marne ; le comté d'Auvergne, excepté Clermont-Ferrand et Lezoux ; la baronnie de La Tour ; le comté d'Evreux, « consistant ès vicomtés dudit Evreux, Conches, Breteuil et Beaumont-le-Roger ; les seigneuries de Poissy et Saint-James ; le comté de Beaumont avec les terres de Faux, Mons et Bannes dans le Périgord ; enfin la châtellenie de Gambais dans le comté de Montfort-l'Amaury. » On trouve un historique assez complet de la cession de 1651 dans le *Mémoire sur les Maisons de Lorraine, Rohan et La Tour* (*1710*). Cf. les *Ecrits inédits de Saint-Simon*, publ. p. Faugère, t. III, p. 256-264).

Frédéric-Maurice obtient l'érection des duchés d'Albret et de Château-Thierry en *pairie* par lettres du mois de février 1652, mais il meurt avant de les faire enregistrer. Son fils aîné, Godefroy-Maurice, obtient de nouvelles lettres d'érection du mois d'août 1662 et des lettres de surannation (2) le 27 novembre 1665. (Cf. le P. Anselme, *Hist. généal. des Grands Officiers de la Couronne*, t. IV, p. 520-523). On a vu plus haut, p. 39, que le dernier prince souverain de Sedan avait en outre obtenu la qualité de prince étranger avec des honneurs spéciaux.

Quand il signa le contrat d'échange, Frédéric-Maurice demeurait en « son Hôtel, sis vieille rue du Temple, paroisse Saint-Nicolas-des-Champs. » L'*Hôtel de Bouillon*, ou, comme on dira plus tard, le vieil Hôtel de Bouillon — pour ne pas le confondre avec l'Hôtel du quai Malaquais, acheté vers 1676 par la duchesse de Bouillon, Marie-Anne Mancini — appartenait alors aux Bouillon-La Marck. Il était situé, d'après le plan de J. Gomboust de 1647, à l'angle de la rue des Petits-Pères et de la Rue-Neuve des Petits-Champs. Il figure également sur le plan de N. Berey de 1654, qui ne donne pas le nom de la rue, et sur le plan de Jouvin de Rochefort de 1690. A la suite du mariage de Louise-Madeleine Echallard-de La Marck avec le jeune duc de

(1) Voici les vers que lui consacra la *Muze historique* de Loret (édit. Livet, t. I, p. 272), lettre 31e, du (dimanche) 11 août 1652 :

On avoit à Paris su comme
Monsieur de Bouillon, ce grand homme,
Après des accès furieux,
Commençoit de se porter mieux
Et l'on avoit quelque espérance
D'une heureuse convalescence ;
Mais un mien ami m'a mandé
Qu'il étoit enfin décédé.

Plusieurs gens rendront témoignage
Que c'étoit un grand personnage
Et qu'il avoit peu de pareils
Pour les guerres et les conseils ;
Sans doute on plaindra ce grand homme
En Flandre, en Allemagne, à Rome,
Chez le Roi, chez la Reine, ici,
Et, je crois, dans l'Espagne aussi.

(2) Pour avoir force de loi, les lettres patentes devaient être enregistrées par la Cour ou les Cours compétentes, avant qu'une année se fût écoulée depuis leur expédition ou leur délivrance par la chancellerie. Faute de quoi elles n'avaient plus de valeur, « à cause que la force du sceau ne dure qu'un an pour les choses qui ne sont jugées ou exécutées. (*Dictionnaire de Trévoux*).

Duras, il devient l'Hôtel de Duras (Lettre de M** de Sévigné à M** de Grignan, du 9 mars 1689) ; et c'est sous ce dernier nom qu'il figure dans le
plan de Bullet et Blondel, de 1710. (Cf. A. Francklin, *les Anciens plans de
Paris*, 1878, in-4°, t. I, p. 140; t. II, p. 13, 46, 75, 95).

Voici maintenant quelques renseignements indispensables sur l'épouse de
Frédéric-Maurice, dont la famille est restée inconnue des historiens de
Sedan. L'illustre maison de *Wassenaer*, ou mieux *Wassenaar*, tire son nom
d'une localité hollandaise, voisine de Leiden. Elle remontait à la fin du XIe
siècle et a produit un très grand nombre de branches. Otton de Wassenaar,
qui mourut en 1412, fils cadet de Jean II de Wassenaar, seigneur de
Polanen et cadet de la branche Wassenaar-Duvenvoorde, fonda la branche
de *Berg* ou *'S Heerenberg*, ainsi nommée d'un bourg situé dans le comté de
Zutphen. Un de ses descendants, Guillaume de Wassenaar († 1586), comte
de Berg, seigneur de Boxmeer (1), de Stephanswaerdt, etc., quitta le service
des Etats Généraux pour celui de l'Espagne; il avait épousé en 1556 Marie
de Nassau, fille du comte Jean de Nassau et sœur aînée de Guillaume Ier
de Nassau, prince d'Orange (aïeul maternel de Frédéric-Maurice de La Tour),
dont il eut dix-sept enfants. Le deuxième était Frédéric, comte de Berg, le
père d'Eléonore de Berg. Le sixième était Henri, seigneur de Stephanswaerdt et de Hedel et sa fille, Marie-Elizabeth, marquise de Bergen-op-Zoom
par sa mère, épousa Eitel-Frédéric, VIIe du nom, prince de Hohenzollern-
Sigmaringen. (Cf. le *Moréri*, t. x).

Les Wassenaar de la famille de Polanen, seigneurs de Berg ou 'S Heerenberg,
ont abandonné leurs armes, qui sont : d'argent à trois croissants de sable,
et pris celles de la maison de Berg, qui sont : d'argent au lion de gueules,
la queue passée en sautoir, armé et lampassé d'or, à la bordure de sable,
chargé de onze besants d'or. (Cf. le *Nouveau vrai supplément au nobiliaire
des Pays-Bas et de Bour...gne*; Gand, 1861, in-12, p. 8).

Lors de l'entrée de la jeune duchesse de Bouillon dans la capitale des
Terres souveraines, peu après son mariage, la ville de Sedan fit de nombreuses dépenses pour la recevoir dignement. Les frais s'élevèrent à la
somme de 3.269 livres 8 sols. La dépense la plus considérable fut occasionnée
par l'achat d'un plat et d'une aiguière d'or, que le maître orfèvre René
Descrou fournit pour la somme de 2.481 livres 10 sols.

Quoiqu'elle fut intimement liée avec sa belle-sœur, Charlotte de La Tour,
calviniste fervente, la duchesse de Bouillon témoigna toute sa vie un grand
zèle pour la religion catholique. Elle provoqua la conversion de son mari
en 1636, malgré les désirs de la maison de Nassau et l'autorité du pasteur
Samuel des Marets. Celui-ci eut « des luttes à soutenir par suite du mariage
du duc de Bouillon, rapporte l'auteur de sa *Vie* (imprimée dans les *Effigies
et Vitae professorum Academiae Groningae*, 1654, p. 148, apud Bayle, *Dict.
Crit.*, art. *Marets* (des), rem. E), avec la comtesse de Berg, femme d'une
beauté remarquable et d'un esprit supérieur, mais catholique au delà de
tous points. » Avant de mourir, Eléonore de Berg craignait vivement l'ingé-

(1) La petite ville de Boxmeer, située sur la Meuse dans le Brabant septentrional, avait le rang
de comté ; « il y a un couvent de carmes chaussés qui y enseignent les humanités, et un autre
de carmélites. » Cf. les *Délices des Pays-Bas*, 1711, in-12, t. III, à la table.

rence religieuse des parents de son mari dans l'éducation future de ses enfants. Elle inséra dans son testament, daté du 19 avril 1657, cette clause significative (Baluze, *Hist. Généal.*, t. II, p. 808): « Je veux que mes dix enfants n'aillent jamais visiter Monsieur leur oncle de Turenne et Mesdames leurs tantes, ni qu'ils soient avec eux, sans leur gouverneur et gouvernante et sans des personnes en leur place par eux choisies, c'est-à-dire de très fidèles catholiques, apostoliques et romains, afin qu'ils puissent empêcher que l'on ne leur parle de religion et que l'on ne se prévale de la faiblesse de leur âge pour leur donner de mauvais sentiments de notre sainte religion, pour laquelle je prie mon Dieu leur faire la grâce de donner jusqu'à la dernière goutte de leur sang. »

Eléonore de Berg mourut à Paris le 14 juillet 1657 et fut enterrée avec son mari dans l'église de Saint-Taurin, à Evreux ; leurs cœurs sont conservés dans l'église des Capucins de cette ville. (Baluze, *Hist. Généal.*, t. I). L'*Oraison funèbre* de cette princesse fut prononcée à Evreux par le P. Biroat, jésuite; Paris, 1663, in-4º (1).

Elle donna douze enfants à son mari : sept fils, dont deux sont morts très jeunes, et cinq filles (2).

1º *Godefroy-Maurice de La Tour*, duc de Bouillon, etc., qui suit.

2º *Frédéric-Maurice* (1642 † 1707), *comte d'Auvergne*, marquis de Bergen-op-Zoom, vicomte de Lanquais, baron de Limeuil, fut nommé colonel-général de la cavalerie légère et gouverneur du Haut et Bas Limousin après la mort du maréchal Turenne, en 1675.

(1) Voici les vers que Loret lui a consacrés dans sa *Muse historique* (édit. Livet, t. II, p. 357), lettre 27ᵉ, du samedi 14 juillet 1657 :

D'un mal rigoureux et félon
L'illustre dame de Bouillon
S'est vue aujourd'hui si pressée
Qu'à la fin elle est trépassée,
Allant au commun rendez-vous
Se rejoindre à son cher époux,
Monsieur l'abbé de la Roquette,
Personne pieuse et discrète,
Dans le temps du dernier besoin

En a pris un extrême soin.
Chacun sait de cette Duchesse
L'esprit, la vertu, la sagesse
Et qu'elle a, mêmement, été
Un trésor de rare beauté ;
Mais la Dame la plus parfaite
Doit faire enfin même retraite :
Des plus Grands le destin est tel,
Et c'est un arrêt sans appel.

(2) En voici la liste, telle qu'elle a été dressée par le géographe P. du Val, à la suite de la *Relation du Voyage fait à Rome par M. le duc de Bouillon en l'année 1644*, 28 p. qui est intercalée dans le *Voyage et Description d'Italie*, par le même, Paris, 1660, in-12 :

Isabelle, Mˡˡᵉ de La Tour, née à Maestricht le 11 mai 1635.
N., fils, né l'an 1636, vécut 6 mois.
Louise, Mˡˡᵉ d'Auvergne, née à Sedan en 1638.
Amélie, Mˡˡᵉ d'Albret, née à Maestricht en 1640.
Godfroy-Maurice, né à Sedan le 21 juin 1641.
Frédéric-Maurice, comte d'Auvergne, né à Lanquais le 15 janvier 1642.
Théodore-Emmanuel, duc d'Albret, né à Turenne le 24 août 1643.
Hipolite, Mˡˡᵉ de Château-Thierry, né à Rome le 11 février 1645.
Constantin-Ignace, duc de Château-Thierry, né à Rome le 10 mars 1646.
N., fils, né et mort à Rome le 17 février 1647.
Henri, comte d'Evreux, né à Paris le 2 février 1650.
Mariette, Mˡˡᵉ d'Evreux, née à Paris le 12 avril 1652.

Il épousa en premières noces, par contrat du 1er décembre 1661, sa parente *Henriette-Françoise de Hohenzollern* († 1698), fille unique d'Eitel-Frédéric VII, prince de Hohenzollern-Sigmaringen, et d'Elizabeth, « par la grâce de Dieu princesse souveraine de Zollern, comtesse de Berg, marquise de Bergen-op-Zoom, baronne d'Hedel, etc., et baronne héréditaire de la duché de Gueldres et comté de Zutphen. » (Cf. Baluze, *Hist. généal.*, t. II, p. 848).

Il épousa en secondes noces, par contrat du 1er avril 1699, à La Haye, *Elisabeth de Wassenaar* († 1704), fille cadette de Pierre, baron de Wassenaar, seigneur de Sterrenberg, colonel du régiment des gardes hollandaises, etc., et d'Anne d'Aarssen.

Au dire de Saint-Simon, qui n'aime guère la maison de Bouillon, le comte d'Auvergne était « une manière de bœuf ou de sanglier, fort glorieux et fort court d'esprit, toujours occupé, toujours embarrassé de son rang, et pourtant fort à la cour et dans le monde, et officier jusqu'à un certain point ; il était fort ancien lieutenant-général, et avait bien et longtemps servi. » Ailleurs, il parle de sa « roguerie, » bien qu'il fût « toujours amoureux. » (Cf. les *Mémoires de Saint-Simon*, édit. Chéruel, t. II, p. 260 ; t. V, p. 319 ; t. VI, p. 130).

« Le roi, dit la *Gazette* du 9 août 1675, donna la charge de colonel-général de la cavalerie légère au comte d'Auvergne, qui a servi, la dernière campagne et celle-ci, de maréchal de camp, avec beaucoup de valeur et de distinction dans toutes les occasions.» Mais cette charge, qui avait eu tant d'importance jusqu'alors, fut bientôt réduite à n'être plus qu'une fonction d'apparat. (Cf. C. Rousset, *Histoire de Louvois*, t. I, p. 176). C'est ainsi, par exemple, que Louis XIV, au mois de mars 1692, donna l'ordre au comte d'Auvergne de ne point faire le voyage de Compiègne, où devaient avoir lieu de grandes manœuvres, afin de lui enlever par là l'occasion d'exercer sa charge; (Cf. le *Journal de Dangeau*, t. IV, p. 39) et Saint-Simon ajoute, dans une *Addition*, que depuis longtemps déjà on accablait le comte d'Auvergne de toutes sortes de dégoûts, pour la lui faire vendre au duc du Maine, le fils bien-aimé du roi; mais qu'il tint bon quand même et put enfin la conserver dans sa maison. La charge d'ailleurs restait lucrative et le régiment, dit le Colonel-Général, était d'un beau rapport. Le 22 mai 1684, raconte Dangeau, le roi trouva mauvais le régiment-colonel et le fit taxer à 50,000 livres, soit 35,000 livres pour M. Voisin, le mestre-de-camp cassé, et 15,000 livres pour le comte d'Auvergne ; or Voisin avait acheté le régiment 30,000 écus au comte d'Auvergne. Comme le régiment en question était l'un des plus beaux de l'armée, les prix fixés par le roi furent dépassés et, au mois de décembre suivant, le comte d'Auvergne le vendait au marquis de Mus, qui lui en donnait 25,000 écus, dont 40,000 livres pour lui et 35,000 pour Voisin. Mais le marquis de Mus est tué en avril 1688 et le comte d'Auvergne, qui rentre en possession du régiment, le vend cette fois 110,000 livres à un breton fort riche, nommé de Guémadeuc. (Cf. le *Journal de Dangeau*, t. I, p. 16, 77 ; t. II, p. 131, 144).

Mais c'était là les revenus extraordinaires. Les revenus ordinaires pouvaient monter à 20,000 livres par an. On s'explique ainsi que le comte d'Auvergne ait vendu cette charge à son neveu, le comte d'Evreux, pour 200,000 écus, en 1703. (Cf. le *Journal de Dangeau*, t. IX, p. 105). Il avait en outre, depuis la mort de son oncle Turenne, le gouvernement du Limousin, qui rapportait près de 80,000 livres de rente. (Cf. le *Journal de Dangeau*, t. XII, p. 15). Il professait l'orgueil héréditaire des Bouillons et, lors de la grande promotion de 1688, il refusa l'Ordre du Saint-Esprit, parce que Louis XIV refusa de le faire précéder les ducs à brevet et les maréchaux de France de cette promotion.

Comme le dit justement Mᵐᵉ de La Fayette à ce propos, « la gloire des Bouillon, à qui le roi avoit donné le rang des princes, quoique naturellement ils ne fussent que des gentilshommes de très bonne maison d'Auvergne, fut leur malheur. » (Cf. les *Mémoires de la Cour de France en 1688 et en 1689*, dans la coll. Michaud, 3ᵐᵉ série, t. VIII, p. 222).

La première femme du comte d'Auvergne lui était proche parente, puisque sa mère, Elisabeth de Wassenaar, était la cousine-germaine d'Eléonore de Berg. (Cf. son article, p. 80). C'était, dit Saint-Simon, t. VI, p. 31, « une femme de bonne mine, qui imposait, d'un esprit doux et poli, au-dessous du médiocre, mais d'une vertu, d'un mérite et d'une conduite rare, dont elle ne se démentit jamais et dont elle eut bon besoin toute sa vie. » Elle avait en outre l'avantage d'être une riche héritière et d'avoir apporté en dot le marquisat de Bergen-op-Zoom. Lors de la guerre de la Ligue d'Augsbourg, les Hollandais empêchèrent le comte d'Auvergne de jouir de ses revenus et, pour l'en dédommager, Louis XIV lui accorda la confiscation de la Principauté d'Orange. (Cf. *l'Etat de la France de 1692*). En 1690, la comtesse se fit naturaliser française. Elle mourut en 1698, empoisonnée, disait-on, par le thé. (Cf. une lettre de Racine dans ses *Œuvres*, t. VII, p. 302). Baluze a publié dans son *Histoire généal.*, t. II, p. 849, la lettre de condoléance que Guillaume d'Orange écrivit au comte à ce propos, le 16 octobre 1698, du château de Loo. « La grande perte que vous venez de faire, disait Guillaume, m'a été fort sensible, prenant part comme je fais en tout ce qui vous concerne. J'espère que le bon Dieu vous donnera la consolation requise en une si triste occasion. Je serais très aise de trouver les moyens de pouvoir contribuer au bien et à l'avantage de votre maison et à vous donner les preuves de mon estime et de mon amitié. *William R (ex)*. »

Nous ne savons pas si le comte d'Auvergne trouva en Dieu la consolation dont lui parlait Guillaume d'Orange. En tout cas, il la chercha bientôt dans un second mariage. Bien qu'il ne fût ni d'âge ni de figure à être amoureux, dit Saint-Simon, il l'était éperdument de Mˡˡᵉ de Wassenaar, lorsque sa femme mourut. Il représenta donc sa situation à Louis XIV et il obtint, contrairement aux Edits portés depuis la Révocation de l'Edit de Nantes, l'autorisation d'épouser sa hollandaise protestante, après un veuvage de quatre mois, sans qu'elle changeât de religion et en faisant espérer qu'elle se convertirait bientôt. Elle se convertit en effet peu après, le 17 avril 1700, entre les mains de l'archevêque de Paris, et « de la meilleure foi du monde. » (Cf. le *Journal de Dangeau*, t. VII, p. 27, 42, 60, 289). Elle n'eut pas d'enfant et mourut le 16 septembre 1704, à l'âge de trente ans, « comme une sainte, » rapporte Dangeau, d'une hydropisie de vents, maladie fort rare et fort singulière. Elle avait fort bien réussi en ce pays par une douceur, une politesse, une vertu et un maintien, qui suppléaient à l'esprit et tous les Bouillons eurent pour elle toute l'amitié possible et une considération véritable. (Cf. le *Journal de Dangeau*, et l'*Addition* de Saint-Simon, t. x, p. 127). Elle avait contribué par son caractère conciliant à aplanir les difficultés provoquées entre le comte d'Auvergne et ses enfants par le règlement de la succession de leur mère.

Henriette-Françoise de Hohenzollern donna douze enfants au comte d'Auvergne, sept fils et cinq filles. De celles-ci deux moururent en bas âge et les trois autres furent religieuses : *Elizabeth-Eléonore* devint abbesse de Thorigny, en Normandie ; *Louise-Emilie*, abbesse de Villers-Cotterets, puis de Montmartre, de 1727 à 1736, et c'est d'elle que la rue de La Tour d'Auvergne, à Paris, a tiré son nom ; *Marie-Anne*, dite Mlle d'Auvergne, entra au couvent des Carmélites du faubourg Saint-Jacques, quand son père se remaria.

Des sept fils deux moururent en bas âge. Quant aux autres, ils n'ont pas laissé des souvenirs fort honorables. Le comte d'Auvergne, dit justement Saint-Simon (*Addition au Journal de Dangeau*, t. iv, p. 40) « ne fut pas heureux en enfants ; il s'en fallut de beaucoup. »

a. *Emmanuel-Maurice* (1670 ✝ 1702) se fit chevalier de Malte en 1692 et porta le titre de bailli d'Auvergne, après avoir porté d'abord celui de *prince*. C'était, dit Saint-Simon, « un mauvais sujet de toutes les façons. » Le 17 janvier 1697, il se battit à coups d'épée avec le chevalier de Caylus pour des « gueuses, » dans la cour de l'abbaye Saint-Germain et le bruit courut qu'il portait une cotte de mailles. Louis XIV ayant prescrit une information très sévère, — car il n'y avait pas eu duel dans le sens propre du mot — il fut condamné et pendu en effigie à la Grève, le 26 juin suivant. Banni par conséquent du royaume et déshérité par ses parents, il se rendit à Rome avec son oncle, le cardinal de Bouillon, et s'engagea définitivement dans l'ordre de Malte, tout en signant une protestation que ses vœux étaient forcés ; il eut la dignité de grand-croix et mourut à Bergen-op-Zoom en mars 1702. (Cf. le *Journal de Dangeau*, t. iv, p. 40 ; t. vi, p. 89 ; t. vii, p. 329).

b. *Henri-Oswald* (1671 ✝ 1747), dit *l'abbé d'Auvergne*, obtient un canonicat au chapitre de Strasbourg en 1684, l'abbaye de Redon en 1692, celle de Conches deux ans après. Au moment de son départ pour Rome en 1697, son oncle, le cardinal de Bouillon, le charge d'administrer les abbayes de Cluny, Tournus et Saint-Martin de Pontoise, comme vicaire-général et, grâce à l'intervention toute-puissante de Louis XIV, les moines de Cluny le choisissent comme coadjuteur, le 22 avril 1697, en présence de l'intendant de la province. Quelques mois plus tard, le pape lui donne la grande prévôté de Strasbourg. En 1707, il obtient l'un des prieurés les plus considérables de Cluny, celui du Saint-Esprit, et, l'année suivante, un autre prieuré, qui vaut de 8 à 10,000 livres de rentes ; en 1718, il prend possession de l'abbaye, avec l'autorisation de Louis XIV. En 1719, il est nommé archevêque de Tours, mais ne s'installe pas dans ce siège archiépiscopal et l'échange, deux ans après, contre celui de Vienne. Les honneurs et les bénéfices continuent de pleuvoir sur lui. En 1732, il obtient l'abbaye de La Valasse, dans le pays de

Caux ; il est nommé commandeur de l'ordre et premier aumônier du roi.
En 1737, le pape Clément XII le nomme cardinal du titre de Saint-Calixte.
En 1742, il se démet de l'aumônerie, et, en 1745, de son archevêché. (Cf. le
Journal de Dangeau, t. IV, p. 156; t. V, p. 125; t. VI, p. 109, 234; t. XII,
p. 31, 245; t. XIII, p. 219; t. XV, p. 381; t. XVII, p. 264; t. XVIII, p. 150).

« Les mœurs d'Henri-Oswald de La Tour, dit en 1700 Saint-Simon qui ne
recule jamais devant une médisance de quelque nature qu'elle soit, étoient
publiquement connues pour être celles des Grecs, et son esprit pour ne
leur ressembler en aucune sorte. La bêtise déceloit sa mauvaise conduite,
son ignorance parfaite, sa dissipation, son ambition, et ne présentoit pour
la soutenir qu'une vanité basse, puante, continuelle, qui lui attiroit le
mépris autant que ses mœurs, et qui le jetoit dans des panneaux et des
ridicules continuels. »

L'avocat Barbier confirme les renseignements de Saint-Simon. « Le pape,
dit-il en 1737, a fait cardinal, à la nomination du roi de France, M. l'archevêque de Vienne, premier aumônier du roi. Notre nouveau cardinal est
véhémentement soupçonné du libertinage romain. On ne croit pourtant pas
que ce soit cette qualité qui lui avoit donné droit de préférence au chapeau,
sur quoi il y a eu un petit couplet, » que nous n'osons reproduire. (Cf. le
Journal de Barbier, 1885, t. III, p. 118). Ce n'était pas là d'ailleurs son moindre
défaut et la malignité publique s'est exercée sur lui, à cause de son fol
orgueil. On lui attribuait, selon la mode du temps, des ouvrages imaginaires,
et dont le titre renfermait une critique. Parmi les *Rapsodies gauloises*, livres
que l'on supposait imprimés à Utrecht en 1735, le n° 24 est l'*Apologie des
Comédies du Joueur et du Glorieux avec l'analyse de la farce du Nom supposé,
par l'archevêque de Vienne.* Il est grand joueur, dit à ce propos Barbier ;
c'est au sujet de leur nom de La Tour d'Auvergne, au lieu de La Tour
en Auvergne. (Cf. le *Journal de Barbier*, t. III, p. 27).

Trois couplets, un peu lestes, dans les *Noëls pour l'année 1717*, sont
consacrés à Henri-Oswald. En voici un :

> Suivi de ses deux pages
> Et vêtu de velours,
> D'Auvergne avant les Mages
> Vint se mettre à genoux :
> *Confiteor*, Seigneur, mes péchés de jeunesse,
> J'en demande pardon,
> Je quitte mes maîtresses, etc.

Un couplet lui est également consacré dans *la Béquille du père Barnaba*.
Nous nous contentons d'y renvoyer les curieux, sans le reproduire, à cause
des passages grossiers qui s'y trouvent. (Cf. E. Raunié, *le Chansonnier
historique du XVIIIme siècle*, t. II, p. 313 ; t. IV, p. 191).

Le marquis d'Argenson rapporte en outre dans ses *Mémoires* une anecdote,
qui donne une singulière idée de ce prélat. « Le cardinal d'Auvergne, dit-il,
se trouvant au coucher de M. le Dauphin, ce prince lui fit l'honneur de
l'engager à dire la prière du soir ; en quoi il se trouva que ce cardinal savoit
mal le *Pater*, peu l'*Ave*, et confondoit le *Credo* avec le *Confiteor*. On en rit
longtemps. N'est-il pas honteux qu'un prélat, si grassement payé, ait
rompu de cette sorte avec ses devoirs de chrétien. »

Pour en terminer avec toutes ces citations, nous allons reproduire un passage de la lettre adressée par Voltaire à la marquise du Deffant, en mars 1765 : « Quel lecteur sensé, par exemple, n'est pas indigné de voir un abbé d'Houtteville, qui, après avoir fourni vingt ans des filles à Langeois, fermier général, et, étant devenu secrétaire de l'athée cardinal Dubois, dédie un livre sur la Religion chrétienne (*La Vérité de la Religion chrétienne*, 1740, 3 vol. in-4°), à un cardinal d'Auvergne, auquel on ne devoit dédier que des livres imprimés à Sodome ! » (Cf. *Œuvres de Voltaire*, édit. 1785, t. LX, p. 370).

c. François-Egon (1675 † 1710), marquis de Bergen-op-Zoom, dit le *prince d'Auvergne*, devint l'aîné de sa famille, le bailli d'Auvergne ayant été déshérité et Henri-Oswald étant d'Eglise. Il servit, jeune encore, comme mestre-de-camp d'un régiment de cavalerie. « Le petit d'Auvergne, écrit Mᵐᵉ de Sévigné (Lettre du 10 décembre 1688), est amoureux de la lecture ; il n'avait pas un moment de repos à l'armée qu'il n'eut un livre à la main. » C'était, dit de son côté Saint-Simon, t. IV, p. 3, « un gros garçon fort épais et fort désagréable, extrêmement rempli de sa naissance et des chimères nouvelles de sa famille. » Il fit plusieurs procès à son père pour être mis en possession des biens de sa mère. En 1702, il servait dans l'armée de Catinat, auprès de Strasbourg ; un jour qu'il était de piquet, il alla visiter les gardes du camp, piqua des deux et déserta. Il fut condamné par un arrêt du Parlement à être décapité et, en attendant la prise de corps, il fut *effigié* sur la place de Grève, le 28 avril 1703. Il avait fait ce coup d'éclat, poussé, paraît-il, par son oncle, le cardinal de Bouillon, dans l'espoir que ses biens de Bergen-op-Zoom, et sa parenté avec les maisons d'Orange et de Wassenaar lui procureraient le stathoudérat de Hollande, demeuré vacant par la mort de Guillaume d'Orange. En 1704, les Hollandais le nommèrent major-général de leur cavalerie. Pour lui donner une haute situation, le cardinal de Bouillon avait engagé sa sœur, Maurice-Fébronie, veuve de Maximilien de Bavière, à lui laisser sa fortune qui était considérable, au détriment des enfants du duc de Bouillon. Il lui fit en outre épouser une riche héritière, Marie-Anne de Ligne, fille du duc d'Arenberg et d'Aerschot, prince du Saint-Empire. Mais le malheureux mourut le 27 juillet 1710 de la petite vérole et cette mort fut un véritable crève-cœur pour le cardinal de Bouillon, qui venait de quitter la France pour toujours. La fille unique issue de ce mariage, Henriette de La Tour, épousa par la suite Jean-Christian de Bavière ; tous deux moururent jeunes et leur fils unique, Charles-Philippe-Théodore, hérita en 1742, de la dignité et des Etats de l'Electeur palatin. (Cf. le *Journal de Dangeau*, t. VII, p. 287, 320, 440 ; t. VIII, p. 483, 461 ; t. IX, p. 179 ; t. XI, p. 482 ; t. XIII, p. 103 et 216).

d. Frédéric-Constantin (1682 † 1732) fut un heureux bénéficiaire. Il obtient en 1693 le prieuré de Saint-Orens d'Auch, en 1707 le prieuré de La Charité-sur-Loire et la prévôté du chapitre de Liége, en 1710 l'abbaye de La Valasse, qu'il échange, deux ans après, avec son frère, Henri-Oswald, contre le grand-prieuré du Saint-Esprit. Cependant il avait été nommé chanoine domicellaire du chapitre de Strasbourg, à l'âge de douze ans, en 1694 ; il passa capitulaire (1) en 1718, fut élu grand-doyen en 1722 et mourut à

---

(1) Les vingt-quatre chanoines nobles du chapitre de Strasbourg étaient divisés en douze capitulaires et douze domicellaires. Les capitulaires, qui devaient être au moins sous-diacres, participaient seuls à l'élection de l'évêque et se partageaient les dignités. Les domicellaires

Strasbourg en 1732. Il était au dire de Saint-Simon, « aussi bête que son frère, plus obscur, avec beaucoup moins de monde. »

3° *Emmanuel-Théodose* (1643 † 1715), abbé duc d'Albret, reçu docteur en théologie le 1er février 1664 et traité, à la soutenance fort brillante de ses thèses, de « prince sérénissime » et « d'altesse sérénissime » par l'archevêque de Paris ; abbé de Saint-Ouen de Rouen, de Saint-Waast d'Arras, de Saint-Martin de Pontoise, de Saint-Pierre de Beaujeu, de Tournus et de Vicoigne, abbé et général de l'ordre de Cluny, chanoine et grand-prévôt du chapitre Saint-Lambert de Liége ; grand aumônier de France en 1671 et, comme tel, commandeur de l'ordre du Saint-Esprit ; nommé en 1669 à la présentation du roi de France, cardinal du titre de Saint-Laurent *in Panepernà*, puis de Saint-Pierre-ès-Liens ; doyen du Sacré Collège ; assista aux conclaves tenus à Rome pour l'élection des papes Clément X, Innocent XI, Alexandre VIII, Innocent XII et Clément XI

Saint-Simon a tracé de ce personnage ambitieux et remuant un portrait peu flatté, que nous allons reproduire : « le cardinal de Bouillon étoit un homme fort maigre, brun, de grandeur ordinaire, de taille aisée et bien prise. Son visage n'auroit rien eu de marqué, s'il avoit eu les yeux comme un autre ; mais, outre qu'ils étoient fort près du nez, ils le regardoient toujours à la fois, jusqu'à faire croire qu'ils s'y vouloient rejoindre. Cette loucherie, qui étoit continuelle, faisoit pour et lui donnoit une physionomie hideuse. Il portoit des habits gris, doublés de rouge, à boutons d'or d'orfévrerie à pointe, avec d'assez beaux diamants, jamais vêtu comme un autre et toujours d'invention. Il avoit de l'esprit, mais confu, savoit peu, fors l'air et les manières du grand monde, ouvert, accueillant, poli d'ordinaire ; mais tout cela étoit mêlé de tant d'air de supériorité, qu'on étoit blessé même de ses politesses... Son luxe fut continuel et prodigieux en tout ; son faste, le plus recherché et le plus industrieux pour établir et jouir de toute la grandeur qu'il imaginoit. Ses mœurs étoient infâmes ; il ne s'en cachoit pas. Peu d'hommes distingués se sont déshonorés aussi complètement que celui-là et sur autant de chapitres. »

Si maltraité par Saint-Simon, qui ne peut digérer la « princerie » des Bouillons, le cardinal est plutôt sympathique à Mme de Sévigné et à sa famille. L'aimable marquis de Coulanges éprouve pour lui une respectueuse amitié, qui devient plus vive encore pendant les jours d'épreuves et d'exil. « Je ne suis pas bien à plaindre, écrit-il en août 1705 à la marquise d'Uxelles, au moment où le cardinal le promenait dans ses domaines de Tournus et de Cluny ; je ne suis pas bien à plaindre, au moins en aussi bonne maison que celle où je suis, et en la bonne compagnie de notre grand cardinal, qui ne cesse point de me carosser. » Et bientôt tous les Bouillons se mettent à

devenoient capitulaires à l'ancienneté et, en attendant leur promotion, touchaient un quart de prébende.

choyer ce bon Coulanges et ne peuvent plus s'en passer. Il devient l'un des
hôtes de ce superbe domaine de Saint-Martin de Pontoise, que le cardinal a
pu séculariser et qu'il donne à son neveu, le duc d'Albret, au lendemain de
son mariage avec Mlle de La Trémoïlle. Or, s'il faut en croire Piganiol de la
Force (*Nouvelle description de la France*, édit 1753, t. I, p. 308), le jardin
de Saint-Martin de Pontoise était un des plus beaux qu'on pût voir.

La lettre, adressée par Louis XIV au pape Clément IX pour le prier
d'honorer M. le duc d'Albret de la dignité de cardinal (1), fait grandement son
éloge. Louis XIV fait considérer au pape que « son très cher et aimé cousin,
Emmanuel-Théodore de La Tour-d'Auvergne, fuyant dès sa plus tendre
jeunesse toutes les autres occupations agréables à cet âge-là, que sa
naissance de prince ne pouvoit que trop lui inspirer, a si bien marché depuis
par sa propre inclination et de son seul mouvement dans le chemin le plus
pénible, comme le plus glorieux, qu'il a continuellement donné des preuves
d'une piété solide et exemplaire; et s'est d'ailleurs si laborieusement et avec
tant de succès appliqué aux études de toutes les sciences les plus élevées
qu'après les acclamations publiques, données en plusieurs actes célèbres à
la profondeur de son érudition et de sa doctrine, il a mérité à vingt-quatre
ans le doctorat de la faculté de Paris, avec des éloges qui ont été au delà
de toute expression. » (Cf. Baluze, *Histoire généal.*, t. II, p. 843).

Disons aussi que Gui Patin, malgré son amour immodéré de la médisance,
ne trouve pas à mordre sur notre cardinal, du moins au moment de sa
nomination. « Nous allons avoir, écrit le fameux satyrique, le 28 août 1669,
un nouveau cardinal qui sera M. le duc d'Albret, neveu de M. de Turenne,
et qui sera nommé le cardinal de Bouillon. Il est docteur de Sorbonne,
savant, libéral, agréable, aimé et prisé de tous ceux qui le connaissent.
Dieu lui fasse la grâce de faire autant de bien à la France que les deux
derniers (2) lui ont fait de mal. » Et, dans sa lettre du 20 septembre suivant :
« J'ai rencontré près de la porte Saint-Michel M. le cardinal de Bouillon,
qui étoit seul dans son carrosse ; il est ici en grande estime d'érudition et
d'intelligence. » (Cf. les *Lettres choisies de feu M. Guy Patin*, 1725, t. III,
p. 321, 327).

Nous donnerons plus loin des renseignements assez nombreux sur ce
personnage, qui, pour être agréable aux Romains, laissait volontiers dire
qu'il était né à Rome, en 1644, pendant le séjour de ses parents dans cette
ville. (Cf. l'abbé de Choisy, *Mémoires pour servir à l'histoire de Louis XIV*,

---

(1) La Fontaine, qui fréquentait chez les Bouillon à Château-Thierry, avait annoncé à la
princesse de Bavière, Mauricette-Fébronie de La Tour (Cf. son article *infra*), que son frère
aurait bientôt le chapeau de cardinal. Quand la nomination fut faite, il adressa ces vers au
nouvel élu :

> Je n'ai pas attendu pour vous un moindre prix ;
> De votre dignité je ne suis pas surpris.
> S'il m'en souvient, seigneur, je crois l'avoir prédite,
> Vous voilà deux fois prince et le rang glorieux
> Est en vous désormais la marque du mérite,
> Aussi bien qu'il étoit de la faveur des cieux.

(Cf. Mathieu Marais, *Histoire de la vie et des ouvrages de J. de La Fontaine*,
réimpr. dans les *Œuvres inédites de J. de La Fontaine*, p. p. P. Lacroix, 1863, p. 408.

(2) On sait que Gui Patin détestait sincèrement les cardinaux Richelieu et Mazarin. C'est à
propos du dernier qu'il donna, dans sa lettre du 7 juin 1650, la définition suivante du cardinal :
Est animal rubrum, callidum et rapax, capax et vorax omnium beneficiorum.

chap. x). Disons dès maintenant que par son humeur turbulente il donna au gouvernement royal autant de soucis que son père et son grand-père l'avaient pu faire (1). Son collègue, le cardinal Maldachini, disait de lui : *il cardinale Boglione, il cardinale Coglione.*

Ses bénéfices ecclésiastiques lui procuraient des revenus considérables. D'après l'*Almanach royal de 1789*, Cluny est évalué à 50,000 livres, Saint-Ouen à 55,000, Saint-Waast à 40,000, Saint-Martin de Pontoise à 12,000, Tournus à 20,000, la grande aumônerie du roi à 14,400. Or, selon P. Boiteau (*État de la France en 1789*, 2e édit., p. 195), il faut tripler et même quadrupler l'évaluation officielle pour obtenir le revenu réel. Ainsi, par exemple, dit-il, *la France ecclésiastique de 1789* évalue à 40,000 livres les revenus annuels de Saint-Waast et le cardinal de Rohan en a refusé 1,000 louis par mois, que les moines lui offraient pour sa part. (Cf. sur ce point les *Souvenirs du duc de Lévis*, p. 150). — D'autre part, suivant H. Taine (*Ancien Régime*, p. 54), le revenu véritable est du double et du triple pour les abbayes, et il faut encore doubler ce revenu véritable pour en avoir la valeur en monnaie d'aujourd'hui.

En sa qualité de doyen du Sacré Collège, le cardinal de Bouillon devint le premier conseiller du pape et porta le titre d'évêque d'Ostie-Velletri. Il devait exercer le gouvernement de l'Église pendant la vacance du Saint-Siège, consacrait le nouveau pape après son élection et jouissait d'honneurs et de prérogatives très étendus ; mais il lui fallait résider à Rome, sans dispense possible.

Le grand aumônier de France était un personnage considérable. C'est alors le premier des officiers ecclésiastiques de la maison du roi. Dès qu'il est nommé à cette charge, il est commandeur de l'ordre du Saint-Esprit, en vertu de l'article 10 des Statuts portés en 1578 ; il est l'évêque de la Cour et en remplit plusieurs fonctions en n'importe quelque diocèse que la Cour puisse se trouver, sans en demander l'autorisation à l'évêque du lieu. Quand bon lui semble, il vient faire le service, au lever et au coucher du roi, aux repas, à la messe ; et dans ce dernier cas, il reçoit de la main des clercs de la chapelle les heures du roi pour les lui présenter, ainsi que le goupillon pour lui donner de l'eau bénite à la fin de la messe. Il accompagne le roi,

---

(1) A la mort du prince-évêque de Liége, Maximilien-Henri de Bavière, en 1688, le cardinal de Furstenberg, évêque de Strasbourg, était le candidat de la France, tandis que l'Empire présentait Joseph-Clément de Bavière, déjà élu à l'archevêché de Cologne malgré son jeune âge (17 ans). Bien qu'il fût alors en disgrâce et exilé à Cluny, le cardinal de Bouillon, qui était chanoine et prévôt du chapitre de Saint-Lambert, se livra à certaines manœuvres, soit pour se faire élire ou simplement pour faire échouer Furstenberg. Son homme d'affaires fut trouvé porteur de lettres chiffrées et fut mis à la Bastille et lui-même reçut l'ordre de se défaire de son canonicat et de sa prévôté. Mais il tergiversa et ne démissionna pas. La majorité des chanoines voulaient rester neutres et le doyen du chapitre, Jean-Louis d'Elderen, fut élu. (Cf. J. Daris, *Histoire du diocèse et de la principauté de Liége pendant le XVIIme siècle*, t. II, p. 214 et suiv.; le *Journal de Dangeau*, t. II, p. 162 et 183 ; les *Mémoires de Sourches*, t. II, p. 210 ; la *Relation de la Cour de France*, de Spanheim, p. 128 ; les *Archives de la Bastille*, t. IX, p. 143-149).
A la mort de Jean-Louis d'Elderen, en 1694, le cardinal de Bouillon fut le candidat de la France. Il forma avec Furstenberg, qui était aussi chanoine du chapitre de Saint-Lambert, et avec la comtesse, sa nièce, une manière d'association pour obtenir l'évêché. On peut lire leurs lettres avec ses minutes dans ses papiers. (Bibl. nat., *fonds fr., nouv. acq.* 5089, fol. 2-6, 40-95 et 125-152). Mais il ne put arriver jusqu'à Liége, alors occupé par les alliés et le candidat impérial, Joseph-Clément de Bavière, fut élu. (Cf. J. Daris, *ouvr. cité*, t. II, p. 242 et suiv.)

quand ce dernier vient à l'offrande, depuis le prie-Dieu jusqu'à l'autel. C'est lui qui baptise les dauphins, les fils et filles de France, les princes du sang, et les enfants dont le roi est le parrain ; il les fiance et les marie en présence du roi (1). Il donne les cendres à Leurs Majestés et leur accorde la dispense pour manger de la chair en carême et autres jours maigres, et aussi des œufs pendant le carême. Il a pouvoir dans l'Université de Paris sur les dix-sept lecteurs du collège royal, sur le collège de Maître Gervais et sur celui de Navarre ; il pourvoit aux places de boursiers et de principal dans ces collèges, où il a droit de visite. Il dispose des fonds destinés aux offrandes et aux aumônes, à l'intendance des hôpitaux des Quinze-Vingt, à Paris, des Six-Vingt, à Chartres, et des Haudriettes ou Filles de l'Assomption, à Paris, sans compter plusieurs autres prérogatives. (Cf. *l'Etat de la France de 1749*).

4º *Constantin-Ignace* (1646 † 1670), chevalier de Malte, dit le duc de Château-Thierry, puis le *chevalier de Bouillon*. Nommé capitaine de vaisseau en 1665, il fut ensuite grand-croix de Malte et général des galères de cet ordre. Il fut tué en duel, à Belle-Isle en Bretagne, par le marquis de la Rochecorbon.

On peut dire, affirme l'historiographe Baluze dans son *Histoire généalogique*, t. I, p. 488, que jamais jeune prince n'entra si bien dans le monde que lui. Il avait toutes les qualités qui l'auraient pu rendre un des hommes les plus recommandables de son siècle, si une mort précipitée ne l'avait pas enlevé à la fleur de son âge. On regarderait comme des fables les merveilles de son enfance, si l'on disait que, n'étant âgé de cinq ou six ans, les ducs de Bouillon et de La Rochefoucauld ne trouvèrent pas de meilleur moyen, pour apaiser une sédition qui s'était élevée dans Bordeaux contre leur autorité, que d'envoyer cet enfant se faire voir à cheval dans les rues et parler à la populace mutinée qui s'apaisa (2). Il fut d'abord capitaine de vaisseau et y acquit tant d'estime et de réputation que le commandeur de Nuchese, vice-amiral de France, étant au lit de la mort, lui donna une démission de sa charge, sous le bon plaisir du roi. Mais M. le duc de Beaufort, alors amiral de France, ayant prétendu que la charge de vice-amiral était à sa nomination, Sa Majesté régla que, pour cette fois seulement, M. de

(1) Lors du mariage de M. le duc de Bourbon (Louis III) avec Louise-Françoise, légitimée de France (fille de Louis XIV et de Mme de Montespan), le 24 juillet 1685, le cardinal de Bouillon prétendit être invité au festin que le roi offrait à sa famille en cette circonstance, puis, comme Louis XIV le lui refusa un peu sèchement, il ne voulut pas procéder à la cérémonie du mariage et il fallut faire venir en toute hâte l'évêque d'Orléans, qui était premier aumônier du roi. Au mois d'août suivant, le cardinal fut relégué à son abbaye de Tournus, et le duc et la duchesse de Bouillon à leur château de Navarre ; ils partageaient la disgrâce du prince de Turenne. L'exil ne prit fin qu'en 1690. (Cf. le *Journal de Dangeau*, les trois premiers tomes, *passim*.

(2) Cf. les *Mémoires de Pierre Lenet* dans la collection Michaud. — Pendant leur séjour à Bordeaux en 1650, les deux ducs se servent régulièrement de la populace pour imposer leurs volontés au Parlement. Ils savent en jouer d'une façon supérieure : à certains jours, la princesse de Condé parcourt la ville avec le jeune duc d'Anguien, qui harangue la foule et lui fait crier à tue-tête : Vive le roi, vivent les princes, et foutre du Mazarin ! Tantôt c'est le prince de Raucourt — Constantin-Ignace portait alors ce titre — que l'on montre au public, casque en tête, vêtu d'un buffle et d'une cuirasse et monté sur un petit bidet.

Beaufort y nommerait et qu'à l'avenir elle serait à la nomination du roi.
M. le duc de Beaufort y nomma le comte d'Estrées, son cousin, qui est
mort maréchal de France.

5° *Henri-Ignace* (1650 † 1675), dit le comte d'Evreux, puis le
chevalier de Bouillon, après la mort de Constantin-Ignace. Il fut
tué dans un duel à Colmar.

Il naquit à Paris, le 2 février 1650, pendant que sa mère était retenue
prisonnière en son hôtel du Marais par ordre de Mazarin. « Avant que de
partir pour Rouen, lit-on dans les *Mémoires de Madame de Motteville*, coll.
Michaud, p. 335, la reine envoya arrêter la duchesse de Bouillon, qui fut si
habile qu'à la vue même de celui qui l'arrêta, elle fit sauver ses enfans
mâles, et les envoya en lieu de sûreté. Cette dame a été illustre par l'amour
qu'elle a eu pour son mari, par celui que son mari a eu pour elle, par sa
beauté et par la part que la fortune lui a donnée aux événemens de la Cour.
Elle accoucha le même jour qu'elle fut arrêtée, mais sans nulle incommodité
à l'égard de sa personne. Elle reçut, par l'ordre de la reine, tous les secours
qui en cet état lui étoient nécessaires. » Les *Mémoires de l'abbé de Choisy*,
chap. x, renferment de curieux détails sur l'évasion des quatre garçons
déguisés en filles et sur les aventures du futur cardinal, qui fut confiée
aux soins d'une dame de Fléchine et qui passa une dizaine de jours caché
dans un buisson.

Louis XIV, lit-on dans le *Dictionnaire philosophique* de Voltaire, art.
Cérémonies, édit. 1785, t. XXXVIII, p. 431, Louis XIV avait ordonné aux
secrétaires d'Etat de donner le Monseigneur et l'Altesse aux gentilshommes
des maisons de Bouillon et de Rohan. Louvois s'y soumit, et il écrivit un
jour au chevalier de Bouillon : « *Monseigneur, si Votre Altesse ne change
pas de conduite, je la ferai mettre dans un cachot. Je suis avec respect, etc.* »
Nous ne pourrions affirmer que Henri-Ignace ait été le destinataire de
cette lettre respectueuse.

6° *Isabelle* ou *Elizabeth* (1635 † 1680) épouse, par contrat passé
au Louvre en présence du roi et de la reine-mère le 15 mai 1656,
très haut et très puissant prince Charles de Lorraine, prince
d'Harcourt (1620 † 1692), titré plus tard *Charles III de Lorraine,
duc d'Elbeuf,* pair de France, comte de Lillebonne, marquis de
Rochefort, gouverneur de la Picardie, de l'Artois, du Boulonnais,
du pays conquis et reconquis, fils aîné de Charles II de Lorraine,
duc d'Elbeuf, et de Catherine-Henriette, légitimée de France
(fille d'Henri IV et de Gabrielle d'Estrées).

En faveur et considération de son mariage, Louis XIV lui donna la somme
de cent mille livres, qui est le don que Sa Majesté avait accoutumé de faire
en pareille rencontre aux personnes de la naissance et qualité d'icelle
épouse. (Cf. Baluze, *Histoire généal.*, t. II, p. 826).

Isabelle de La Tour aimait beaucoup son oncle Turenne, et sa mort lui causa une grande douleur. « Elle a crié les hauts cris, » écrit le 30 août 1675 Mme de Sévigné à Mme de Grignan. Car « elle perd tout, aussi bien que son fils. » Le jeune Elbeuf servait en effet sous les ordres de Turenne. L'année précédente, Turenne l'avait envoyé saluer M. de Lorraine, qui lui dit : « Mon petit cousin, vous êtes trop heureux de voir et d'entendre tous les jours M. de Turenne ; vous n'avez que lui de parent et de père ; baisez les pas par où il passe, et vous faites tuer à ses pieds. » (Voir la lettre de Mme de Sévigné du 12 août 1675).

Claude de Lorraine, le cinquième fils du duc René II, est le chef des Lorrains qui s'établirent en France sous le règne de François Ier. Il eut une nombreuse famille, dont tous les membres se remuèrent beaucoup pendant les guerres civiles du xvime siècle ; son troisième fils, Claude, a fondé la branche des ducs d'Aumale ; le septième, René, celle des ducs d'Elbeuf. Le petit-fils de ce René, Charles II de Lorraine, duc d'Elbeuf, pair de France, comte de Harcourt, etc., eut, entre autres enfants, Charles III, qui épousa en secondes noces Isabelle de La Tour. Il ne faut pas confondre cette branche de la maison de Lorraine, à qui le comté d'Harcourt (Eure, arr. Bernay) vint par alliance au milieu du xvime siècle, avec la maison normande d'Harcourt, en faveur de laquelle les marquisats de Thury et de La Motte-Harcourt (Calvados, arr. Falaise) furent érigés en duché d'Harcourt par lettres de novembre 1700. Henri, premier duc d'Harcourt, créé pair de France en 1709, eut, entre autres enfants, François duc d'Harcourt († 1750) et Anne-Pierre († 1783), marquis de Beuvron, puis duc d'Harcourt après la mort du précédent, tous deux arrière-petits-fils maternels de Fabert, et qui furent gouverneurs de Sedan, le premier de 1739 à 1750, le second de 1750 à 1764.

Le duc d'Elbeuf, Charles III, dit Étienne Allaire (La Bruyère dans la maison de Condé, t. I, p. 258), passa sa vie à être le fléau de toutes les familles (voir aussi les Souvenirs de Caylus, p. 76), par ses mauvais procédés envers les femmes dont il était adoré. Il était connu chez Mme de Montespan sous le nom de goujat, et il se vantait souvent de faveurs qu'il n'avait pas obtenues. Saint-Simon nous dit que c'était « un étrange homme en toutes sortes et fort débauché... » Il maltraita tellement sa première femme, Anne-Elisabeth de Launoy (morte en 1654 après lui avoir donné deux enfants), que, « l'ayant un jour empoignée pour la jeter par les fenêtres, quoique grosse, l'enfant dont elle accoucha naquit et vécut tremblant et incapable de toutes choses... Il épousa en secondes noces la sœur des duc et cardinal de Bouillon et du comte d'Auvergne, à qui il rendit en cette occasion ce qu'ils s'efforçaient de prêter en d'autres ; car il ne voulut jamais souffrir que sa femme, ni pas un d'eux prissent avec lui la qualité de prince. » Saint-Simon donne ensuite des renseignements fort indiscrets sur la nature des relations de ce duc-goujat, « déjà fort apoplectique, » avec sa troisième femme, Françoise de Montaut-Navailles, qu'il épousa en 1684 et qui lui donna encore deux enfants ; « avec un esprit médiocre, elle avoit des choses plaisantes et naïves. » (Cf. le Journal de Dangeau, Addition, t. IV, p. 68).

Isabelle de La Tour donna six enfants à son mari, quatre fils et deux filles qui se firent religieuses. Des quatre fils, *Henri-Frédéric* mourut jeune; *Henri* fut, après la mort de son père, duc d'Elbeuf et pair de France; *Louis* fut abbé d'Ourscamps, dans le Soissonnais; *Emmanuel-Maurice*, dit le prince d'Elbeuf, fut d'abord abbé; en 1706, il passa au service de l'empereur et devint par la suite général de la cavalerie du royaume de Naples; il rentra en France au mois de novembre 1719.

7° *Louise-Charlotte* (1) (1638 † 1683), dite Mlle d'Auvergne, puis Mlle de Bouillon, resta fille. Son mérite et sa piété seront toujours en vénération, dit Baluze (*Histoire généal.*, t. I, p. 456).

Ils furent vénérés aussitôt après sa mort. L'abbé Brisacier fit à Évreux, le 30 août 1683, son *Oraison funèbre*; Rouen, 1683, in-4°. L'abbé Tibergé en prononça une autre à Paris, dans la chapelle du Séminaire des Missions étrangères, où son cœur repose; Paris, 1684, in-4°. Cette Oraison funèbre lui fit, paraît-il, une grande réputation d'orateur et fut cause qu'on l'appela à la Cour pour prêcher le sermon du jeudi-saint en 1685. Enfin le P. Ménestrier, jésuite, publia à cette occasion *les justes devoirs rendus à la mémoire de Louise-Charlotte de La Tour d'Auvergne dans la chapelle du Séminaire des Missions étrangères*; 1684, in-4°.

8° *Émilie-Éléonore*, dite Mlle d'Albret, naquit à Maestricht en 1640; elle fut religieuse au grand couvent des Carmélites.

9° *Hippolyte*, dite Mlle de Château-Thierry, née à Rome en 1645, également carmélite.

10° *Mauricette-Fébronie* (1652 † 1706), dite la princesse d'Évreux, épouse, par contrat passé le 13 mai 1668 à Saint-Germain-en-Laye en présence du roi, des reines et du dauphin, le sérénissime prince et seigneur *Maximilien-Philippe* (1638 † 1705), comte palatin du Rhin, duc *en* Bavière, landgrave de Leuchtenberg, fils cadet de l'électeur Maximilien Ier de Bavière, et de sa seconde femme, Marie-Anne, archiduchesse d'Autriche.

La Muze historique de Loret, édit. Livet, t. I, p. 232 (Lettre quatorzième du dimanche 14 avril 1652), annonça dans les termes suivants la naissance de Mauricette:

> De Bouillon la chère moitié,
> Miroir d'honneur et d'amitié,
> Après mainte et mainte tranchée
> D'une fillette est accouchée.

Elle mourut de la petite vérole à Turckheim, en 1706, sans laisser de postérité. Son mari était mort l'année précédente; il avait administré la Bavière pendant la minorité de son neveu, l'électeur Maximilien II. Nous avons vu qu'à l'instigation de son frère, le cardinal de Bouillon, elle légua sa fortune à son neveu, le prince d'Auvergne, au détriment des enfants de son frère aîné, le duc de Bouillon.

L'année qui suivit son mariage, elle voulut avoir de La Fontaine, l'hôte familier de Château-Thierry, une longue lettre sur ce qui se passait alors

(1) Voici son acte de baptême d'après les *Arch. mun. de Sedan* : « Le 30 (janvier 1638) Mademoiselle Louise-Charlotte de La Tour, fille de Monseigneur F. M. de la T. et de Madame Éléonor de Bergue. — P(arrain), M. le compte de Soissons. » *La Tour* est placé au-dessus de *Buillon*, qui a été barré.

dans le monde. L'aimable poète écrivit donc une *Epître à la princesse de Bavière* (Cf. *Œuvres de La Fontaine*, édit. Walckenaer, t. vi, p. 86), dans laquelle il parle, entre autres choses, de l'élection du roi de Pologne, « dont le nom est en ski, » de la guerre de Candie, à laquelle vont prendre part ses deux frères, les princes Constantin et Henri :

> Deux de vos frères sur les flots
> Vont secourir les Candiots.
> O combien de sultanes prises !
> Que de croissants dans nos Églises !
> Quel nombre de turbans fendu !
> Tête et turban, bien entendu.

Il s'agit ici du coup de main tenté par quelques gentilshommes, qui abordèrent à Candie le 20 avril 1668, un an avant la grande expédition dirigée par le duc de Beaufort.

Sur la vie de Mauricette-Fébronie à la Cour de Munich, les curieux trouveront quelques détails dans l'étude du Dr Rare Trautmann, *Französische Schauspieler am bayerischen Hofe (Jahrbuch für Münchener Geschichte, Band II)*. — Avant de mourir, Mauricette-Fébronie et son mari, le duc Max-Philippe, firent un certain nombre de dotations en Bavière, dont les principales sont inscrites chaque année dans les registres de la Cour des Comptes du *Preis-Archiv München (Hofzahlamts-Rechnungen)*. C'est ainsi que sur un fonds de 60,000 florins et une rente annuelle de 3,000 florins fut fondée, après leur mort, à Munich, le *Couvent des Carmélites déchaussées de Sainte-Thérèse*. (Cf. M. V. Sattler, *Gesch. der Marianischen Congregation in Bayern*, 1864). En outre, les deux époux assignèrent une rente annuelle de 1,000 florins aux *Capucins* de Turckheim, où ils avaient leur château, et aussi une rente annuelle de 1,000 florins à *l'hôpital* de Turckheim, par leur testament du 20 septembre 1705, etc.

VIII

Godefroy-Maurice de La Tour (1641 † 1721), souverain duc de Bouillon, duc d'Albret et de Château-Thierry, comte d'Auvergne et d'Évreux, vicomte de Turenne et de Lanquais, vidame de Tulle, baron de Limeuil et de Montgacon, pair et grand chambellan de France, gouverneur de la Haute et Basse Auvergne, épouse (1), par contrat passé au Louvre le 19 avril 1662 en présence du roi et des reines, *Marie-Anne Mancini* (1646 † 1714),

(1) Voici comment la *Muze historique de Loret* (lettre quinzième du samedi 22 avril 1662), édit. Livet, t. iii, p. 492, rend compte de cette cérémonie :

> Cet illustre et sage seigneur,
> Si plein de mérite et d'honneur,
> Que le duc de Bouillon l'on nomme,
> Qui croit au Saint-Père de Rome,
> Issu du lignage d'Adam
> Et des souverains de Sedan,
> De plus, grand chambellan de France,
> Par une solide alliance,
> De l'aveu de toute la Cour,
> Épousa, dit-on, l'autre jour,
> Cette fille jeune et jolie,
> Dont l'origine est d'Italie,
>
> Fille de singulier renom
> Dont Marie-Anne est le beau nom,
> Ayant cent agrémens en elle
> Et tellement spirituelle
> Qu'icelle, à l'âge de six ans,
> Charmoit Roy, Reine et courtisans,
> Le contrat de ce mariage,
> Qui deux cœurs généreux engage,
> Fut mardi signé tour à tour
> Des grands et grandes de la Cour,
> La cérémonie en fut faite
> Par personne noble et discrète,

fille de défunt Laurent Mancini, gentilhomme romain, et de Hiéronyme Mazarini, sœur du cardinal Mazarin.

Dans les provisions du *gouvernement d'Auvergne*, données le 24 avril 1662, Louis XIV rappelle que, peu avant son décès, le cardinal Mazarin lui avait fait instance de conserver dans sa maison la charge de gouverneur de la Haute et Basse Auvergne et qu'il en avait reçu la survivance, pour en disposer ainsi que bon lui semblerait. Aussi est-ce en faveur de son mariage avec la nièce du cardinal que le roi donne cette charge, restée jusqu'alors vacante, au jeune duc de Bouillon. C'est aussi d'ailleurs en souvenir des recommandables services rendus à l'État par son père, Frédéric-Maurice de La Tour, par son oncle, le sieur de Turenne et par ses ancêtres en plusieurs occasions importantes. Louis XIV a considéré enfin la fidélité et l'affection du duc de Bouillon à son service; le jeune prince en a donné des preuves en diverses rencontres, notamment à la bataille de Dunkerque, où il s'est signalé par son courage et sa valeur. (Cf. Baluze, *Hist. généal.*, t. II, p. 838).

Depuis l'année 1658, le duc de Bouillon exerçait la charge de *grand chambellan*, qui pendant plus d'un siècle avait appartenu à la maison de Guise, et qu'il avait acheté huit cent mille livres. (Cf. Voltaire, *Siècle de Louis XIV*, chap. xxv, p. 399 de l'édit. Rébelliau et Marion). Voici, d'après *l'État de la France de 1708*, t. I, p. 139-143, en quoi consistaient les fonctions de cette charge. Le grand chambellan est le premier entre les grands et principaux officiers de la chambre; aussi a-t-il toujours le premier service, de préférence aux autres. Quand le roi s'habille, il lui donne la chemise et il ne cède cet honneur qu'aux fils de France, aux princes du sang et aux fils légitimés de France. Lorsque le roi mange dans sa chambre, c'est à lui qu'il appartient de lui donner la première serviette mouillée, en l'absence des princes du sang ou légitimés, et de servir Sa Majesté pendant tout le dîner ou souper. Dans toutes les cérémonies, bals et autres assemblées (nous dirions maintenant les réceptions), et pareillement au sermon, un garçon de la chambre place toujours pour lui un pliant de la chambre du roi derrière le fauteuil du roi, entre le premier gentilhomme de la chambre et le grand-maître de la garde-robe. Quand le roi tient son lit de justice ou les États, il est aussi assis à ses pieds sur un carreau de velours violet, couvert de fleurs de lis d'or. Il assiste aux audiences des ambassadeurs. Le jour du sacre, après qu'il a reçu les bottines royales de

L'*Episcopus* de Mirepoix (*),
Qui fut jésuite autrefois ;
Et la sœur, partout tant prisée,
De cette agréable épousée,
Savoir Madame de Soissons,
Considérable en cent façons
Et tout à fait princesse honnête,
Fit le festin d'icelle fête,
Abondamment, splendidement,
Dedans son propre appartement,
Où leurs Majestés se trouvèrent,
Qui de bons morceaux mangèrent,

Quelqu'un l'avis m'ayant donné
Que tout y fut bien ordonné,
Je souhaite à cet hyménée
Heureuse et belle destinée :
Je suis — je l'avoue entre nous —
Assez peu connu de l'époux ;
Mais de sa compagne susdite,
Nonobstant mon peu de mérite,
J'ai souvent eu maint doux regard,
Maint bon jour et maint Dieu vous gard ;
Car elle a toujours fait estime,
Non pas de moi, mais de ma rime.

(*) Louis-Hercule de Lévis-Ventadour, qui fut évêque de Mirepoix du mois de mai 1655 au mois de janvier 1679.

l'abbé de Saint-Denis, il les chausse au roi. Il lui vêt la dalmatique de bleu azuré et le manteau royal. Comme le grand chambellan a l'honneur d'approcher de plus près de la personne sacrée des rois durant leur vie, aussi, quand la nature a exigé d'eux son tribut, il ensevelit le corps, accompagné des premiers gentilshommes de la chambre. Il a 3,600 livres de gages et 20,000 livres de pension. Ayant tout l'honorifique du service, lit-on dans les *Mémoires de Luynes*, t. I, p. 108, il ne peut commander dans la chambre, sinon pour donner l'ordre chaque soir.

Le duc Godefroy-Maurice servit au siège de Dunkerque et à la bataille des Dunes, à la tête du régiment de Turenne. Il prit part, comme volontaire, le 1er août 1664, à la bataille de Saint-Gothard, où le grand vizir, Achmet Kiuperli, fut défait grâce au concours des Français et, quand le sieur de Chassepol (pseudonyme de l'auvergnat Georges Guillet de Saint-Georges) fit paraître son *Histoire des Grands Vizirs*, il la lui dédia en ces termes : « C'est proprement la vie d'un héros que vous avez vu vous-même, le sabre à la main, et aux conquêtes duquel vous avez aidé à donner des bornes, dans cette fameuse victoire que nos braves Français remportèrent sur le grand vizir auprès de la rivière de Raab. » En 1667, le duc de Bouillon se trouve à la prise de Tournai, de Douai et de Lille. En 1668, il accompagne Louis XIV à la conquête de la Franche-Comté, en 1672 à celle de la Hollande et au siège de Maastricht (dont son père avait été gouverneur pour le compte des Etats-Généraux), de Besançon, Dole, Limbourg, Valenciennes, Cambrai et Gand. Mais il n'a pas seulement combattu les ennemis de la France ; il a aussi cherché à se rendre utile à l'humanité ; c'est un précurseur de Vicat (1).

Godefroy-Maurice semble avoir été ce qu'on appelle un brave homme, d'humeur commode, et ne brillant guère parmi les gens d'esprit. Il délaissait

(1) Voici en effet un arrêt du Parlement de Paris qui reconnaît à Godefroy-Maurice de La Tour la concession, accordée par le roi, du monopole de la vente d'un merveilleux sachet inventé pour préserver les gens de la vermine et pour en guérir ceux qui en étaient victimes.
« Vu par la Cour les lettres patentes du roi, données à Fontainebleau le 17 septembre dernier, signées et scellées, par lesquelles et pour les causes y contenues ledit seigneur auroit accordé à Messire Godefroy-Maurice de La Tour d'Auvergne, duc de Bouillon, duc d'Albret, le privilège de garantir de la vermine toute sorte de personne par le moyen d'un petit sachet, duquel on a fait épreuve considérable sur 4,500 pauvres de l'hôpital général de la ville de Paris sans altérer leur santé, ainsi qu'il appert par le certificat des directeurs commissaires de la maison de la Salpétrière dudit hôpital général du 30 août dernier, pour en jouir par ledit impétrant, ses successeurs, ses ayants-cause à perpétuité, à l'exclusion de tous autres ; avec défense à toutes personnes, hors celles qui auroient droit de lui, de les faire, ni les contrefaire, sous prétexte d'augmentation ou autre changement, ni d'en débiter sans la permission dudit impétrant, à peine de 3,000 livres d'amende applicables, moitié aux hôpitaux généraux des lieux où la contravention se seroit faite et l'autre audit impétrant, et de confiscation des marchandises servans à la fabrication desdits cachets ;
« Vu aussi ledit certificat des directeurs de l'hôpital général dudit 30 août dernier, et le traité et acte de société fait entre ledit impétrant et Messire Laurent de la Roche-Bernard, chevalier, seigneur de Parault, Rouville en partie et autres lieux, du 2 octobre suivant ; vu la requête dudit impétrant pour l'enregistrement dudit acte ; conclu le procureur général ; ouï le rapport de Me Charles Hervi, conseiller, la Cour accorde l'enregistrement, etc.
« NOTE. Les bureaux pour la vente desdits sachets qui sont de la grandeur d'une pièce de 15 sols, qui ont la vertu de garantir toutes sortes de personne de la vermine et d'en nettoyer celles qui en sont incommodées, sont : rue Sainte-Marguerite ; au faubourg Saint-Germain, chez Pâtissier, près le petit marché ; rue Saint-Antoine, au coin de la rue Royale ; rue Saint-Martin, près Saint-Martin-des-Champs, au soleil d'Or ; à raison de 6 sols pièce.
« Il faut que chaque personne en porte un, attaché au col ou ailleurs, touchant la chair ; sa vertu dure un an. Il est marqué de deux chiffres pour éviter qu'on ne les contrefasse pour tromper le public. » (Cf. *Revue de Champagne et de Brie*, mai 1886, p. 397).

volontiers Marie-Anne Mancini et sa Cour, pour remplir ses devoirs de grand chambellan ou pour aller courre le cerf ou le loup, soit à Château-Thierry, soit à Navarre. « C'étoit, dit Saint-Simon (*Addition au Journal de Dangeau*, t. xv, p. 169), c'étoit un très bon homme, de peu d'esprit, de peu de sens, ruiné, volé, gouverné, dominé par tous les siens à merveille, aimé du gros, parce qu'on aime en gros ces sortes de bénins caractères, mais prince tant qu'il pouvoit et avec grand embarras. Ce même caractère, une assiduité et une basse flatterie, qui tenoit beaucoup de la servitude, le fit aimer par le roi ; et cette amitié le sauva toute sa vie, et sa maison, et leur rang de tous les divers fracas du cardinal de Bouillon. Il survécut longtemps le roi et passa quatre-vingts ans avec une santé fort foible et une mine plus qu'au-dessous de sa naissance et de sa fortune. »

A partir de l'année 1686, il habitait volontiers un superbe château, qu'il avait fait bâtir près d'Evreux par le neveu du grand Mansart, à cent pas de l'ancien *château* dit *de Navarre*, parce qu'il avait été construit par Jeanne de France, héritière du royaume de Navarre. Voici la description qu'en a donnée le polygraphe Bruzen de La Martinière dans son *Grand Dictionnaire géographique et critique*, 1730, t. vi, 1re partie, p. 58, 1re col.: « Ce château est d'une structure magnifique. Il consiste en un gros corps de bâtiment à quatre faces de même dessein, de même hauteur et de même symétrie. Le bas de ce bâtiment, où sont les offices, est couvert par un talus en forme de boulevard gazonné, élevé de huit à neuf pieds au-dessus du niveau du jardin. On monte de ce jardin au premier étage du château par de grands degrés qui conduisent par un vestibule à un salon d'une grande magnificence, pavé de marbre et orné de quantité de bustes de différens marbres. Un grand dôme ou coupole couvre ce salon qui est accompagné de quatre vestibules qui séparent quatre grands appartemens ; et ce dôme est enrichi de trophées d'armes en relief sur la pierre avec les écussons de la maison de Bouillon et autres ornemens d'une grande beauté. Le salon est éclairé par les grands vitrages des vestibules et par les grandes fenêtres, pratiquées au-dessous de la calotte du dôme qui est fort élevée. Le second étage contient autour du dôme vingt chambres meublées pour y loger des personnes de distinction. Les quatre faces de ce superbe château ont des vues différentes et variées : une sur Evreux dont les églises avec leurs tours et leurs clochers forment un bel aspect ; une sur la prairie qui conduit au bois qu'on a ouvert pour étendre la vue ; les deux autres sur de grandes pièces d'eau ; et toutes les quatre vues donnent sur des jardins très bien ordonnés (par Le Nôtre) et sur des canaux artificiels formés par les eaux de la petite rivière de Conches. On arrive à ce château par quantité d'avenues d'arbres. » Les curieux trouveront une description, un peu plus longue, du château de Navarre dans la *Géographie de la France*, de Dumoulin, 1764, t. ii, p. 97 ; elle a été reproduite par le président d'Avannes dans ses *Esquisses sur Navarre*, 1839, p. 346.

La construction de ce superbe château occasionna de grandes dépenses et, afin d'y faire face, Godefroy-Maurice se mit à emprunter. Mais son fils, le duc d'Albret, devenu l'aîné par la mort du prince de Turenne, résolut de ruiner son crédit, de peur que la fortune des Bouillon ne fût trop endommagée par la suite. Ayant fait le voyage de Turenne pour en rapporter le présent dû aux fils aînés du seigneur la première fois qu'ils y allaient, il avait trouvé dans les archives du vieux château le testament du maréchal de Bouillon, son bisaïeul, fait à Sedan le 17 mai 1613 (imprimé dans Baluze, *Histoire généalogique*, t. II. p. 799) et qui réglait à jamais la transmission de tous les biens de famille d'aîné en aîné, sans qu'aucune partie en pût être distraite par aliénation ou par legs. Sans doute ce reglement était contraire à l'Ordonnance de Blois, portée en 1561, et qui avait réduit les substitutions à trois degrés au plus. Mais, poussé par son beau-père, le duc d'Albret n'en porta pas moins le testament au lieutenant-civil et il fit présenter au duc de Bouillon, en son château de Navarre, un exploit par un huissier à la chaîne (juillet 1698). Le procès s'engagea aussitôt. Le duc de Bouillon eut pour lui l'opinion publique et, ce qui valait encore mieux, Louis XIV, qui prit nettement son parti. Il finit donc par gagner sa cause, en 1707 ; mais par les procédures et par l'éclat qui fut fait, le duc d'Albret avait écarté les prêteurs et c'était tout ce qu'il voulait. Les nombreux factums et mémoires qui furent publiés en cette circonstance, se trouvent à la *Bibl. nat.*, mss *Clairambault*, 1115. On trouve également sur cette affaire des renseignements copieux dans les *Mémoires de Saint-Simon*, et surtout dans le *Journal de Dangeau*, t. VI, p. 379, 386 ; t. VII, p. 62, 105, 121, 409, 449 ; t. XI, p. 74, 276, 309, 346, 360.

L'orgueil héréditaire des Bouillon engagea Godefroy-Maurice dans un grand procès avec la maison de Noailles, dont les principales terres étaient situées dans la vicomté de Turenne. « Le procès, dit Saint-Simon en l'année 1697, resta pendant nombre d'années, et reprenait par élans, avec une aigreur extrême et jusqu'aux injures. » Il venait de ce que le duc de Bouillon avait dit que le grand-père du duc de Noailles avait servi de maître d'hôtel dans sa maison. On peut consulter sur ce point la lettre de Mme de Grignan à son mari, du 22 décembre 1677, celle de Mme de Sévigné au comte de Guitaut, du 23 décembre, et la *correspondance de Bussy-Rabutin*, t. IV, p. 43. « Cette affaire pourra bien durer jusqu'à la vallée de Josaphat, » c'est-à-dire jusqu'au jugement dernier, disait alors Mme de Sévigné. Les deux maisons de Bouillon et de Noailles « se crachèrent de part et d'autre toutes les ordures dont elles purent s'aviser. » (Cf. les *Annales de la Cour*, t. II, p. 300). Aux Bouillons qui ravalaient leur famille, les Noailles répondaient en rappelant l'hérésie et les révoltes des Bouillons. Enfin les Noailles l'emportèrent, grâce à leur crédit auprès du roi et ils forcèrent les Bouillons à signer une transaction en 1693. Le duc de Bouillon prit sa revanche en 1707 : il brûla le maréchal de Noailles en effigie de paille et de carton, à califourchon sur le petit château d'Ayen (1).

_____

(1) La maison de Bouillon aurait eu raison, si l'on en croit le très curieux *Mémoire pour le Parlement contre les ducs et pairs, présenté à Monseigneur le duc d'Orléans régent* (réimpr. à la suite du *Journal de Barbier*, édit. de 1885, t. VIII, p. 386-196) : « Les Noailles viennent d'un domestique de Pierre-Roger, comte de Beaufort, vicomte de Turenne, qui les anoblit et érigea en fief un petit coin de la terre de Noailles, dont il était sorti. Les Montmorin en ont le titre, qu'ils n'ont jamais voulu donner au duc de Bouillon durant leur querelle. (François II) de Noailles, évêque d'Acqs (Dax), acquit des Lignerat une portion de la terre de Noailles en 1556, et en 1559 il acheta l'autre et le château. La famille de Montmorin conserve encore une tapisserie où un Noailles présente les plats sur la table. La tige de cette famille si arrogante est bien basse ! » Ajoutons toutefois que le mot domestique

Rappelons enfin que Godefroy-Maurice fut *réellement* duc de Bouillon. Le duché lui fut rendu par Louis XIV, après la prise du château par le maréchal de Créquy. Il en fit prendre possession le 15 juin 1678. (Cf. nos *Sièges fameux de Bouillon*, 1892, p. 34-43).

Saint-Simon nous a laissé un portrait curieux de la *duchesse de Bouillon*, dans une *Addition au Journal de Dangeau*, t. xv, p. 168 : « Quoique la moins déraisonnable et la plus heureuse de toutes les Mancini, sa vie avoit été d'autant plus libre qu'elle étoit échue au meilleur et au plus commode de tous les maris. Avec le plus aimable visage, elle avoit beaucoup d'esprit et fort orné de toutes sortes de lectures, un esprit mâle, hardi, entreprenant, dominant et qui avoit dominé toute sa vie, beaucoup de hauteur en tout genre : et quoique répudiée du commerce de toutes les femmes qui ne vouloient pas se perdre tout à fait de réputation, elle avoit su se former une Cour des autres et de tout ce qu'il y avoit de plus distingué en hommes par l'esprit ou par l'éclat extérieur ; grand jeu et toutes sortes de jeux, surtout la bassette ; grande table soir et matin : une grande dépense toute à part de celle de son mari, en revenus uniquement pour elle et en officiers qui n'etoient qu'à elle. Elle sortoit le moins qu'elle pouvoit de chez elle, par grandeur, et elle y tenoit un tribunal où tout le monde comptoit. Elle avoit été plusieurs fois exilée, tant sur son compte à elle que sur celui de son mari, dont toute la famille et lui-même étoient en respect devant elle, et pour pas un desquels elle ne se contraignoit en rien. On pouvoit dire avec raison que c'étoit la *reine de Paris* et des lieux où elle fut exilée... Ménagée et crainte de tout le monde, avec un art de plaire et une politesse avec dignité conduite par un grand savoir-vivre, et qui ne manquoit point à ce qu'elle devoit pour qu'on ne lui manquât pas à elle-même, mais avec un reste du temps passé, rehaussé de princerie, qui sabroit souvent ce qui n'étoit pas titré... M. de Bouillon, toujours à la Cour, ne la voyoit guère ; elle n'y alloit qu'aux occasions ou, s'il n'y en avoit point, une fois ou deux dans l'année. C'étoit une nouvelle : on l'entendoit parler de deux pièces en arrivant chez le roi ; elle étoit à son souper et, si le roi, qui la craignoit et ne l'aimoit point, ne lui disoit rien à ce cercle d'un moment, debout, qu'il tenoit au sortir de table en passant dans son cabinet, elle l'attaquoit de conversation. Le courtisan faisoit partout foule autour d'elle ; c'étoit la même chose le lendemain à la toilette ; couchoit et mangeoit dans l'appartement de M. de Bouillon, voyoit Madame, puis s'en retournoit. Monsieur l'aimoit fort et l'alloit voir souvent à Paris et elle au Palais-Royal, et beaucoup plus à Saint-Cloud, où elle alloit presque toujours avec lui... Elle n'avoit d'égards pour M. de Bouillon qu'une épiderme de bienséance et ne se contraignoit point de montrer tout le mépris qu'elle avoit pour lui. Il en avoit toujours été amoureux, et cet amour, de concert avec son peu d'esprit et sa bonhomie lui avoient fermé les yeux à tout ce qu'elle ne s'étoit jamais embarrassé de cacher, ni à lui, ni à personne. Un coup de sang lui fit enfin justice, et sans avoir été malade ; en arrivant de Paris dîner avec lui à

n'avait pas alors le sens étroit qu'il a de nos jours ; il désignait une personne attachée à une grande maison, soit comme écuyer, comme dame d'honneur, etc.

Clichy, où il étoit venu prendre du lait de Versailles pendant quelques jours, elle tomba morte précisément à ses pieds, » le 20 juin 1714 (1). Il est vrai qu'elle faisait fréquemment des excès de table. (Cf. sur ce point un passage de la lettre écrite, à l'occasion de sa mort subite, par la princesse des Ursins au maréchal de Tessé, le 14 juillet 1714, dans A. Jal, *Dictionnaire critique*, p. 831).

Il y a deux siècles de Louis XIV, suivant la remarque si juste et si pénétrante de Sainte-Beuve dans son article sur l'abbé de Chaulieu (Cf. ses *Causeries du Lundi*, t. I, p. 460) : l'un noble, majestueux, officiellement compassé, représenté par le roi en personne, par ses orateurs et ses poètes en titre ; l'autre plus naturel, trop naturel même, qui coule dessous, pour ainsi dire, comme un fleuve coulerait sous un large pont, et qui va de l'une à l'autre régence, de celle d'Anne d'Autriche à celle de Philippe d'Orléans. Les duchesses de Mazarin et de Bouillon et tout leur monde, les mécontents et les moqueurs de tout bord, furent pour beaucoup dans cette transmission d'esprit d'une régence à l'autre, de l'esprit libre et hardi des épicuriens qui fait à de certains moments de la société de cette époque comme une élégante bacchanale.

La duchesse de Bouillon tient sa Cour dans l'hôtel qui fut bâti par François Mansart pour le trésorier de l'Épargne, Macé Bertrand de La Bazinière, et dont elle a dû faire l'acquisition vers 1670. C'est aujourd'hui le n° 17 du quai Malaquais ; il était alors regardé comme l'un des plus magnifiques de Paris. L'*hôtel de Bouillon*, dit Amédée Renée, l'historiographe des *Nièces de Mazarin*, 1856, p. 459, s'élevait entre cour et jardin avec deux ailes en retour sur le quai, terminées par des pavillons percés de deux arcades séparées par des pilastres doriques et ornées de balustrades à hauteur d'appui. La porte d'entrée, cintrée, s'ouvrait au milieu d'un mur orné de refends en bossages qui supportait une terrasse reliant ces deux pavillons. Le jardin avait été décoré par Le Nôtre de parterres en broderie et de bassins à jets d'eau. Les appartements étaient grands et richement ornés ; on remarquait surtout un cabinet, du côté du jardin, peint par Charles Lebrun, où l'on voyait Apollon sur le Parnasse, entouré des arts et des sciences. L'appartement de la duchesse était du côté de la rivière, fort orné de peintures et de dorures avec quelques tableaux de prix ; son cabinet était garni de bijoux précieux, de porcelaines, de vases de cristal

(1) Voici une anecdote qui jette un jour curieux sur l'éducation que Mazarin donnait à sa petite nièce et que Amédée Renée raconte d'après les *Mémoires d'Hortense Mancini* (publiés à la suite des *Œuvres de M. l'abbé de Saint-Réal*, 1732, t. II, p. 505-587) : La Cour se trouvait à La Ferté. Le cardinal, une après-dînée, se mit à plaisanter sa nièce sur ses galants ; il alla jusqu'à lui dire qu'elle était grosse. Marie-Anne se fâcha tout rouge ; et l'oncle de s'en amuser, si bien qu'il continua la plaisanterie. On rétrécit les robes de l'enfant pour lui faire croire que sa taille s'arrondissait ; ses colères divertissaient la Cour. Il n'était question que de son prochain accouchement et Marie-Anne, un beau matin, trouva dans ses draps un enfant qui venait de naître. Il lui fallut bien convenir alors de sa maternité ; elle jeta des cris de désespoir et fit longtemps chorus avec son nouveau-né ; elle assurait fort qu'elle ne s'était aperçue de rien. La reine alla faire sa visite de cérémonie à l'accouchée et voulut être marraine. Toute la Cour, en grande pompe, vint la voir et défiler devant son lit, selon l'étiquette. Ce fut un divertissement public, dit sa sœur Hortense, qui avait alors neuf ans (elle était née en 1646) et qui était au courant de la chose. On pressa fort Marie-Anne de déclarer le père de l'enfant, et elle répondit que ce ne pouvait être que le roi ou le comte de Guiche ; car elle ne voyait ue ces deux hommes-là qui l'eussent embrassée.

do roche, etc. (Cf. G. Brice, *Description de Paris*, 1717, t. III, p. 271). La duchesse de Bouillon tenait de son oncle un goût prononcé pour les curiosités et objets d'art ; aussi son nom se trouve-t-il parmi ceux des *Fameux curieux et dames curieuses des ouvrages magnifiques*, publiés par le *Livre commode contenant les adresses pour la ville de Paris*, de 1692, p. 64. Cet hôtel (1) resta longtemps la propriété de la famille de Bouillon ; mais il fut modifié à différentes reprises, et enfin complètement reconstruit. (Cf. Girault de Saint-Fargeau, *les quarante-huit quartiers de Paris*, p. 433).

Avant d'acheter l'hôtel du quai Malaquais, la duchesse de Bouillon habitait, pendant les nombreuses absences de son époux, le château de Château-Thierry. C'est là que La Fontaine lui fut présenté et l'on sait qu'il devint bientôt l'un des familiers de la maison de Bouillon. La duchesse a toutefois été dupe de la bonhomie du poète, quand elle disait que « les fables poussaient sur ce *fablier*, sans méditation de sa part, comme les pommes sur le pommier. » On sait que La Fontaine entreprit ses *Contes* (en 1664) pour lui plaire ; il est vrai qu'il les continua de tout temps pour se complaire à lui-même, suivant l'expression malicieuse de Sainte-Beuve (*Causeries du Lundi*, t. VII, p. 324). Il lui dédia son poème de *Psyché*, qui parut en 1669, et, en 1682, le poème du *Quinquina* qu'elle lui avait ordonné de composer. (Cf Walckenaer, *Mémoires sur La Fontaine*, t. II, p. 18 et suiv.). *La raison*, dit le poète,

> La raison me disait que mes mains étaient lasses ;
> Mais un ordre est venu, plus puissant et plus fort
> Que la raison. Cet ordre, accompagné de grâces,
> Ne laissant rien de libre au cœur, ni dans l'esprit,
> M'a fait passer le but que je m'étais proscrit.
> Vous vous reconnaissez à ces traits, Uranie ?
> C'est pour vous obéir, et non point par mon choix,
> Qu'à des sujets profonds s'occupe mon génie,
> Disciple de Lucrèce une seconde fois.

Ce poème, qui est une œuvre poétique assez faible, contribua beaucoup à donner au quinquina un grand crédit ; on peut consulter sur ce point deux articles des *Nouvelles de la République des Lettres*, de Bayle, le 11e art. du mois de février, et le 8e du mois d'avril 1685. Mais là ne s'est pas bornée l'influence de la grande dame sur le poète. Ouvrez en effet les œuvres complètes de La Fontaine ; que de lettres sont adressées à Marie-Anne

---

(1) Voici la description des peintures que renfermait au XVIIe siècle l'hôtel de Bouillon, d'après le *Voyage pittoresque de Paris* par M. D (A.-N. Dezallier d'Argenville), 5e édit., 1770, p. 400 : On y voit deux des plus beaux tableaux de *Claude Le Lorrain*. Ce sont deux paysages ornés de figures de sa main qui lui font honneur. L'un est un port de mer avec un portique d'architecture et un clair de lune qui occasionne un beau reflet ; l'autre offre un site agréable, embelli d'animaux et de figures dont les danses inspirent la gaieté. ► Un tableau d'animaux, par *Nicasius* (Bernaert, d'Anvers). — Un berger avec des moutons, de *Téniers*. — Le portrait du cardinal de Bouillon, doyen du Sacré-Collège, tenant le marteau qui sert à ouvrir la Porte-Sainte dans le temps du jubilé ; il est assis et les ducs d'Albret et de Bouillon, comme deux génies, l'accompagnent. *Rigaud* (Hyacinthe, de Perpignan, le Van Dyck français) a point ce beau morceau. — Quatre grands tableaux de *Snyders*, dont les figures sont de Rubens et de Jordaens. — Un des plafonds de cet hôtel, avant sa reconstruction, était orné de dix-huit tableaux de *Le Sueur*, dont quatorze représentent l'histoire de Médée et de Jason. Ils sont de la première manière de ce peintre et ont été enlevés par *Riario* de dessus le plâtre et remis sur toile avec beaucoup d'intelligence.

Mancini, lettres pleines d'élégance et de vivacité gracieuse et qui semblent dénoter une véritable affection. Le poète fait comme une revue enthousiaste de ses beautés : il vante sa taille, ses belles mains, ses petits pieds qu'elle aimait à laisser voir, son teint superbe et sa magnifique chevelure. Pour lui, dit-il (Cf. la *Lettre à Madame la duchesse de Bouillon*, édit. Walckenaer, t. VI, p. 491), en des vers qui sont vraiment le chef-d'œuvre de la galanterie respectueuse,

> La mère des Amours et la reine des Grâces,
> C'est Bouillon, et Vénus lui cède ses emplois.

Ailleurs, il chante les grâces

> D'une aimable et vive princesse
> A pied blanc et mignon, à brune et longue tresse ;
> Nez troussé, c'est un charme encor, selon mon sens ;
> C'en est même un des plus puissants.

Cependant le duc et la duchesse de Bouillon sont enveloppés, en 1685, dans la disgrâce de leur fils, le prince de Turenne, et du cardinal de Bouillon, que la médisance ou la calomnie accusait de vivre dans une trop grande intimité avec sa belle-sœur. Au mois de juillet 1687, la duchesse se décide à passer en Angleterre pour voir sa sœur Hortense, qu'elle n'avait pas vue depuis quinze ans. Dans une longue lettre, où il entremêle les vers avec la prose, et datée de Paris, au mois de novembre 1687 (édit. Walckenaer, t. VI, p. 526 et suiv.), La Fontaine se plaint à la duchesse de ce que les Anglais la retiennent trop longtemps. « Je suis d'avis qu'ils vous rendent à la France avant la fin de l'automne, et qu'en échange nous leur donnions deux ou trois îles de l'Océan. S'il ne s'agissait que de ma satisfaction, je leur céderais tout l'Océan même.

> Vous excellez en mille choses,
> Vous portez en tous lieux la joie et les plaisirs ;
> Allez en des climats inconnus aux Zéphyrs,
> Les champs se vêtiront de roses.

Mais il faut nous borner. Surprise en Angleterre par la Révolution de 1688, elle fut rapatriée en mars 1689 sur un yacht que le prince d'Orange avait mis à sa disposition. On peut consulter sur ce retour le *Journal de Dangeau*, t. II, p. 167, 307, 331 et 358. Elle se rend ensuite à Rome, où son frère, le duc de Nevers et son beau-frère, le cardinal de Bouillon, lui ménagent une hospitalité aussi fastueuse et aussi élégante que celle qu'elle avait trouvée en Angleterre. Le marquis de Coulanges donne beaucoup de renseignements sur son séjour. (Cf. les *Mémoires de Coulanges*, p. 210 et suiv.). Mais l'exil a pris fin et la famille Bouillon reçoit l'autorisation de rentrer à la Cour, au mois d'août 1690. (Cf. le *Journal de Dangeau*, t. III, p. 204 et 585).

Si la duchesse de Bouillon a encouragé La Fontaine (1), il faut dire aussi

---

(1) Les rapports de la duchesse de Bouillon avec un autre poète, l'abbé de Chaulieu, l'intendant des Vendôme, auraient pu facilement fournir l'objet d'un long paragraphe. Les poésies du poète normand sont en grande partie adressées à celle qu'il nomme continuellement *la divine Bouillon*. Il fut en effet son adorateur fervent et... infortuné, si l'on en juge par sa correspondance, car sa prose est aussi enthousiaste que ses vers. En voici un passage qui nous montre le goût violent de Marie-Anne Mancini pour les bêtes : « Vous avez laissé mourir

qu'elle s'est compromise devant la postérité par la protection dont elle honora Pradon contre Racine. Quand la *Phèdre* de Racine fut représentée, elle loua la salle pour six représentations et fit tomber la pièce. Elle collabora sans doute aussi au fameux sonnet où l'on chantait la défaite du poète de la jeune Cour. (Cf. Deltour, *Les ennemis de Racine au XVII⁰ siècle*, chap. VI).

Enfin, elle s'est compromise aux yeux de ses contemporains par ses relations avec La Voisin. Elle aurait eu le beau rôle dans cette affaire, si l'on en croit M⁰⁰ de Sévigné. (Cf. l'édit. Mommerqué, t. VI, p. 230, lettres du 26 janvier et du 2 février 1680). Elle avait demandé à La Voisin, raconte la spirituelle marquise, « un peu de poison pour faire mourir un vieux mari qu'elle avoit qui la faisoit mourir d'ennui et une invention pour épouser un jeune homme qui la menoit sans que personne le sût ; » et le reste. Le jeune homme en question était le grand prieur de Vendôme, né en 1655 de sa sœur aînée, Laure Mancini, et dont les mœurs libertines sont assez connues. En réalité elle a joué un rôle fort modeste devant la Chambre de l'Arsenal, qui connaissait du procès. (Cf. en effet son interrogatoire dans les *Archives de la Bastille*, p.p. Fr. Ravaisson, t. VI).

Marie-Anne Mancini exagérait encore l'orgueil des Bouillons (1). « Monsieur, rapporte le duc de Luynes dans ses *Mémoires*, t. X, p. 404, lui avoit proposé M⁰⁰ de Clérembaut pour son fils ; mais la duchesse n'a point voulu d'une

le miracle des rieuses ; la charmante Dorine — une guenon de Siam — est morte, et morte par le plus sinistre accident du monde, et cela par la main d'un cruel assassin. Je n'aurais jamais cru qu'elle eut été gibier de garde-chasse... »
Et ailleurs :
.................« Ah ! *divine princesse,*
Si vous sentiez pour moi quelque heureuse faiblesse !
Je vous avouerai de bonne foi que je ne m'en étais encore aperçu, et il faut que vous ayez pris un grand soin à me le cacher. Il m'est arrivé pourtant mille disgrâces devant vous ; vos chiens m'ont mangé la main, la guenon m'a mordu, Messieurs de Vendôme m'ont brûlé une perruque et déchiré mon manteau, sans que vous ayez donné la moindre marque que cela vous touchât un peu au cœur. » (*Lettres de Chaulieu*, édit. 1733, in-8°, t. I, p. 468 et 486).

(1) On trouve de nombreux renseignements sur l'enfance et la jeunesse de Marie-Anne dans le volume si intéressant de M. Lucien Percy, *le Roman du Grand Roi, Louis XIV, et Marie Mancini*, 1894, in 8°, *passim*. Son arrivée à la Cour en janvier 1656 — elle avait alors six ans — est relatée par Loret dans sa *Muse historique*. Elle devint très vite la favorite du cardinal et de la reine par sa gentillesse, sa gaieté et ses étonnantes réparties. Pendant les diverses absences de son oncle, le cardinal, elle lui écrit des lettres en vers, un peu extravagantes et dans lesquelles elle se livrait à toutes les fantaisies de son esprit original. Voici comment elle termine une de ses lettres en 1657 :
Aimez-moi plus que personne,
Je serai votre friponne.
Je suis toujours la même Marianne,
Qui n'est pas un âne !
Elle joue volontiers et perd souvent. Aussi demande-t-elle souvent de l'argent à son oncle et presque toujours dans les mêmes termes : « Pour nouvelle de ce pays, écrit-elle de Brouage en 1659, c'est que les jours nous paraissent fort longs et l'argent court. »
Mais elle attrape la rougeole en revenant à Paris et, le 9 février 1660, se plaint audacieusement au cardinal que personne n'ait fait prendre des nouvelles de sa santé,
Et si le mal qui m'a tourmenté
N'avait point changé ma beauté,
Mais il faudrait bien des choses
Pour faire cette métamorphose.
Ce sont des fleurs nouvelles écloses
Qui ne changeront point de longtemps,
Puisqu'il me perce encore des dents.
Mais mon esprit est si savant
Que je ne suis plus une enfant ; etc., etc.

fille de domestique. » Le père en effet avait été maître d'hôtel, puis premier
écuyer d'Henriette d'Angleterre. Or la fille de domestique épousa en 1090
le duc de Luxembourg qui était moins fier ; elle lui apporta une dot de
700,000 livres avec 100,000 livres de pierreries.

Pour en finir avec l'orgueil des Bouillons, rappelons leur affaire avec la
duchesse douairière de Hanovre. Cette princesse, sœur cadette de la
princesse de Condé et cousine-germaine de la dauphine, était veuve de
Jean-Frédéric de Brunswick-Zell, duc de Hanovre ; elle vivait à Paris avec
ses deux filles, mais sans fréquenter la Cour. Elle avait toujours un grand
train chaque fois qu'elle sortait. Le 5 janvier 1692, elle rencontra dans la
rue la voiture de Madame de Bouillon, que ses gens firent ranger avec une
grande hauteur. Comme elle ne s'excusa point de cette impolitesse, le duc
de Bouillon et ses deux frères résolurent de la mortifier. Ayant appris
qu'elle devait assister à la Comédie, ils s'y rendirent avec une nombreuse
livrée. A la suite d'une querelle d'allemand, les gens de la duchesse de
Hanovre sont battus à outrance, les harnais de ses chevaux coupés et son
carrosse maltraité. L'allemande se plaignit à Louis XIV qui ne voulut point
se mêler de l'affaire et elle se retira peu après en Allemagne. (Cf. sur ce
conflit le *Journal de Dangeau*, t. IV, p. 4 ; les *Mémoires de Saint-Simon*,
t. I, p. 110 ; la *Corresp. générale de Madame de Maintenon*, t. III, p. 321 ;
les *Mémoires du duc de Luynes*, t. II, p. 170).

La duchesse de Bouillon donna à son mari dix enfants, cinq fils et cinq
filles.

1° *Louis-Charles de La Tour* (1664 † 1692), dit le *prince de
Turenne*, grand-chambellan de France en survivance, épouse, par
contrat passé le 22 février 1691 au château de Versailles en présence de la famille royale, *Anne-Geneviève de Lévis-Ventadour*
(1673 † 1727), fille unique de Louis-Charles de Lévis, duc de
Ventadour, pair de France, et de Charlotte-Éléonore-Madeleine
de La Motte-Houdancourt, qui ne lui donna pas d'enfant.

Au dire de Saint-Simon, ce prince avait « tout l'esprit de sa famille. » Il
fut tenu sur les fonts de baptême, dit Baluze, qui lui consacre une étude
fort élogieuse (*Hist. généal.*, t. I, p. 465-468), par le roi et la reine-mère.
Il porta d'abord le nom de comte d'Évreux, puis, après la mort de son grand-
oncle, celui de prince de Turenne. « Ses premières années ne donnèrent pas
une grande idée de son esprit, défaut qu'on a remarqué en beaucoup de
grands personnages, tant anciens que modernes. » Il fit d'excellentes études
chez les Jésuites et soutint brillamment ses thèses publiques de philosophie
qu'il dédia au roi (1679) (1) ; il apprit en outre les mathématiques et le droit
civil.

(1) Le prince de Turenne offrit sa thèse à Louis XIV. On sait que la thèse formait d'ordinaire une grande feuille in-folio, ornée de gravures. Celle du prince de Turenne (qui se trouve
actuellement dans la collection de M. Lhôte, de Châlons) est d'une forme tout exceptionnelle :
elle se compose de quinze feuillets. Le premier est un riche frontispice. Le deuxième donne le
portrait du roi, médaillon soutenu par un guerrier vêtu à la romaine et par une femme, avec
cette devise : *Victori pacifico*. Les autres feuilles reproduisent les scènes suivantes : Passage

Le 27 janvier 1682, il prêta serment pour la charge de grand chambellan, dont il eut la survivance pour l'exercer conjointement avec son père. Le 4 juillet 1683, il alla voyager et prit congé du roi qui lui donna une pension de 3,000 écus ; on l'accusait d'être débauché et libertin. Il revint au premier bruit de guerre et assista au siège de Luxembourg (28 avril-4 juin 1684), à la tête de son régiment d'infanterie. Revenu à la Cour, il recommença, dit Baluze qui connaît l'art des euphémismes, par une conduite assez peu réglée à se faire des ennemis. En réalité, il manquait totalement de respect, même envers Louis XIV. Un matin, le 30 septembre 1684, rapporte Saint-Simon (*Addition au Journal de Dangeau*, t. I, p. 76), en donnant la chemise au roi, il ne prit pas la peine d'ôter ses gants à frange, de laquelle il donna par le nez fort rudement au roi, qui le trouva aussi mauvais qu'il est aisé de croire. « Alors, lit-on dans la *France devenue italienne* (réimpr. à la suite de l'*Histoire amoureuse des Gaules*, de Bussy-Rabutin, édit. P. Boiteau, t. III, p. 489-491), Sa Majesté, perdant le sang-froid qui est si admirable en lui qu'on ne l'a jamais vu se mettre en colère, dit d'un ton furieux qu'il devait prendre garde un peu mieux à ce qu'il faisait ; qu'il semblait, quand il était auprès de lui, qu'il fit toutes choses par nonchalance ; qu'il apprît que c'était le plus grand honneur qui lui pût arriver et que sans la considération de son père et de son oncle et dont il révérait la mémoire, il le rendrait si petit gentilhomme qu'il y en aurait mille en France qui le vaudraient bien. Ce fut une grande mortification pour ce jeune seigneur. Il voulut s'excuser ; mais, le roi lui ayant tourné le dos, il fut obligé d'aller chercher ailleurs de la consolation ; et ce fut dans la débauche qu'il fut faire avec le comte de Brionne, le prince de Tingry et quelques autres seigneurs de son âge. » Ajoutons que le nom glorieux donné à ce jeune homme ne plaisait pas à tout le monde. Mme de Sévigné écrit à ce propos à sa fille (Cf. ses Lettres du 21 décembre 1689 et du 8 janvier 1690) : « Comment vous fait ce nom ? » et : « C'est pour dégrader ce nom que je ne dis pas Monsieur de Turenne tout court. »

Pour faire peau neuve, le prince de Turenne fit demander au roi par son oncle, le cardinal de Bouillon, l'autorisation d'aller faire la guerre en Pologne. Mais il changea d'avis en route et partit avec les deux princes de Conti pour se battre en Hongrie contre les Turcs dans les rangs de l'armée impériale ; il se signala au siège de Neuhausel et à la bataille de Gran. Or Louis XIV avait expressément recommandé aux deux Conti de ne pas aller en Hongrie. Et voilà que des lettres envoyées à la Cour par les jeunes princes sont saisies à la poste par ordre supérieur. Il s'y trouvait sans doute des considérations très libres sur la nature des relations que le roi entretenait

du Rhin. — Les villes bataves reçues à composition. — Prise de Maëstricht. — Les Séquanes réunis au royaume. — Prise de Bouchain. — Prise de Valenciennes. — Prise de Cambrai. — Occupation de Gand. — Prise d'Ypres. — La ligue des ennemis coalisés dissoute. — La Suède sous la protection du roi. — Paix de Nimègue. De plus, les côtés de chaque page, dont le texte de la thèse occupe le centre, sont ornés de médaillons et de sujets allégoriques divers.

Ce petit monument, du plus haut intérêt, est l'œuvre du graveur champenois Cossin. Ce graveur est en effet né à Troyes, le 8 janvier 1657, de Jehan *Coquin* et d'Elisabeth Derré ; mais, comme ce nom lui déplaisait et pour cause, il le transforma d'abord en *Cauquin*, puis en *Cossin*, qu'il écrivait parfois *Cossinus*. (Cf. la *Revue de Champagne et de Brie*, novembre 1882, p. 409).

avec Mme de Maintenon. Car à peine Louis XIV eut-il pris connaissance des
correspondances en question que, en dehors des punitions qu'il infligea aux
deux princes du sang, il cassa le régiment de Turenne, exila le cardinal de
Bouillon à Cluny et relégua M. et Mme de Bouillon à Evreux, sept. 1685.
(Cf. le *Journal de Dangeau*, t. I, p. 138 et suiv.; les *Mémoires de Sourches*,
t. I, p. 196 et suiv. Voir aussi l'article consacré plus haut au cardinal de
Bouillon).

A son arrivée en France, le prince de Turenne reçoit une lettre de cachet
qui lui ordonne de sortir du royaume. N'osant retourner en Hongrie de
peur de déplaire davantage à Louis XIV, il va en Morée servir dans l'armée
vénitienne. Il assiste aux sièges de Navarin, de Modon et d'Argos, et s'y
distingue sous les ordres de Kœnigsmarck, général de l'armée. Il revient
passer l'hiver à Venise, où la Sérénissime Seigneurie lui fait présent d'une
épée de diamants et lui offre de le nommer lieutenant-général de ses armées.
Mais il ne veut pas s'engager au service des étrangers et il continue à
servir les Vénitiens comme volontaire.

La campagne de 1687 lui fit beaucoup d'honneur et, à son retour, il se
distingua par un coup de maître. « On a appris, rapporte Dangeau, que
M. de Turenne, revenant de Morée dans un vaisseau vénitien assez
considérable, avoit trouvé un petit vaisseau françois; qu'il envoya faire
compliment au commandant du vaisseau, qui lui répondit qu'il alloit attaquer
le vaisseau vénitien s'il ne le saluoit. M. de Turenne l'envoya prier
d'attendre un instant, se mit dans une chaloupe et l'alla trouver pour être
sur le petit bâtiment françois, quand il attaqueroit le vénitien; mais le
vénitien fut sage et salua. Le procédé de M. de Turenne a été fort loué. »
(Cf. le *Journal de Dangeau*, t. II, p. 83).

En 1688, il acquit plus de gloire encore par une blessure, quoique légère,
qu'il reçut au siège de Négropont. En 1689, après la mort d'Innocent XI, il
vint trouver à Rome le cardinal de Bouillon. Quand le cardinal Ottoboni
(Alexandre VIII) eût été nommé pape, le prince de Turenne fut admis à son
audience; il fut traité comme on traite en cette Cour les enfants des princes
souverains, avec les mêmes honneurs que le pape Urbain VIII avait autrefois
rendus à son grand-père, Frédéric-Maurice. Le bon Coulanges, qui avait
accompagné le duc de Chaulnes à Rome, fréquentait chez les Bouillons et il
trouve que le jeune prince était changé à son avantage. « Il étoit poli, dit-il;
il étoit honnête et appliqué à faire plaisir; il avoit beaucoup d'esprit et la
valeur de sa race, dont il venoit de donner des preuves en Morée, dans
l'armée des Vénitiens, qui ne finissoient point sur ses louanges. Il faisoit
voir dans toute sa conduite une telle attention sur lui-même pour effacer la
mauvaise opinion qu'on avoit pu concevoir en France contre lui, en le
croyant trop adonné aux plaisirs et aux défauts auxquels les jeunes gens
peu circonspects ne s'abandonnent que trop, que, tant qu'il fut à Rome, il
fut toujours l'objet de notre admiration. » (Cf. les *Mémoires de Coulanges*,
1820, p. 62, 63 et 155).

Il quitta Rome avec la duchesse sa mère vers la fin d'août 1690. Comme
ils étaient en chemin, la duchesse reçut l'autorisation de retourner à la
Cour; quant au prince, il lui fut seulement permis de servir dans l'armée
que Catinat commandait en Italie. Il s'y rendit et put rentrer à la Cour

après la campagne. (Cf. les *Mémoires de Coulanges*, p. 212). Dangeau rapporte en effet, à la date du 25 novembre 1690, que le cardinal de Bouillon a vu le roi dans son cabinet et que M. de Turenne a salué aussi Sa Majesté et qu'il a commencé à faire sa charge de grand chambellan.

Le jeune prince était assagi par l'épreuve ; ses parents en profitèrent pour lui faire épouser l'héritière des Lévis-Ventadour. Tous les princes, dit Dangeau, allèrent à Paris à la noce, qui se fit chez la duchesse de La Ferté avec beaucoup de magnificence; Monsieur et Madame ont fait de très beaux présents de diamants à la mariée. (Cf. le *Journal de Dangeau*, t. III, p. 291 ; Cf. aussi la relation du *Mercure*, mars 1691, p. 144 et suiv.).

Le prince de Turenne sert comme aide de camp du roi pendant la campagne de 1691 et reste à l'armée après le départ du roi. C'est lui qui est chargé d'annoncer à Fontainebleau la nouvelle de la victoire de Leuze (9 septembre) et qui apporte les trente drapeaux pris sur l'ennemi. Pour le récompenser, le roi lui donne 1,000 louis d'or. Il se distingue également pendant la campagne suivante et, le 3 juillet 1692, il est fait brigadier de cavalerie. Mais son intrépidité lui est funeste et, à la bataille de Steenkerque, il est blessé mortellement. « Ce fut à cette bataille, dit justement Voltaire (*Siècle de Louis XIV, chap. XVI*), qu'on perdit le jeune prince de Turenne, neveu du héros tué en Allemagne ; il donnait des espérances d'égaler son oncle. Ses grâces et son esprit l'avaient rendu cher à la ville, à la Cour et à l'armée. » Le duc de Luxembourg lui rendit un hommage mérité dans sa *Relation de la bataille* (publiée en appendice dans le *Journal de Dangeau*, t. IV, p. 140). « C'est avec bien de la douleur, écrit-il, que je ferai ici l'éloge de M. de Turenne. Nous le trouvâmes aux gardes ; il étoit de jour, mais sa bonne volonté le portoit autant que son devoir partout où il y avoit quelque chose à faire. Ayant trouvé qu'il n'avoit fait que trop, je le renvoyai à sa brigade après la charge des gardes, mais malheureusement il la quitta et vint dans le poste qu'occupait Fimarcon, où il reçut la blessure qui fit perdre à Votre Majesté un homme qui l'auroit très bien servie. » Ajoutons que le *Mercure galant*, août 1692, p. 195-204, fit son éloge et que, sur la demande du cardinal de Bouillon, le P. Gaillard, jésuite, prononça, le 12 octobre 1693, à Cluny son *Oraison funèbre*, qui fut ensuite imprimée (1).

Son mariage n'avait pas été heureux. « Sa femme s'étoit fait connaître, dit

(1) Le *Discours sur la vie de Frédéric-Maurice de La Tour, etc., prince de Sedan, et sur les Mémoires publiés par M. de Langlade*, 1731, et dont l'auteur anonyme est Barthélémy Aubertin, est précédé d'un *Avant-Propos par M. V****, où se trouve un éloge très vif du jeune prince : « M. le prince de Turenne, dont la mémoire me sera précieuse tant que je vivrai et qui perdit la vie à ce malheureux combat de Steenkerque, n'auroit certainement en rien dégénéré de ses glorieux ancêtres. Il y a tout lieu même de présumer qu'il auroit un jour rassemblé en sa seule personne toutes les vertus civiles, politiques et militaires de son Bisayeul, de son Ayeul et de son Grand-Oncle, si la Parque n'avoit tranché le fil de ses jours dans le printems de son âge. Il joignoit à beaucoup d'esprit et de connoissance une grande valeur et il avoit donné des marques de sa bravoure dans tous les endroits où il avoit fait la guerre....... A l'assaut du fort Guillaume, au siège de Namur, ayant donné avec les grenadiers, il se trouva des premiers au haut de la brèche et fit prisonnier un officier des ennemis ; et, comme le peu de résistance que la garnison avoit faite faisoit soupçonner qu'il n'y eût des mines sous le bastion où il se trouvoit, il demanda à cet officier s'il y en avoit, lequel lui répondit qu'il n'y en avoit point. Sur quoi M. le prince de Turenne, se tournant vers son écuyer, lui dit en riant : « Nestin, gardez bien ce Monsieur, afin que, s'il nous ment, il en soit puni, en sautant avec nous. »

Saint-Simon, par tant de galanteries publiques qu'aucune femme ne la voyoit. » Le prince d'ailleurs ne lui était guère fidèle, s'il faut en croire *les Amours de Monseigneur le Dauphin avec la comtesse du Roure*, publ. à la suite de l'*Histoire amoureuse des Gaules*, édit. P. Boiteau, t. III, p. 194. « Le prince de Turenne est mort au lit d'honneur pour le service de la patrie, dit la princesse de Conti..... Ce fut le coup qui délivra la princesse de Turenne de tous ses chagrins, aussi bien que de son mari ; car elle n'attendoit que son retour pour se séparer de lui, à la seule occasion des amourettes qu'il avoit avec Madame du Roure ; et l'on dit même que, tout blessé qu'il étoit, il se souvint plutôt d'écrire à sa maîtresse qu'à sa femme. ».

La jeune veuve voulait se remarier avec son beau-frère, le chevalier de Bouillon, qu'elle trouvait fort à son gré. « Madame de Turenne, dit Dangeau, le 6 février 1693, a déclaré à Madame de Bouillon que son mariage n'avait pas été consommé avec M. de Turenne et qu'ainsi elle pouvoit en conscience épouser M. le chevalier de Bouillon et qu'elle prioit la famille de consentir à ce mariage-là. » (Cf. le *Journal de Dangeau*, t. IV, p. 232). Mais le chevalier de Bouillon fut envoyé à Evreux ; M. et Mme de Ventadour ne voulaient pas entendre parler d'un cadet fort peu accommodé. La veuve consolée se remaria, peu après, le 16 février 1694, avec Hercule-Mériadec de Rohan-Soubise, dit le prince de Rohan.

2o *Emmanuel-Théodose* (1668 † 1730), duc d'Albret, puis duc de Bouillon, qui suit.

3o *Jean-Baptiste-Godefroid-Maurice-Nicolas*, mort jeune.

Le duc de Bouillon, qui demeurait alors rue de la Cérisaye (1), le fit baptiser seulement le 29 mai 1680 ; l'enfant était âgé de dix ans depuis le 10 du même mois. (Cf. A. Jal, *Dict. crit. de biographie et d'histoire*, p. 830).

4o *Frédéric-Jules* (1672 † 1733), dit *le chevalier de Bouillon* (2), d'abord chevalier de Malte et grand-croix de son ordre en 1690, quitte l'ordre de Malte et, après la mort de son cousin, François-Egon de La Tour, prend le titre de *prince d'Auvergne*. Il épouse, le 17 février 1720, *Olive-Catherine de Trent*, fille de Patrice de Trent, chevalier baronnet d'Irlande, qui lui donne trois enfants morts en bas-âge.

Celui-ci est l'enfant terrible de la famille ; il est irrespectueux au delà de tout point. Le 23 décembre 1690, rapporte Dangeau, « M. et Mme de Bouillon ont envoyé M. le chevalier de Bouillon, leur fils, à Turenne, pour quelques discours qu'il avoit tenus d'une de leurs parentes. Le roi n'a point eu de

---

(1) La rue de la Cerisaie a conservé son nom ; elle se trouve dans les environs de la place de la Bastille, elle est coupée en deux tronçons par le boulevard Henri IV et fait communiquer la rue du Petit-Musc (anc. des Célestins) avec le boulevard Bourdon qui longe la gare de l'Arsenal.

(2) Le 6 mars 1677, Marie-Anne Mancini assiste à Saint-Sulpice au baptême de sa fille Marie-Élisabeth, née le 8 juillet 1666, et de son fils, Frédéric-Jules, né le 2 mai 1672. (Cf. A. Jal, *Dict. critique*, p. 830).

part à cela. » Saint-Simon va nous donner la clef de l'énigme. « Le chevalier de Bouillon, dit-il en *Addition*, menoit une vie fort débauchée et de tout point fort étrange. M. de Bouillon, ennuyé de ses déportements, lui en fit une forte romancine. Le chevalier (il avait alors 18 ans), l'écouta quelque temps, puis lui dit qu'il le trouvoit bien bon de se mettre si fort en peine de sa conduite, et bien plaisant de lui en parler avec tant d'autorité. M. de Bouillon, plus irrité que devant, lui répondit qu'il le trouvoit bien insolent, et s'il n'étoit donc pas son père et en droit de lui parler en père. « Vous, mon père ! lui répliqua le chevalier avec un grand éclat de rire ; vous savez bien que non et que c'est M. le grand-prieur, » et enfile aussitôt la porte. Voilà sans doute ce qui le fit envoyer à Turenne, sans que le roi s'en mêlât. » (Cf. le *Journal de Dangeau*, t. III, p. 264).

L'exil ne dura pas longtemps. Au mois d'octobre, le grand dauphin lui donne les entrées chez lui et, le 11 décembre 1692, le roi le nomme capitaine de vaisseau. Mais son métier l'ennuie et il cherche à faire rapidement fortune par un riche mariage. On vient de voir qu'il avait poussé sa belle-sœur, la princesse de Turenne, à demander sa main. En 1706, il se querelle dans un bal, au Palais-Royal, avec M. d'Entragues au sujet de la veuve de Barbesieux, que tous deux voulaient épouser. Mais le duc d'Orléans accommoda la querelle et la jeune veuve entra au couvent. (Cf. le *Journal de Dangeau*, t. III, p. 203, 410 ; t. IV, p. 209, 241 ; t. VIII, p. 340 ; t. IX, p. 40).

Il fréquente assidûment la société des libertins de la fin du règne de Louis XIV. La lettre suivante, qu'il écrivait en 1711 à l'abbé de Chaulieu, alors à Fontenay, nous renseigne sur ses habitudes épicuriennes : « Malgré votre peu d'attention pour moi, je ne puis m'empêcher, mon cher abbé, de vous assurer que vous n'avez point d'ami qui regrette si fort votre absence, et qui soit plus sensible à votre retour. Quand on a eu le plaisir de vivre avec vous, toutes les autres compagnies paroissent fort insipides ; je ne trouve presque partout où je vais que de languissantes conversations et de froides plaisanteries, bien éloignées de ce sel que répandoit la Grèce, qui vous rend la terreur des sots. Je fus voir hier, à quatre heures après midi, M. le marquis de La Fare, en son nom de guerre *M. de La Cochonière*, croyant que c'étoit une heure propre à lui rendre une visite sérieuse ; mais je fus bien étonné d'entendre dès la cour des ris immodérés et toutes les marques d'une bacchanale complète. Je poussai jusqu'à son cabinet et je le trouvai en chemise, sans bonnet, entre son *Rémora* et une autre personne de quinze ans, son fils l'abbé versant des rasades à deux inconnus, des verres cassés, plusieurs cervelas sur la table et lui assez chaud de vin. Je voulus, comme son serviteur, lui en faire quelque remontrance ; je n'en tirai d'autre réponse que : ou buvez avec nous, ou allez, etc. J'acceptai le premier parti et en sortis à six heures du soir quasi ivre-mort. » (Cf. Sainte-Beuve, l'art. sur *le marquis de La Fare*, dans les *Causeries du Lundi*, t. X, p. 404).

Mais Louis XIV meurt et voici venir, comme dit Voltaire,

Le temps de l'aimable Régence,
Où la folie, agitant ses grelots,
D'un pied léger courut toute la France,
Où l'on fit tout, excepté pénitence.

Le chevalier de Bouillon ou plutôt le prince d'Auvergne, comme on l'appelle désormais, donne au duc d'Orléans l'ingénieuse idée de créer des bals à l'Opéra, trois fois la semaine, où l'on ne puisse entrer qu'en masque et en payant et, comme les inventions doivent se payer, il reçoit 2,000 écus à toucher chaque année sur la recette. Le premier bal a lieu le 2 janvier 1716. Il devait être suivi de beaucoup d'autres. (Cf. le *Journal de Dangeau*, t. xvi, p. 235, 289).

Cependant il songe de nouveau à se marier. Dans les premiers jours de l'année 1716, on parle beaucoup de son mariage avec une Madame Bouchu, qui possède une fortune considérable ; mais, comme elle exige un douaire et qu'il ne peut lui en assigner un, tout est bientôt rompu. Il se console en spéculant sur le système de Law ; le 30 août 1719, il reçoit du régent une gratification de 10,000 écus et il place le tout en actions sur la Compagnie des Indes, qui sont alors à 400 livres. Au cours de ses spéculations, il fait la connaissance d'une aventurière irlandaise, du nom de Mlle Trent. « Elle avoit, dit Saint-Simon, dans une *Addition au Journal de Dangeau*, un esprit souple, liant et hardi, et surtout vouloit faire fortune. Elle attrapa lestement force Mississipi, donna dans la vue au prince d'Auvergne qui avoit tout fricassé et qui cherchoit à se marier sans pouvoir trouver à qui. Le décri où ses débauches et d'autres aventures fort étranges l'avoient mis, joint à sa gueuserie, n'épouvantèrent pas l'aventurière anglaise et la firent atteindre à ce mariage, au grand déplaisir des Bouillon. Elle a toujours depuis mené ce mari par le nez et a acquis avec lui des richesses infinies au Mississipi. » Le roi signa au contrat de mariage, le 13 janvier 1720 et, trois jours après, la noce se fit à l'hôtel de Bouillon, où les deux époux logèrent quelque temps, avant d'habiter la maison de la marquise de Maulévrier qu'ils avaient achetée 425,000 livres. (Cf. le *Journal de Dangeau*, t. xvii, p. 244 ; t. xviii, p. 90, 180, 206, 208).

La nouvelle princesse d'Auvergne trouva un beau jour à qui parler. On peut lire en effet dans le *Journal de Barbier*, édit. Charpentier, t. i, p. 272, les paroles grossières que lui adressa, en mai 1723, le cardinal Dubois, lequel ne se piquait pas de galanterie, et la plaisanterie cynique par laquelle le régent accueillit ses plaintes. Nous n'osons les reproduire. On peut encore consulter sur cette audacieuse intrigante le *Journal de Marais*, publié dans la *Revue rétrospective*, 2me série, t. ix, p. 270.

5° *Henri-Louis* (1679 † 1753), dit le *comte d'Evreux*, fit une brillante fortune dans l'armée : enseigne au régiment du roi en 1691, colonel du régiment du Blaisois en 1698, brigadier en 1702, maréchal de camp en 1704, lieutenant-général en 1708, il acheta la charge de colonel-général de la cavalerie légère à son oncle, le comte d'Auvergne, en 1705 ; il acheta en outre le gouvernement du Poitou en 1716 et celui de l'Ile-de-France en 1719. Il épousa, le 13 avril 1707, *Marie-Anne* (1695 † 1729), fille d'Antoine *Crozat*, seigneur du Châtel, de Moucy, de Vandeuil, etc., et de Marguerite Le Gendre, laquelle ne lui donna pas d'enfant.

Celui-ci est l'esprit sérieux de la famille de Bouillon (1). « En lui, dit Saint-Simon, s'étoit retiré tout le bon sens de sa maison ; ses vues, son ambition et le manège sourd, mais honnête, n'étaient pas médiocres. » (Cf. le *Journal de Dangeau, Addition*, t. XVII, p. 78). Comme il a sa fortune à faire, il débute en s'attachant au comte de Toulouse, qui n'a qu'un an plus que lui. C'était là un coup de maître ; on sait en effet l'affection que Louis XIV a toujours portée à ses enfants légitimés. En 1701, il obtient une pension de 2,000 écus, C'est M. le comte de Toulouse, rapporte Dangeau (t. VIII, p. 26), qui a demandé instamment cette grâce-là au roi pour le comte d'Evreux qui est fort de ses amis ; et quand le comte d'Evreux a remercié Sa Majesté, le roi lui dit : « Je suis bien aise de vous faire ce petit plaisir-là et en même temps d'en faire un grand au comte de Toulouse. » En 1703, il obtient le brevet de justaucorps bleu, qu'avait le duc de La Ferté.

Mais tout cela ne suffit pas ; il lui faut un établissement solide et comme les meilleures terres, suivant le mot dédaigneux de Madame de Grignan, ont quelquefois besoin de fumier, il épouse, le 3 avril 1707, Marie-Anne Crozat, la fille de Crozat le Riche et dont Barbier évalue la fortune à vingt millions. La jeune femme avait alors douze ans ; elle reçut en dot la valeur de deux millions. On comprend que la duchesse de Bouillon ait appelé sa bru son *petit lingot d'or*.

La fortune militaire du comte d'Evreux faillit être compromise par une imprudence de Crozat. En 1708, Louis XIV eut l'idée de confier le commandement de l'armée des Pays-Bas à son petit-fils, le duc de Bourgogne, et au duc de Vendôme, qui différaient « comme l'eau et le feu. » Cette malencontreuse combinaison nous valut la défaite d'Oudenarde (11 juillet). La conduite timide du duc de Bourgogne fut vivement attaquée par les partisans de Vendôme. Le comte d'Evreux servait dans cette armée ; il prit naturellement le parti de son cousin-germain. Il en résulta que, le 19 mars 1709, le comte de Toulouse lui dit, par ordre du roi, qu'il ne servirait point pendant la campagne. « On en a accusé, dit expressément la marquise d'Uxelles (Cf. sa lettre du 22 mars suivant dans la *Revue rétrospective*, t. VII), une lettre écrite à son beau-père, lequel la montra fort imprudemment pendant la campagne dernière, sur ce qui se passoit à l'armée, justifiant trop M. de Vendôme. » Vainement la duchesse de Bouillon écrivit à son fils pour lui

(1) L'*Avant-Propos* par M. V***, qui précède le *Discours* de B. Aubertin sur les *Mémoires de Frédéric-Maurice de La Tour*, etc. (V. plus haut, p. 85), s'exprime comme il suit sur son compte : « M. le comte d'Evreux marche à grands pas sur les traces de ses Ayeux ; j'ai entendu dire à quelques-uns qui avoient vu son Ayeul, qu'il lui ressembloit beaucoup de taille et de visage et à en juger par ce que l'on en voit et par ce que l'on en peut prévoir, on peut hardiment augurer qu'il leur ressemblera en tout, si les occasions lui donnent lieu d'employer tous ses talents. Feu M. le prince de Turenne, son frère, avoit conçu de lui une opinion très avantageuse. Je me souviens que je lui disois un jour : « Monseigneur, il me semble que M. le comte d'Evreux est bien taciturne et mène une vie bien retirée pour un seigneur de son âge. — Le comte d'Evreux, me répondit-il, ressemble au prince d'Orange, son trisayeul ; il fait provision de maximes et de réflexions pour s'en servir un jour, selon les occurences où il pourra se rencontrer. »

Il est vrai que M. V***, qui doit être B. Aubertin lui-même, fait très volontiers l'éloge de tous les Bouillons qu'il a connus : de Frédéric-Maurice, « qui avoit une égale passion pour la gloire, que M. de Turenne son frère, mais elle n'étoit pas si épurée ; » de Godefroy-Maurice, qui a « comme naturelle toutes les vertus morales qui font l'honnête homme ; » du comte d'Auvergne, qui « a passé, au jugement de tout le monde, pour un des plus vaillants hommes du royaume, et fort entendu à la guerre ; » etc.

demander une autre lettre, qu'on pût faire passer pour la première et le duc de Bouillon l'alla présenter au roi ; il se rencontra des gens charitables qui contèrent à Louis XIV le tour de politique et de prudence de Madame de Bouillon. (Cf. le *Journal de Dangeau*, t. XII, p. 358, 360 et 387 ; Cf. aussi les *Mémoires de Saint-Simon*, t. XII, p. 4 et 10).

Sous la régence, le comte d'Evreux entre dans le conseil comme colonel-général de la cavalerie légère et se mêle du détail des affaires qui regardent ce corps. Mais il ne reçoit pas d'appointements comme conseiller. Il voulait faire la charge, dit à ce propos Saint-Simon, acquérir par là de l'autorité dans la cavalerie et se pousser plus loin encore. (Cf. le *Journal de Dangeau*, t. XVI, p. 431).

Son mariage avec « le petit lingot d'or » ne fut pas heureux. « Le bruit courut en avril 1720, lit-on dans le *Journal de la Régence,* de Jean Buvat (publié par E. Campardon, t. II, p. 69), que le comte d'Evreux, après avoir gagné plus de cinq millions sur le négoce des actions de la Compagnie des Indes, avait rendu à M. Crozat, de la place Vendôme, les deux millions qu'il en avait reçus pour le mariage de sa fille qu'il avait épousée, étant alors âgée de douze ans, voulant, disait-on, faire annuler son mariage à cause de l'inégalité de sa naissance avec celle de la fille de M. Crozat, sans avoir égard à la beauté, à la jeunesse et à la sage conduite de son épouse. » Il n'en fut rien et Jean Buvat dut en être content. Le comte d'Evreux s'était d'ailleurs consolé de sa mésalliance en se liant vers 1700 avec sa cousine Louise-Bernardine de Durfort, qui avait épousé en 1696 le duc de Lesdiguières et qui eut le bonheur d'être veuve en 1703 ; cette liaison devait durer jusqu'à la mort de la duchesse de Lesdiguières en 1740. (Cf. les *Mémoires du duc de Luynes,* t. VIII, p. 148).

Ainsi dédaignée, la comtesse d'Evreux se consola également, en aimant... le diable, si l'on en croit les *Mélanges* de Bois-Jourdain, t. II, p. 313-319.

6° *Marie-Elisabeth* (1666 † 1725), dite *Mademoiselle de Bouillon.*

Elle resta fille et vécut en grande faveur à la Cour. Le 14 janvier 1693, elle est la seule dame qui accompagne la duchesse de Chartres, fille légitimée de Louis XIV, qui part pour Marly ; elle monte à cheval et prend part aux chasses. Le 17 juillet 1694, elle va de nouveau à Marly, et cette fois dans le carosse du roi. Elle assiste le 17 et le 20 octobre 1695 à la chasse du cerf à Fontainebleau. Elle devient alors la compagne préférée de la duchesse de Bourgogne. Son père d'ailleurs l'aime beaucoup et elle l'accompagne régulièrement dans ses voyages. « Madame de Bouillon, dit Saint-Simon, ne pouvoit souffrir Mlle de Bouillon qui ne quittoit point son père qu'elle gouvernoit et, quoique accoutumée à cette domination, elle trembloit devant sa mère. » Le duc de Bouillon avait obtenu un brevet de retenue de 100,000 écus sur son gouvernement d'Auvergne ; il les donna à sa fille bien-aimée. (Cf. le *Journal de Dangeau,* t. III, p. 222 ; t. V, p. 45, 294, 296 ; t. VI, p. 369 ; t. X, p. 257 ; t. XI, p. 360 ; t. XII, p. 4, 360, 452 ; t. XVII, p. 205). La lettre de Coulanges à Mmes de Sévigné et de Grignan, du 10 juin 1695, renferme un triolet

Pour Mlle *de Bouillon, absente :*

> *La voyez-vous ? Vous dites non.*
> *Hélas ! j'en dis autant moi-même.*
> *La belle et charmante Bouillon,*
> *La voyez-vous ? Vous dites non.*
> *Je ne la vois plus tout de bon,*
> *Celle que j'adore et que j'aime.*
> *La voyez-vous ? Vous dites non.*
> *Hélas ! j'en dis autant moi-même.*

7° *Mademoiselle d'Albret,* qui meurt au Port-Royal, à Paris, fort brusquement, le 16 septembre 1696 ; on croit que c'est d'apoplexie. (Cf. le *Journal de Dangeau,* t. v, p. 471).

« M. le cardinal de Bouillon, écrit le 22 juin 1695 Coulanges à Mmes de Sévigné et de Grignan, pour adoucir la destinée de ses nièces qui sont dans les couvents, au moins les deux dernières, car l'aînée est à la Cour, les mène à Saint-Martin(-de Pontoise) et se charge plus volontiers encore de Mlle d'Albret que de Mlle de Château-Thierry, en sorte que nous appelons la petite d'Albret Madame de Saint-Martin et que c'est elle qui en fait les honneurs ; et même en ce temps-ci elle préféra à Port-Royal de Paris une maison de religieuses de Pontoise, où elle demeure pendant les petits séjours que son oncle est obligé d'aller faire à Versailles et à Marly...... M. de Chaulnes s'apprivoisa avec la petite d'Albret ; il la trouva jolie et ne put même s'empêcher de lui dire, en sorte qu'en même temps je m'avisai de lui proposer de la prendre pour sa belle-fille : « Plût à Dieu ! dit le cardinal. — Plût à Dieu ! dit M. de Chaulnes, etc. » Le piquant de l'affaire, c'est que le duc de Chaulnes n'avait pas d'enfant.

Voici d'autre part le triolet fait par le même Coulanges

Pour Mlle *d'Albret, présente :*

> *La voyez-vous ? vous dites oui,*
> *D'Albret, cette belle princesse,*
> *(Car pour moi, j'en suis ébloui)*
> *La voyez-vous ? Vous dites oui.*
> *Ses yeux, son teint épanoui*
> *Inspirent certaine tendresse.*
> *La voyez-vous ? Vous dites oui,*
> *D'Albret, cette belle princesse.*

8° *Louise-Julie* (1679 † 1750), dite Mlle *de Château-Thierry,* épouse, par contrat passé le 21 juin 1698 au château de Versailles en présence de la famille royale, *François-Armand de Rohan* (1682 † 1717), dit le prince de Montbazon, fils aîné de Charles de Rohan, prince de Guéméné et de sa seconde femme, Charlotte-Elisabeth de Cochefilet de Vauvineux et ne lui donna pas d'enfant.

Donnons d'abord le triolet fait par M. de Coulanges

Pour Mlle de Château-Thierry, la plus belle et la plus jeune des trois sœurs,
qui est à Port-Royal, à Paris, et qui vient rarement à Saint-Martin.

> *Jeune et belle Château-Thierry,*
> *Vous tiendra-t-on toujours en cage ?*
> *Il n'est cœur qui n'en soit marri,*
> *Jeune et belle Château-Thierry.*
> *L'Oise, en attendant un mari,*
> *Vous demande sur son rivage.*
> *Jeune et belle Château-Thierry,*
> *Vous tiendra-t-on toujours en cage ?*

Louise-Julie de La Tour fut trouvée fort jolie, quand elle parut pour la première fois à la Cour, le 8 janvier 1697, dans l'entourage de la reine d'Angleterre. On commença à parler fort de son mariage dès le mois d'avril 1698. Le 21 juin suivant, sur les quatre heures de l'après-midi, ses fiançailles eurent lieu dans le cabinet du roi, sur la demande de « la belle Madame de Soubise, » qui avait toujours joui de la faveur de Louis XIV. Mlle de Bouillon portait la queue de la mante de la fiancée, quoique étant son aînée. Le roi et toute la maison royale signèrent au contrat, mais non le secrétaire d'État ; en outre, on ne mit pas dans le contrat que le roi donnait 100,000 livres à la fiancée, encore que le duc de Bouillon l'eût demandé. (Cf. le *Journal de Dangeau*, t. VI, p. 53, 327, 369). Les curieux pourront lire un article assez détaillé sur ce mariage dans le *Mercure* de juin 1698, p. 252-265.

On sait que la maison de Rohan, l'une des plus illustres et des plus anciennes de France, tire son nom de la terre de Rohan, qui est aujourd'hui un chef-lieu de canton du Morbihan. Son fondateur, qui vivait à la fin du XIme siècle, était le quatrième fils d'Eudon, vicomte de Porhoët et de Rennes et descendait ainsi des premiers souverains de la Bretagne. La branche aînée finit avec Jean II, vicomte de Rohan, comte de Porhoët, de Léon, etc., qui combattit pour Charles VIII à Saint-Aubin-du-Cormier et mourut en 1516. Son bisaïeul, Jean I de Rohan, avait épousé en secondes noces Jeanne de Navarre, fille du roi de Navarre, Philippe III et de Jeanne de France ; il en eut un fils, Charles de Rohan, qui reçut en héritage la seigneurie de Guémené et qui devint le chef de la branche des Rohan-Guémené (1). Cette branche acquit dans la suite les seigneuries de Montauban (près de Montfort-sur-Meu), de Rochefort-en-Yveline (près de Dourdan) et de Montbazon (près de Tours). Le sixième descendant direct de Charles, Louis VI de Rohan, prit le titre de prince de Guémené et en sa faveur Henri II érigea la baronnie de Montbazon en Comté par lettres de février 1547. En 1588, ce comté fut érigé, avec quelques seigneuries voisines, en duché-pairie sous le nom de Montbazon, en faveur du fils aîné de Louis VI. Mais le nouveau duc et pair mourut sans enfant et Henri IV rétablit la duché-pairie en faveur de son frère cadet, Hercule de Rohan, par lettres données en 1594 ; c'est l'arrière-petit-fils d'Hercule, Charles III de Rohan, qui est le père de François-Armand, époux de Louise-Julie de La Tour.

(1) Le fameux capitaine calviniste du temps de Louis XIII, Henri de Rohan, appartient à la branche de Rohan-Gié, dont le chef, Pierre de Rohan, sieur de Gié, maréchal de France, était le fils cadet de Louis I de Rohan, fils lui-même du fondateur des Rohan-Guémené. C'est en sa faveur que la vicomté de Rohan fut érigée en duché-pairie au mois d'avril 1603. Éteint par sa mort, le duché fut rétabli en décembre 1648 en faveur de son gendre, Henri Chabot.

Le jeune prince avait failli épouser à treize ans Mlle de Clérembault. (Cf. les *Mémoires de Sourches*, t. v, p. 99). Colonel du régiment de Picardie en 1702, brigadier au mois de juin 1708, il servit à Oudenarde et au siège de Landau. Sa femme lui donna un fils, qui mourut à l'âge de trois ans en 1703 ; elle avait failli mourir en couches. (Cf. le *Journal de Dangeau*, t. VIII, p. 221, 223).

Les deux époux furent l'objet de la faveur de Louis XIV et le jeune duc fut souvent désigné parmi les danseurs de la Cour. Ils eurent avec la duchesse de Mantoue une querelle d'étiquette, qui fit assez de tapage au mois de novembre 1709. Comme ils sortaient en carosse de chez Madame de Montauban et que les chevaux se trouvaient à moitié dans la rue, Madame de Mantoue survint avec son cortège et boucha la rue. Les écuyers descendent et s'en viennent au carrosse pour qu'on leur livre passage. Le duc de Montbazon répondit que, s'il avait été seul, il aurait volontiers reculé pour la moindre dame du monde, mais que Madame sa femme ne cédait point ; si bien que la duchesse de Mantoue, qui avait rang de souverain, dut se retirer. Elle en porta plainte au ministre Torcy ; de son côté, Madame de Montbazon en parla au roi. Mais la question ne fut pas tranchée et toutes deux conservèrent leurs prétentions. (Cf. le *Journal de Dangeau*, t. XIII, p. 67).

Le duc de Montbazon mourut de la petite vérole, le 26 juin 1717. Sa femme s'était enfermée avec lui, bien qu'elle craignît beaucoup cette maladie. Elle resta veuve avec un bien médiocre ; la plus grande partie de sa dot avait été mangée et son douaire n'était que de 8,000 livres. Il lui restait en outre, ajoute Dangeau (t. XVII, p. 109, 117), quelques pierreries achetées avec de l'argent qu'elle avait gagné au jeu.

9° et 10°. Deux filles mortes en bas-âge.

IX

Emmanuel-Théodose de **La Tour** (1668 † 1730), duc d'Albret, puis duc de Bouillon à la mort de son père, etc., grand chambellan et pair de France, gouverneur d'Auvergne, fut marié quatre fois et ses quatre femmes lui donnèrent des enfants.

Du vivant de son frère aîné, le prince de Turenne, on l'avait destiné à être d'église. Reçu dans l'ordre de Malte, le 10 avril 1670, et pourvu en 1677, à l'âge de dix ans, de l'abbaye cistercienne de Bonport, en Normandie, il reçut ensuite, en 1685, de son oncle, le cardinal de Bouillon, l'abbaye de Lyon, de la collation de Cluny, qui rapportait 10,000 livres de rente. Il fut reçu docteur en Sorbonne avec un grand apparat et fut présenté au Pape en 1690. (Cf. les *Mémoires de Coulanges*, p. 190). Il devint l'aîné de la famille par la mort du prince de Turenne, en 1692 ; il quitta aussitôt ses bénéfices pour prendre l'épée, tout en conservant le nom de duc d'Albret sous lequel on l'avait connu jusque-là. Il fit ses premières armes dans l'armée de Catinat, puis dans l'armée d'Allemagne comme aide de camp du grand dauphin.

Au dire de Saint-Simon, le duc d'Albret avait « beaucoup d'esprit et même fort orné, mais avec cela peu agréable. » On a vu plus haut, dans l'article consacré à Godefroy-Maurice de La Tour (parag. VIII), le long procès qu'il fit à son père pour l'empêcher d'endetter la maison de Bouillon, quand il faisait construire le château de Navarre; nous n'y reviendrons pas. Rappelons seulement que le duc de Bouillon avait demandé l'appui de Louis XIV contre son fils et, quand leurs affaires furent terminées, il eut grand'peine à faire revenir le roi de ses préventions contre lui.

Le duc d'Albret hérita de son père le gouvernement d'Auvergne et la charge de grand chambellan pour laquelle il prêta serment le 23 septembre 1715. Toute son histoire consiste pour ainsi dire dans l'histoire de ses mariages. Dans une lettre à Mme de Sévigné, Bussy-Rabutin reprochait au comte de Grignan « d'user trop de femmes, » (Cf. les *Lettres de Madame de Sévigné*, 1862, t. V, p. 389), et cependant le futur gendre de la marquise n'allait convoler que pour la seconde fois. Le duc d'Albret ne s'est pas contenté d'être *trium vir*, suivant le jeu de mots favori de Gui Patin (1) : il s'est marié *quatre* fois.

A. Le 31 janvier 1696, il épouse en premières noces *Marie-Armande-Victoire de La Trémoïlle* (1677 † 1717), fille de Charles-Belgique-Hollande de La Trémoïlle, duc de Thouars, chevalier des Ordres, et de Madeleine de Créquy.

Les deux époux étaient proches parents (Cf. l'art. de Marie de La Tour, parag. VI) ; il fallut donc une dispense spéciale du Saint-Siège pour procéder au mariage. *La Gazette* de 1696, p. 60, fit remarquer qu'il y avait déjà eu, près de trois siècles auparavant, en 1416, une alliance entre Jeanne d'Auvergne, comtesse d'Auvergne et de Boulogne, veuve du duc de Berry, et Georges de la Trémoïlle, neuvième aïeul paternel de la duchesse d'Albret. Le contrat de mariage fut signé par le roi. Cette union fut alors une grande affaire et mit en mouvement toute la Cour. La noce se fit à Paris, chez la duchesse de Créquy, grand'mère de la mariée. La dot fut de 30,000 livres de rente et le duc de Bouillon assura au duc d'Albret un brevet de 200,000 écus sur sa charge. D'autre part, le cardinal de Bouillon, le lendemain du mariage, fit présent aux jeunes époux, pour en jouir après sa mort, du·domaine de Pontoise et de sa belle maison de Saint-Martin. Les réjouissances furent très grandes ; le *Mercure* du mois de février 1696 en fit une relation détaillée, p. 291-296 et, de nos jours, Eugène Bertin en a parlé longuement dans son curieux ouvrage sur les *Mariages dans l'ancienne Société française*, 1879, in-8°, p. 96-101.

Mlle de La Trémoïlle, dit Dangeau, était « fort noble et fort magnifique. » Elle fut souvent désignée pour danser à la Cour. Le 11 décembre 1697, elle

---

(1) Gui Patin rappelle en effet volontiers les trois mariages de Théodose de Bèze et il cite régulièrement à ce propos les vers suivants que cette triple union avait inspirés à Etienne Pasquier et que nous ne traduisons pas, parce que les jeux de mots sont intraduisibles :

Uxores ego tres vario sum tempore nactus,
  Quum juvenis, tum vir, factus et inde senex.
Propter opes prima est validis mihi juncta sub annis,
  Altera propter opus, tertia propter opem.

Cf. les *Lettres choisies de feu M. Guy Patin*, 1725, t. III, p. 232, lettre du 31 mars 1667.

fut au nombre des quarante dames qui dansèrent au bal donné par la duchesse de Bourgogne, « dans une magnificence extraordinaire. » (Cf. le *Journal de Dangeau*, t. VII, p. 244 ; Cf. aussi le t. VIII, p. 302, 338).

Une anecdote fameuse, mais qui n'est pas tout à fait à son honneur, nous montre que la première femme d'Emmanuel-Théodose tenait un salon littéraire ; c'était d'ailleurs de tradition chez les Bouillon. Lesage, après avoir écrit son audacieux *Turcaret* et avant de le risquer sur la scène — la première représentation est du 14 février 1709 — promenait son manuscrit à travers les salons, tâtant et préparant le public. Au cours de cette campagne de lectures, il arrive un jour chez la duchesse de Bouillon après un retard causé par un procès en cours et il s'entend reprocher, sur le mode aigrelet, d'avoir fait perdre une heure à la compagnie. Sur quoi, avec un beau sang-froid, l'auteur comique s'excuse en ces termes : « Eh bien ! Madame, je vais vous faire gagner deux heures, » et d'enfiler l'escalier en écartant avec un entêtement bas-breton le peloton des officieux qui, l'ayant rattrapé, essaient avec les mines les plus câlines du monde de le ramener au salon. Collé, de qui nous tenons l'anecdote, ajoute avec sa malignité connue à l'adresse de ses confrères : « Si les auteurs étaient moins bas, les protecteurs ne seraient point insolents ; on n'écrase que les bêtes qui rampent. » (Cf. E. Lintilhac, *Lesage*, p. 12).

Ajoutons que la duchesse d'Albret ne se confinait pas exclusivement dans les plaisirs intellectuels. Lorsqu'elle meurt presque subitement, le 5 mars 1717, Jean Buvat écrit dans son *Journal de la Régence*, publ. par E. Campardon, 1865, in-8°, t. I, p. 256 : « On attribuoit sa mort à la complaisance qu'elle avoit eue de boire quantité de liqueurs avec Madame la duchesse de Berry, » la trop célèbre fille du Régent. De son côté, Dangeau nous fournit ces quelques renseignements : « Elle est regrettée généralement de tout le monde par sa politesse et sa douceur. On dit qu'elle laissera beaucoup de dettes. » (Cf. le *Journal de Dangeau*, t. XVII, p. 36).

Elle donna huit enfants à son mari, quatre fils et quatre filles.

1º *N...*, fils, mort-né en décembre 1699.

2º *Godefroy-Maurice*, mort à l'âge de quatre ans en 1705.

3º *Frédéric-Maurice-Casimir* (1702 † 1723), dit le *prince de Turenne*, grand chambellan de France en 1717, en survivance de son père, colonel du régiment Turenne-cavalerie, épouse par procureur à Neuss, en Silésie, le 25 août 1723, et en personne à Strasbourg, le 20 septembre suivant, *Marie-Charlotte Sobieska* (1697 † 1740), fille de Jacques-Louis-Henry Sobieski, chevalier de la Toison d'Or et de l'Ordre du Saint-Esprit, et d'Hedwige-Elisabeth-Amélie de Bavière.

Pour mettre fin aux querelles qui depuis si longtemps divisaient la maison de Bouillon et la maison de Noailles, le comte d'Evreux conçut en 1717 le projet de faire épouser la fille du duc de Noailles, âgée de douze ans, à son neveu, âgé de quatorze ans. Mais les prétentions émises au dernier moment par le duc d'Albret, firent rompre le mariage et, de dépit, le 5 mai suivant, le maréchal de Noailles maria sa fille au prince Charles de Lorraine avec une dot de 800,000 livres. (Cf. le *Journal de Dangeau*, t. XVII, p. 94, 110).

Le duc de Bouillon chercha bientôt une alliance considérable pour l'héritier de son nom. « Il s'avisa, raconte Saint-Simon, d'éblouir de ses grands établissements le prince Jacques Sobieski, fils aîné du célèbre roi de Pologne, qui vivait retiré dans ses terres de Silésie. Il répandit beaucoup d'argent autour de lui et fit si bien que le mariage de la seconde fille de ce prince fut conclu avec le prince de Turenne son fils aîné. »

C'était là une alliance de premier ordre pour la famille de Bouillon. Jean III Sobieski s'était couvert de gloire par les nombreuses victoires qu'il avait remportées sur les Turcs. Il avait d'abord servi comme mousquetaire dans la garde de Louis XIV enfant et avait épousé la fille d'un gentilhomme français, Marie-Casimire de la Grange d'Arquien, veuve en premières noces de Jacob de Radzivil, palatin de Sandomir. De ce mariage il avait eu trois fils, mais aucun n'essaya de ceindre la couronne royale de Pologne après lui. L'aîné, Jacques Sobieski, vivait noblement dans ses terres de Silésie et il venait de marier l'une de ses filles, Marie-Clémentine, en 1719, avec le Prétendant Stuart, connu sous le nom de Jacques III d'Angleterre ou de chevalier de Saint-Georges.

Malheureusement pour l'ambition des Bouillon, le prince de Turenne mourut le 1er octobre à Strasbourg, le douzième jour de son mariage. La jeune veuve épousa l'année suivante le frère cadet de son mari, Charles-Godefroy de La Tour et tous deux firent placer l'épitaphe du malheureux prince dans la cathédrale de Strasbourg, où il fut enterré, « au premier pilier sur la droite de la nef avec un très beau marbre. » (Cf. F.-J. Boehm, *Description de la cathédrale de Strasbourg*, 1743, in-12).

Voici l'épitaphe en question :

Hic Jacet

FRIDERICUS MAURITIUS CASIMIRUS PRINCEPS TURENNIUS, Emanuelis Theodosii a Turre Arverniæ, Dei gratiâ Ducis Bouillonii, Magni Franciæ Cambellani Filius naturalis major, Paternoque muneri Successor designatus, qui, ductâ uxore *Maria Carolina a Sobieska*, Johannis Poloniæ Regis Nepte, morbo repentino correptus obiit et ingens sui desiderium reliquit, Argentorati Kal. Octobris 1723, decimâ secundâ conjugii die, anno ætatis vigesimo primo. Sex post obitum Mensibus, concessâ a Summo Pontifice licentiâ, *Sobieskam*, defuncti uxorem accepit CAROLUS GODEFR. DUX BOULLIONIUS, ut omnium Titulorum hæres dilectissimo Fratri resuscitaret semen et hoc amoris dolorisque monumentum

P(onendum) C(uravit).
Raptus ne quondam mutet fallacia mentem ;
Ast si vicisses fata, Turennus eras.

Traduction :

Ci-gît

FRÉDÉRIC-MAURICE-CASIMIR, PRINCE DE TURENNE, Fils propre et majeur d'Emmanuel-Théodose de La Tour d'Auvergne, par la grâce de Dieu, Duc de Bouillon, Grand Chambellan de France, et Successeur désigné de la charge de son Père, ayant épousé *Marie-Charlotte Sobieska*, Petite-Fille du Roi de Pologne Jean III, fut enlevé par une maladie subite, grandement regretté, le jour des Calendes d'octobre 1723, à Strasbourg, le douzième jour de son mariage, à l'âge de vingt et un ans. Six mois après sa mort, grâce à une dispense concédée par le Souverain-Pontife, CHARLES-GODEFROY, DUC DE BOUILLON, épousa *Sobieska*, l'épouse de son frère défunt, afin que, étant l'héritier de tous ses Titres, il fît revivre sa race et il a fait élever ce monument de son amour et de sa douleur à son Frère bien-aimé.

Tu fus enlevé de peur qu'un jour la fausseté ne changeât ton esprit ;
Mais si tu avais vaincu le destin, tu serais (un autre) Turenne.

4° *Charles-Godefroy* (1706 † 1771), duc de Bouillon, qui suit.

5° *Armande* (1697 † 1717), épouse le 23 février 1716 *Louis II de Melun* (1694 † 1724), duc de Joyeuse, pair de France, prince d'Epinoy, etc., fils aîné de Louis I de Melun, prince d'Epinoy, et de Thérèse de Lorraine, et ne lui laisse pas d'enfant.

La maison de Melun est une illustre et ancienne maison dont la généalogie, suivant le P. Anselme (*Hist. généal. des grands officiers de la Couronne*, t. VII), remonte à Josselin, vicomte de Melun, qui vivait à la fin du xme siècle. Le dernier représentant de la branche aînée, Guillaume IV de Melun, fut tué à la bataille d'Azincourt en 1415. L'aïeul de ce Guillaume, Jean II, avait épousé en secondes noces Isabelle, dame d'Antoing, Epinoy, etc., châtelaine de Gand. Le fils aîné de ce mariage, qui vivait au milieu du XIVme siècle, Hugues I de Melun, se retira aux Pays-Bas dans les terres qu'il eut en héritage ; c'est le chef de la branche des seigneurs d'Antoing. Hugues II de Melun fut créé prince d'Epinoy par lettres de l'empereur Charles-Quint en 1545. Son cinquième descendant, Louis II de Melun, prince d'Epinoy, baron d'Antoing, etc., ayant acquis la vicomté de Joyeuse, obtint que le titre de duché de Joyeuse, éteint par la mort de François de Guise, en 1675, fut renouvelé en sa faveur par lettres données en octobre 1714 ; c'est l'époux d'Armande de La Tour.

La jeune duchesse reçut en dot la somme de 500,000 francs. Depuis longtemps on parlait de ce mariage, rapporte Dangeau. Le connétable Colonna désirait l'épouser et il ne demandait pas une si grosse dot ; mais la duchesse d'Albret n'a pu se résoudre à laisser aller sa fille en Italie et à se séparer d'elle pour toujours. La princesse d'Epinoy fit des présents superbes à la jeune femme et le mariage se fit avec un agrément infini de part et d'autre. La noce eut lieu, le 23 février, chez le vieux duc de Bouillon et fut fort magnifique : il y avait cinquante personnes ; le duc d'Orléans y vint vers une heure et demie et donna la chemise au marié, qui s'appela désormais le duc de Melun. Cette union, si bien commencée, devait être bientôt rompue. La duchesse de Melun mourut le 12 avril de l'année suivante d'un coup de sang : elle n'avait pas voulu être saignée pendant sa grossesse. Elle était à terme d'accoucher et les médecins, la voyant sans espérance pour sa vie et sans aucune connaissance, la firent accoucher par force et, peu après l'accouchement, la mère et l'enfant moururent ; l'enfant a été ondoyé et c'était une fille. (Cf. le *Journal de Dangeau*, t. XVI, p. 319, 323, 325 ; t. XVII, p. 64).

Quant au duc de Melun, — il avait trois cent mille livres de rente, dit Barbier — Il mourut, sans s'être remarié, le 31 juillet 1724, d'un coup d'andouiller qu'il reçut à la chasse d'un cerf à Chantilly (1). Il était mestre de camp du régiment Royal-cavalerie. (Cf. le *Journal de Barbier*, édit. Charpentier, t. I, p. 306). Son corps fut porté à Epinoy.

6° *Madeleine*, morte en 1699 à l'âge d'un an.

7° *Marie-Hortense-Victoire* (1704 † ?), épouse, le 29 janvier 1625, son cousin-germain *Claude-Armand-René de La Trémoïlle* (1708 † 1741), duc de Thouars, etc., fils de Charles-Louis-Bretagne de La Trémoïlle, et de Marie-Madeleine Motier de La Fayette, tous deux décédés.

Le jeune duc de La Trémoïlle, étant premier gentilhomme de la chambre, s'était avisé d'apprendre à Louis XV le péché philosophique. L'affaire ayant été rendue publique, son oncle, le prince de Talmond, le ramena aussitôt à Paris (27 juin 1724) et on décida de le marier au plus vite avec sa cousine, Marie-Hortense-Victoire de La Tour qui avait quatre ans plus que lui. Cf. pour plus de détails sur cette histoire très scabreuse le *Journal de Marais* dans la *Revue rétrospective*, t. X, p. 246 et 247 ; le *Journal de Barbier*, édit. Charpentier, t. I, p. 301 ; la lettre de Voltaire de juillet 1725 à la présidente de Bernières dans sa *Correspondance générale*, édit. Lequien, t. I, p. 361 : « Je vous dirai pourquoi M. de La Trimouille est exilé de la Cour..... Je suis sûr que cela fera un très bon sujet. »

Colonel d'un régiment qui porte son nom, puis du fameux régiment de Champagne, il va faire la campagne d'Italie en 1733 et en 1734 sous les ordres du duc de Coigny. Il se comporte brillamment sous le feu au siège du château de Milan. Lors de la bataille de Parme (19 juin), il a le malheur de tomber dans un fossé en chargeant à la tête de son régiment. Plus de cinquante soldats, qui s'avançaient avec ardeur, lui marchent sur le corps et lui froissent les côtes. Il se relève, reprend son poste de combat et, malgré ses blessures, il reste trois heures sous le feu de l'ennemi. Tout allait donc bien. Mais, nous dit l'avocat Barbier, « c'est un beau seigneur

(1) Voici comment Voltaire raconte cet accident de chasse dans sa lettre du mois de juillet 1722 à la présidente de Bernières, édit. 1785, t. LII, p. 17 : « Si vous ne savez rien du détail de la mort de M. de Melun, en voici quelques particularités. Samedi dernier il courait le cerf avec M. le Duc ; ils en avaient déjà pris un et en couraient un second. M. le Duc et M. de Melun trouvèrent dans une voie étroite le cerf qui venait droit à eux. M. le Duc eut le temps de se ranger. M. de Melun crut qu'il aurait le temps de croiser le cerf et poussa son cheval. Dans ce moment le cerf l'atteignit d'un coup d'andouiller si furieux que le cheval, l'homme et le cerf en tombèrent tous trois. M. de Melun avoit la rate coupée, le diaphragme percé et la poitrine refoulée. M. le Duc, qui étoit seul auprès de lui, banda la plaie avec son mouchoir et y tint la main pendant trois quarts d'heure. Le blessé vécut jusqu'au lundi suivant, qu'il expira à six heures et demie du matin, entre les bras de M. le Duc et à la vue de toute la Cour, qui étoit consternée et attendrie d'un spectacle si tragique, mais qui l'oublia bientôt. Dès qu'il fut mort, le roi partit pour Versailles et donna au comte de Melun le régiment de Melun. Il est plus regretté qu'il n'étoit aimé. C'étoit un homme qui avoit peu d'agréments, mais beaucoup de vertu et qu'on étoit forcé d'estimer. »

qui a toujours été livré ici (à la Cour et à Paris) à tous les plaisirs de la jeunesse. Son rang, sa qualité, sa personne, son esprit qui est des plus brillants, sachant tout, belles-lettres, musique, danse, le tout au parfait. » Il avait donc des ennemis, tout au moins des envieux ; ils affirmèrent qu'il s'était laissé tomber dans le fossé par prudence. L'accusation va partout et ne fait que s'accroître. La duchesse de La Trémoïlle met aussitôt son mari au courant des vilains bruits répandus sur son compte ; furieux à cette nouvelle, il se transporte malgré ses blessures devant le duc de Coigny et là se plaint fièrement devant deux cents personnes des attaques portées contre son honneur. Les officiers du régiment de Champagne prennent hautement parti pour leur colonel dans une lettre rendue publique ; si bien que la calomnie baissa un peu le ton. Cette histoire désagréable eut du moins l'avantage de rendre le duc plus sérieux. Il n'avait pas d'enfant, raconte l'avocat Barbier dont il convient de corriger un peu les expressions trop libres ; il avait même paru par sa conduite ne pas s'en soucier, n'ayant eu d'autre occupation, comme un des plus beaux seigneurs de la Cour, que de courtiser toutes les jolies femmes. A son retour de l'armée d'Italie, il s'est rapproché un peu de sa femme qui est d'ailleurs très aimable et très respectable par sa sagesse et ses sentiments ; elle est devenue grosse et elle est enfin accouchée le 6 février 1737 d'un prince. Le sérieux continuant, le duc de La Trémoïlle fut reçu l'année suivante, le 6 mars 1738, à l'Académie française — il avait trente ans à peine — en remplacement du maréchal d'Estrées qui occupait le huitième fauteuil. Le sérieux alla même trop loin, à ce qui paraît croire Barbier : « Il fit la sottise de s'enfermer avec sa femme qui avait eu la petite vérole ; il gagna cette vilaine maladie et en mourut en quatre jours de temps, le 23 mai 1741, à l'âge de trente-trois ans, extrêmement regretté de tout le monde... Il avait infiniment d'esprit et, en s'attachant à des occupations sérieuses, il aurait fait dans la suite un grand homme d'Etat » (1). (Cf. le *Journal de Barbier*, t. II, p. 447, 475, 481-485, 514 ; t. III, p. 56, 270).

La duchesse de La Trémoïlle, qui était grande janséniste, vécut désormais « entourée d'hommes et de femmes de cette secte, gens même peu convenables pour elle. » Elle allait volontiers voir les convulsionnaires. Un jour, au mois d'octobre 1732, qu'elle devait se rendre à une séance de convulsions, son mari s'empara de la lettre d'invitation dans un accès de jalousie et se rendit au rendez-vous pour donner une leçon à l'insolent. Il fut tout étonné de trouver un pauvre diable, qui se mit à faire devant lui des cabrioles fabuleuses. (Cf. le *Journal de Barbier*, t. III, p. 282 ; le *Journal de la Cour et de la ville* dans la *Revue rétrospective*, 2me série, t. v, p. 388).

Le chapitre XIII du *Chartrier de Thouars* est consacré au duc Charles de La Trémoïlle et à sa femme. Les documents qui émanent d'elle et qui sont publiés dans cet ouvrage sont : une lettre où elle sollicite une décharge d'impôt en faveur des pauvres de la paroisse Sainte-Marguerite de Paris, p. 181 ; —deux lettres qu'elle adresse à la reine Marie-Antoinette, la première

(1) Voici en quels termes Voltaire annonce, le 28 mai 1741, la mort de ce prince à M. de Maupertuis, après lui avoir parlé de la quadrature du cercle : « ..... Savez-vous que M. de La Trimouille est mort de la petite vérole ? Ce n'étoit pas un grand géomètre ; mais c'étoit un homme infiniment aimable, à ce qu'on dit. »

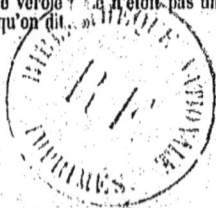

en juillet 1774, la seconde le 31 janvier 1775, pour faire obtenir à son fils le cordon bleu et un gouvernement, p. 182.

8° *Marie-Madeleine*, née le 24 décembre 1710, morte le 15 janvier 1718, dite Mlle de Château-Thierry.

Mlle de Château-Thierry, lit-on dans le *Journal de Dangeau*, t. XVII, p. 230, « fille du duc d'Albret et que Mademoiselle de Bouillon prenoit soin d'élever, avoit la fièvre ces jours passés ; elle n'en avait plus hier au matin... Elle mange et meurt ; elle n'avait que huit ans. »

B. Emmanuel-Théodose de La Tour épouse en secondes noces, le 4 juillet 1718, *Louise-Françoise-Angélique Le Tellier* (1699 † 1719), fille de Louis-François-Marie Le Tellier, marquis de Barbesieux, secrétaire d'État, et de Marie-Thérèse-Delphine-Eustachie d'Alègre, sa seconde femme, tous deux décédés.

Ce second mariage ne se fit pas aisément et donna lieu à de curieuses contestations que nous allons rappeler. Trois mois et demi après la mort de sa première femme (1), Emmanuel-Théodose avait déjà tout disposé pour une nouvelle union avec Mlle de Culant-Barbesieux ou plutôt avec les grands-parents de la jeune fille, le marquis et la marquise d'Alègre, qui l'avaient élevée après la mort de son père. Mais si Mlle de Culant paraissait souhaiter fort ce mariage, il n'en allait pas de même de la famille Le Tellier dont l'origine parlementaire est bien connue. Son tuteur, le marquis de Courtanvaux (frère de Barbesieux) s'y opposant formellement, le Parlement fut saisi de l'affaire et les Alègre menèrent avec eux leur petite-fille à l'audience. Le 26 août 1717, le marquis de Courtanvaux est débouté de sa demande en opposition ; mais les plaidoiries des avocats ont mis de l'huile sur le feu. Le régent, qui s'intéresse beaucoup au duc d'Albret, parle lui-même à la famille Louvois, mais ne peut la disposer favorablement. Alors il ordonne au curé de Saint-Sulpice de publier les bans ; le 3 juillet 1718 le troisième ban est publié et le mariage est célébré dans la nuit du 4. L'abbé de Louvois, oncle de la fiancée, était venu à l'église pour s'y opposer ; mais le prince de Conti le calma en lui montrant une lettre de cachet du duc d'Orléans, qui ordonnait de procéder à la cérémonie. Cependant les ducs de La Rochefoucauld et de Villeroy, tous deux gendres de Louvois, vont trouver le garde des sceaux et soutiennent que le mariage est nul. Des

---

(1) Au mois d'août 1679, Charles de Rohan, prince de Guéméné (duc de Montbazon en 1699), perd sa femme, Marie-Anne d'Albert de Luynes, qu'il aimait beaucoup et l'on racontait à la Cour qu'il était plongé dans la plus noire douleur lorsqu'on apprit, au bout de trois mois, que, le 2 décembre, à minuit, sans que personne en sût rien que le roi, il venait de se remarier avec Mlle de Vauvineux qui lui donna treize enfants. Madame de Sévigné annonce cette nouvelle à sa fille dans sa lettre du 6 décembre et elle ajoute : « ..... Il a mangé du sel toute sa vie et ne saurait s'en passer. Trois mois de veuvage lui ont paru trois siècles. La spéculation ne lui dissipe point les esprits. (On sait que Descartes expliquait la passion par le mouvement des esprits animaux et que Madame de Sévigné est une cartésienne). Tout est à profit de mariage et sa tendresse est appuyée sur ce *solide* inébranlable. »

Le duc d'Albret devait ressembler au prince de Guéméné : la spéculation ne dissipait pas ses esprits ; il lui fallait du solide.

commissaires sont nommés le 15 février 1719 et déclarent que le mariage
doit être célébré une seconde fois, pour mieux assurer l'état de la jeune
femme. Enfin, le 3 avril, le conseil prononce la nullité du mariage, mais en
même temps l'invalidité des prétentions faites et à faire par la famille
Louvois. Le mariage se refit donc dans la nuit du 4 avril, dans la chapelle
de M. de Caumartin. Il était temps : le 5 juillet suivant, la duchesse d'Albret
accouchait d'un garçon. Mais toutes ces complications l'avaient gravement
affectée et ses couches allèrent très mal. On la saigna au pied, on lui donna
de l'émétique ; tout fut inutile et, trois jours après, elle mourait dans la
nuit, à l'âge de vingt ans, après avoir reçu tous les sacrements. (Cf. le
Journal de Dangeau, t. xvii, p. 116, 125, 130, 134, 143, 153, 215, 243-247, 334,
341, 359, 478 ; t. xviii, p. 18, 27, 73, 74).

9° *Godefroy-Giraud* (1719 † 1732), dit le duc de Château-Thierry.
Il était venu au monde plus petit que les enfants ordinaires.

C. Emmanuel-Théodose épouse en troisièmes noces, le 26 mai
1720, *Anne-Marie-Christine de Simiane* (1683 † 1722), fille de feu
François-Louis-Claude-Edme de Simiane, marquis de Moncha,
gouverneur de Valence, et d'Anne-Marie-Thérèse de Simiane de
Gordes, remariée à Charles Pot, marquis de Rhodes, grand-maître
des cérémonies de France.

La maison dite de Simiane est une ancienne maison de Provence, qui a
produit vingt-deux branches, dont celle de Moncha, ainsi appelée de la
terre de Moncha, en Forez. Le mari de Pauline d'Adhémar de Monteil de
Grignan, petite-fille de Madame de Sévigné, Louis de Simiane, marquis
d'Esparron, dit le marquis de Simiane, appartenait à la branche de Truchenu.
Dès le 20 août 1719, le bruit courait que le duc d'Albret allait se remarier.
Il s'agit d'abord d'une anglaise, Mlle de Powis, dont le père avait été le
gouverneur de Jacques III d'Angleterre et dont la mère avait gagné trois à
quatre millions en spéculant sur le système de Law. Tout est rompu le
28 décembre ; mais le duc d'Albret était un homme expéditif et tout était
réglé le 17 mai 1720 pour son union avec Mlle de Simiane de Moncha, qu'il
épousa neuf jours après. La troisième duchesse d'Albret n'avait pas de
fortune ; le régent lui assura une pension de 10,000 livres. Elle ne devait
pas en jouir longtemps, elle mourut le 8 août 1722 après avoir accouché
d'une fille. (Cf. le *Journal de Dangeau*, t. xviii, p. 105, 191, 290).

10° *Anne-Marie-Louise* (1722 † 1739), épouse le 30 décembre
1734, *Charles de Rohan* (1715 † 1787), duc de Rohan-Rohan,
prince de Soubise, maréchal de France, fils de Louis-François-
Jules de Rohan, prince de Soubise, et d'Anne-Julie-Adélaïde de
Melun.

Nous avons donné à l'article de Louise-Julie de La Tour (parag. viii, 8°),
quelques renseignements indispensables sur la maison de Rohan. Nous

prions le lecteur de vouloir bien s'y reporter pour l'intelligence des lignes qui suivent. Hercule de Rohan, duc de Montbazon, épousa en secondes noces Marie d'Avaujour; leur fils, François de Rohan, fut le chef de la branche de Soubise, ainsi appelée de la seigneurie de ce nom qui se trouve en Saintonge. Le fils de ce dernier, Hercule-Mériadec de Rohan, obtint de Louis XIV l'érection en duché-pairie de sa seigneurie de Fontenay-l'Abbattu (Saintonge), sous le nom de Rohan-Rohan, par lettres données en octobre 1714; il avait épousé en 1694, Anne-Geneviève de Lévis-Ventadour, veuve du prince de Turenne, Louis-Charles de La Tour. C'est son petit-fils, Charles de Rohan, qui épouse en 1734 Anne-Marie-Louise de La Tour.

Le mariage se fit un peu brusquement, à ce que rapporte le *Journal de Barbier*, t. II, p. 530. Le comte d'Evreux, oncle de la fiancée, voulait que ses droits successifs fussent d'abord liquidés, afin d'éviter les procès. La maison de Rohan désira au contraire hâter le mariage — bien que la jeune fille n'eût que douze ans et demi—parce que Charles de Rohan devait partir à l'armée le mois de mars suivant. Le cardinal de Rohan expédia le tout en un jour, du consentement de la marquise de Rhodes, sans en rien dire à la maison de Bouillon, de telle sorte qu'on ne fit pas de contrat de mariage et que les articles furent seulement déposés chez le notaire. Cette façon d'agir a fort indisposé la maison de Bouillon qui est « assez haute. »

La jeune femme accoucha à l'âge de quinze ans, le 7 octobre 1737, d'une fille, Charlotte-Godefride-Elisabeth de Rohan-Soubise, qui épousa le 3 mai 1753, Louis-Henri-Joseph de Bourbon, prince de Condé. Elle mourut deux ans après, à l'âge de dix-sept ans.

Son mari obtint la faveur de Louis XV et de Madame de Pompadour et il franchit très vite les différents échelons de sa carrière militaire. Mousquetaire en 1732, il fut nommé brigadier de cavalerie en 1740, maréchal de camp en 1743, lieutenant général en 1748 et maréchal de France en 1758. Un an avant d'obtenir cette dignité suprême, il avait perdu la bataille de Rossbach : en lui confiant ces charges, Louis XV avait négligé de lui donner les capacités nécessaires pour les bien remplir. « M. de Soubise, lit-on dans les *Mémoires du baron de Bezenval*, in-8°, t. II, p. 54, né avec peu d'esprit, a cependant un acquis et des connaissances que lui a procurés un grand usage du monde et de la Cour, où sa conduite politique et noble ne répond point aux prétentions qu'il y forme. Dans mille occasions il aurait pu prendre une supériorité, à portée de laquelle le met sa position ; mais il n'est occupé de l'acquérir qu'en cherchant à maintenir ou à augmenter, ouvertement ou par adresse, un rang que la maison de Rohan croit lui être dû (le rang de prince) et que les gens titrés de la noblesse lui disputent toujours. Jaloux de considération, il a cherché à se faire des partisans par une politesse exigeante qui ne l'abandonne jamais, même vis-à-vis des gens avec lesquels il est le plus familier, et dans les instants les plus libres. Il faut moins s'en prendre à lui de cette façon d'être qu'à son éducation, qui est la même pour tous ceux de sa maison ; cette manière est assez connue dans le monde sous la dénomination de *politesse des Rohans*. Son ambition la plus forte a toujours été de commander les armées. Embarrassé et indécis dans le cabinet, il l'est encore devant les ennemis. Sa véritable qualité militaire est la valeur. Il n'a pas eu d'éclat dans le Conseil, où l'amitié de

Madame de Pompadour l'a placé. » Et ailleurs, ce renseignement complémentaire : « Son goût effréné pour les femmes, auxquelles son âge le mettoit hors d'état de plaire, l'avoit jeté dans un genre de vie scandaleux (1). Les filles de l'Opéra composoient sa Cour et, d'autre part, une Madame de l'Hôpital, maîtresse en titre, entretenue par le jeu. Mais cependant tout le monde avoit pour lui une sorte de déférence qu'inspiroient sa naissance et son grade, ainsi que la place qu'il occupoit dans le Conseil. »

D. Emmanuel-Théodose épouse en quatrièmes noces, le 21 mars 1725, *Louise-Henriette-Françoise de Lorraine* (1707 † 1737), fille d'Anne-Marie-Joseph de Lorraine, comte d'Harcourt, prince de Guise, et de Marie-Louise-Christine de Castille-Montjeu.

François de Lorraine, frère cadet de Charles III d'Elbeuf qui épousa en secondes noces Elisabeth de La Tour (Cf. le paragr. VII, 6°), est la tige de la branche des comtes d'Harcourt-Lorraine. C'est son petit-fils, Anne-Marie-Joseph de Lorraine, comte d'Harcourt, Clermont, Montlaur, etc., qui est le père de la quatrième femme du duc de Bouillon. Par ses lettres du 19 juin 1718 le duc Léopold de Lorraine venait, en sa faveur, de réunir et d'ériger en comté, sous le nom de Guise, le village d'Acraigne, sur le Madon, et diverses autres seigneuries limitrophes.

Voltaire a chanté, plus ou moins sincèrement, cette duchesse de Bouillon. *Deux Bouillons*, lui dit-il,

> Deux Bouillons tour à tour ont brillé dans le monde
> Par la beauté, la grâce et l'esprit ;
> Mais la première eût crevé de dépit,
> Si par malheur elle eût vu la seconde.

Nous croyons cependant que Marie-Anne Mancini n'en eût rien fait, si la prédiction de Voltaire s'était réalisée.

Notre duchesse vantait volontiers son portrait, fait par le peintre Clinchetet, dont le nom, soit dit en passant, ne figure ni dans le *Trésor de la Curiosité* de Charles Blanc, ni dans le *Dictionnaire historique des peintres de toutes les écoles*, d'Adolphe Siret. Voltaire aussitôt de reprendre sa lyre mondaine et d'adresser à la jeune femme ces vers, qui sont au moins galants :

> Cesse, Bouillon, de vanter davantage
> Ce Clinchetet qui peignit tes attraits :
> Un meilleur peintre, avec de plus beaux traits,
> Dans tous nos cœurs a tracé ton image
> Et cependant tu n'en parles jamais.

(Cf. les *Œuvres de Voltaire*, édit. de 1785, t. XIV, p. 288).

S'agit-il encore de cette duchesse, ou de Marie-Anne Mancini, dans le

---

(1) Ajoutons que ses 500,000 livres de rente ne lui suffisent pas. Mais quel train de maison ! Il dépense 200,000 livres pour recevoir un jour le roi à dîner et à coucher dans sa maison de campagne. (Cf. le *Journal de Barbier*, t. IV, p. 155). Il a un rendez-vous de chasse où le roi vient de temps à autre manger une omelette d'œufs de faisans, qui coûte 157 livres 10 sols. (Cf. Mercier, t. XII, p. 192).

passage suivant de la lettre adressée par Voltaire à d'Alembert, le 8 mai 1764 (t. LXVIII, p. 300) :

« ..... On me mande qu'on établit une inquisition sur la littérature ; on s'est aperçu que les ailes commencent à venir aux Français et on les leur coupe. Il n'est pas bon qu'une nation s'avise de penser ; c'est un vice dangereux qu'il faut abandonner aux Anglais. J'ai peur que certains hommes d'Etat ne fassent comme Madame de Bouillon qui disait : « Comment édifierons-nous le public le vendredi saint ? Faisons jeûner nos gens. »

Cette duchesse de Bouillon fut loin d'être un parangon de fidélité. « M. de Clermont est amoureux fou de Madame la duchesse de Bouillon, » porte la lettre XIV de Mlle Aïssé à Madame Calandrini, d'octobre 1728 (édit. Asse, p. 268). Il s'agit de Louis de Clermont-Condé, de deux ans plus jeune qu'elle, qui fut abbé commendataire de Saint-Germain-des-Prés avec des mœurs fort peu canoniques et qui se fit chansonner plus tard pour avoir été battu honteusement à Krefeld pendant la guerre de Sept ans. Le marquis d'Argenson confirme ce propos dans ses *Mémoires*, t. II, p. 62. « Ce prince, dit-il, étoit malheureux par toutes les infidélités que lui faisoit Madame de Bouillon, d'ailleurs mégère et noire. Ils se quittoient et se reprenoient. » Car elle n'était guère plus fidèle à son amant qu'à son mari. « Elle est folle de Tribou, acteur de l'Opéra, dit l'avocat Barbier (t. II, p. 95), quoiqu'elle ait pour amant le comte de Clermont ; mais il faut qu'il souffre cela. » Mais Tribou n'est pas le seul acteur qui la fréquente. *Les mœurs du temps*, en 1732 (Cf. le *Chansonnier historique du XVIIIme siècle*, publ. p. E. Raunié, t. VI, p. 28), nous donnent le nom de Racot, dit Grandval, qui partageait aussi les bonnes grâces de la duchesse.

> *Que Grandval baise la Bouillon*
> *Lorsque son prince la délaisse,*
> *Ah ! le voici, ah ! le voilà*
> *Celui qui rit de tout cela.*

C'est à cette double infidélité (1) que fait allusion Mlle Aïssé quand elle écrivait au mois de mars 1730 à Madame Calandrini (Cf. les *Lettres de*

---

(1) Ce n'est pas la seule variation qu'elle se soit permise. Elle figure aussi dans la *Lettre pastorale de Monseigneur Pancrace Pellegrin aux fidèles de son diocèse* (1730), publiée par Raunié dans son *Chansonnier historique du XVIIIme siècle*, t. IV, p. 142 :

> *Quand on voit Bouillon la duchesse*
> *Se donner au sieur de Sourdis*
> *En troc de l'abbé de Châlis,*
> *Sans simonie et par tendresse*
> *Pour l'échange de Camargo....*

Le comte de Clermont était abbé de Châlis et c'est en 1733 qu'il opéra le troc en question. Mais cette pratique du libre échange donna lieu à quelques critiques. Un français, réfugié en Hollande pour cause de religion, la blâma tout particulièrement dans un libelle diffamatoire, dont M. G. Monval a vainement demandé le titre exact aux correspondants de l'*Intermédiaire des Chercheurs*, t. XXIII, p. 646.

Disons enfin que le duc de Bouillon fut tourné en ridicule à cause des mœurs de sa quatrième femme dans un couplet, trop gaillard pour être reproduit, de la *Revue des Mirlitons*, publiée dans le recueil de M. Raunié, t. IV, p. 210.—Nous ne savons pas s'il avait fait à sa quatrième femme la recommandation, que conseille Sénac de Meilhan dans ses *Considérations sur l'Esprit et les Mœurs* : « Un mari disait à sa femme : *Je vous permets tout, hors les princes et les laquais.* » Il était dans le vrai ; les deux extrêmes déshonorent par leur scandale.

Mlle *Aïssé*, lettre xxiv, édit. Asse, p. 323) : « Madame de Bouillon est capricieuse, violente, emportée, excessivement galante ; ses goûts s'étendent depuis le prince jusqu'aux comédiens. » Et dans les pages qui suivent, *la belle Grecque* affirme nettement que la duchesse de Bouillon a fait empoisonner Adrienne Le Couvreur, pour mieux s'attacher Maurice de Saxe que retenait la célèbre actrice. Mais il résulte de l'étude approfondie faite sur ce point d'histoire par Sainte-Beuve, qui a porté la lumière dans tous les sujets qu'il a traités (Cf. son article sur *Adrienne Le Couvreur* dans les *Causeries du Lundi*, t. I, p. 215-218), que cette accusation ne mérite pas créance. D'ailleurs Voltaire, qui fut l'un des amants de la comédienne, a fait cette déclaration formelle : « Mlle Le Couvreur mourut entre mes bras d'une inflammation d'entrailles et ce fut moi qui la fis ouvrir. Tout ce que dit Mlle Aïssé sont des bruits populaires qui n'ont aucun fondement. »

L'abbé Aunillon, qui fréquentait alors à l'hôtel de Bouillon, nous donne le dessous des cartes dans ses *Mémoires*. Une dame de la Cour, raconte-t-il, jalouse de la duchesse de Bouillon, avait machiné toute cette histoire d'empoisonnement, non pour faire mourir Adrienne Le Couvreur, mais bien pour perdre la duchesse et lui faire une réputation à la Brinvilliers. La malheureuse duchesse, étant à son lit de mort, sept ans après, fit à haute voix, devant ses amis et toute sa maison, une confession générale de ses fautes et de ses égarements — il y en avait beaucoup — elle protesta une dernière fois encore de son entière innocence touchant la mort de Mlle Le Couvreur. Ajoutons que l'avocat Barbier a confondu cette duchesse de Bouillon, fille du prince de Guise, avec la princesse de Bouillon, née Sobieska. Scribe a commis la même erreur dans sa pièce d'*Adrienne Le Couvreur*, représentée au Théâtre-Français en 1849.

11° *Marie-Sophie-Charlotte* (1729 † 1763) épouse, le 3 avril 1745, *Charles-Juste de Beauvau* (1720 † 1793), prince de Beauvau et du Saint-Empire, grand d'Espagne de la première classe, maréchal de France, membre de l'Académie française, etc., fils de Marc de Beauvau-Craon, prince du Saint-Empire, etc., et de Anne-Marguerite de Ligniville.

La maison, illustre et ancienne, de Beauvau tire son nom du château angevin de Beauvau, qui se dressait dans la vallée inférieure du Loir, non loin de Seiches. Elle a fourni beaucoup de personnages marquants. René de Beauvau accompagna Charles d'Anjou, en 1265, dans le royaume de Naples, dont il devint connétable. Pierre de Beauvau, gouverneur de l'Anjou et du Maine, fut l'exécuteur testamentaire de Louis II d'Anjou, roi de Sicile; il mourut vers 1435. Sa femme, Jeanne de Craon, lui donna deux fils : 1° Louis, grand sénéchal de Provence, qui n'eut pas d'enfant mâle et dont la fille aînée, Isabelle de Beauvau, épousa en 1454 Jean II de Bourbon, comte de Vendôme, ancêtre direct de Henri IV; 2° Jean de Beauvau-Craon, dont les enfants restèrent attachés à la maison d'Anjou-Lorraine. Le père de Charles-Juste, Marc de Beauvau-Craon, épousa en 1704 Anne-Marguerite de Ligniville, qui lui donna vingt-deux enfants. Il fut intimement lié avec le duc Léopold de Lorraine. « La grande amitié que le duc de Lorraine, père de l'Empereur (François), avoit pour M. et Mme de Craon, lit-on dans les *Mémoires du duc de Luynes*, t. XIII, p. 195, et l'usage où il étoit d'y passer presque toutes ses soirées, a fait tenir des propos dans le temps ». Il fut employé à plusieurs missions diplomatiques, qui lui valurent des distinctions considérables : l'Empereur Charles VI le fit prince du Saint-Empire par un diplôme du 13 novembre 1722 et Philippe V le nomma grand d'Espagne de la première classe par ses lettres du 8 mai 1727. Enfin Louis XV, par un brevet du 8 avril 1739, les reconnut, lui et son frère, comme cousins des rois de France, en raison du mariage d'Isabelle de Beauvau.

Charles-Juste, qui était le treizième enfant du prince Marc, devint l'aîné de sa maison par suite de l'entrée en religion de trois de ses frères, plus âgés que lui. Il demeura lorrain après le troisième traité de Vienne. Il était colonel des gardes du roi Stanislas, quand il s'engagea comme volontaire dans l'armée française, commandée par le maréchal de Belle-Isle ; il assiste en 1742 au siège de Prague, où les soldats l'appellent « le jeune brave ». Il se distingue désormais partout où il se trouve. La paix de 1763 met fin à sa carrière militaire. Il avait été nommé chevalier de l'ordre du Saint-Esprit le 2 février 1757.

Dans sa carrière politique, il fait preuve d'un esprit vraiment libéral (1). Nommé commandant en Languedoc, en 1763, il met en liberté, malgré les ordres du ministère, quatorze protestants enfermés dans la Tour de Constance pour n'avoir pas voulu abjurer ; il est approuvé par le roi. Gouverneur de la Provence en 1782, maréchal de France l'année suivante, il est appelé au conseil le 4 août 1789, mais il n'y reste que cinq mois. C'était un homme remarquable de tout point. « J'ai beaucoup de goût pour le prince de Beauvau, écrivait, le 27 juin 1754, le chevalier d'Aydie à la marquise du Deffand (Appendice aux *Lettres de Mlle Aïssé*, édit. Asse, p. 383) ; et si, aux qualités que personne ne lui refuse et aux agréments qu'il a, il joint encore les vertus consciencieuses, il faut avouer que c'est un homme rare et accompli. » En 1771, il fut élu membre de l'Académie française en remplacement du président Hénault (19e fauteuil) ; il fut en outre, à partir de 1782, membre honoraire de l'Académie des Inscriptions et Belles-Lettres, puis

(1) Lors du lit de justice du samedi 13 avril 1771, dans lequel Louis XV supprima les offices du parlement de Paris, le prince de Beauvau protesta contre les opérations du chancelier Maupeou, ainsi que douze autres ducs. Il était d'ailleurs tout dévoué au duc de Choiseul, et la princesse, sa seconde femme, était l'amie la plus intime et l'alliée la plus fidèle de la duchesse de Grammont, avec qui elle avait fait à la nouvelle favorite, la comtesse du Barry, une guerre implacable. Maupeou trouva bientôt l'occasion de se venger. Il venait d'opérer heureusement la transformation des parlements de Besançon et de Douai ; il résolut de transformer aussi le parlement de Toulouse et de déterminer en même temps la ruine du prince de Beauvau, qui était alors gouverneur général du Languedoc. Beauvau n'était pas riche et il avait des dettes immenses ; Maupeou était donc certain de lui être fort désagréable en lui faisant enlever un aussi beau gouvernement. Le 22 août, Louis XV écrivit au prince ce petit billet : « Mon cousin, connaissant votre façon de penser sur le changement que j'ai fait dans mon parlement de Paris, il ne m'est plus possible de vous envoyer en Languedoc pour l'exécution de mes ordres envers celui de Toulouse ; connaissant aussi votre attachement et votre respect pour ma personne, je ne doute pas que vous ne continuiez à m'y servir avec le même zèle que par le passé. Vous venez de voir qu'avec six capitaines des gardes mon service n'aurait pas pensé manquer. » Il n'était point possible de révoquer un homme de façon plus gracieuse ; néanmoins, le prince de Beauvau dut trouver ce billet bien amer. Le chancelier et la favorite étaient bien vengés. (Cf. Jules Flammermont, *Le chancelier Maupeou et les parlements*, 1885, in-8°, p. 358 et 449. Cf. aussi les *Souvenirs de Madame de Beauvau*, p. 14 et 16).

membre des Académies italiennes della Crusca (1) et de Cortone. Son *Eloge* fut prononcé en 1805, dans une séance de l'Institut, par son neveu, le spirituel chevalier de Boufflers. (Cf. *Eloge de M. de Beauvau de la ci-devant Académie française*, par M. de Boufflers ; Paris, 1805, in-8° de 41 pages).

Voici comment la seconde princesse de Beauvau raconte, dans ses *Souvenirs*, les diverses circonstances du mariage de son mari avec Marie-Sophie-Charlotte de La Tour : « M. de Beauvau désiroit de se marier ; sa famille le désiroit encore plus. Il avoit alors vingt-quatre ans. Sa naissance, les biens de son père, ses qualités personnelles, sa figure, sa réputation le mettoient à portée de choisir. Il vouloit que son épouse fut d'une naissance égale à la sienne. On lui parla d'une jeune sœur de M. le duc de Bouillon, fille de Mlle de Guise ; sa mère étoit morte ; Mlle d'Auvergne devoit partager la succession de la maison de Guise avec un frère de sa mère et les enfants de M. le duc de Richelieu. Sa fortune actuelle n'étoit pas énorme ; mais elle suffisoit à un homme sage et simple, qui ne vouloit de faste que celui que son état lui imposoit. Madame la duchesse de Rochechouart, sa cousine et du même nom que lui, liée avec une partie des amis et de la famille de M. de Bouillon, s'informa des qualités personnelles de Mlle d'Auvergne. Tout ce qu'elle en apprit à M. de Beauvau le persuada qu'elle seroit une femme qui le pourroit rendre heureux et il l'épousa. » (Cf. les *Souvenirs de la maréchale princesse de Beauvau*, publiés par Mme Standish, née Noailles, chez Téchener, 1872, p. 31-32).

Une lettre, adressée le 3 avril 1745 au prince de Craon par un de ses parents (Cf. les *Souvenirs*, etc., *appendice*, p. 9 et suiv.), donne des renseignements détaillés sur les membres alors vivants de la famille de Bouillon. « ...... Plus je vois Mlle *d'Auvergne*, plus elle me plaît ; ses manières sont fort aimables, son minois intéressant. Sa physionomie annonce de l'esprit ; je n'ai point assez causé avec elle pour en juger, mais elle me paraît la plus aimable enfant du monde......... Vous me demandez u petit détail de ce qui compose la maison de Bouillon ; elle n'est pas nombreuse aujourd'hui. *M. le duc de Bouillon* (voir son article au paragraphe x), qui en est le chef, est veuf. C'est un homme très aimable pour la société. Sa politesse est noble et naturelle ; mais son esprit et son caractère est si léger, s'il en a un, que l'on peut dire de lui, à quarante ans qu'il a : c'est un joli enfant et il ne sera jamais autre chose. — Son fils, *le prince de Turenne* (voir son article au paragraphe xi), n'est pas encore développé. Je ne le connois point ; mais ceux qui le connoissent disent qu'il promet peu. — La petite *duchesse de Montbazon*, sa sœur (voyez le paragraphe x, 2°), est une très bonne enfant ; elle a un bon caractère, une inclination marquée pour la vertu ; mais elle n'a point d'esprit et elle est entre les mains d'une belle-mère dont la compa-

(1) La plupart des académies, très nombreuses, d'Italie avaient des noms singuliers : *Impatienti, Indomiti, Alterati, Lunatici, Infernati, Insipidi, Infecondi, Erranti*, etc. La plus célèbre était celle de la *Crusca*, proprement *son*. Ce mot est une allusion au but de ses travaux, qui consistent à perfectionner la langue italienne et à séparer les mauvaises expressions, comme on sépare le son de la farine. Les meubles de la salle de l'Académie sont tous allégoriques : la chaire est faite en forme de trémie, dont les degrés sont des meules de moulin. Le siège du directeur est également une meule ; les autres sièges sont faits en forme de hottes et le dossier en forme de pelle à four. La table est un pétrin. L'académicien, qui lit un mémoire, a la moitié du corps passé dans un blutoir. Les portraits qui décorent la salle ont la forme d'une pelle à four. (Cf. l'*Encyclopédiana*, 1791, p. 9).

gnie, loin d'être recherchée, est à éviter pour une jeune femme. — *Madame de Marsan*, qui a épousé le prince de Turenne, est une personne d'un vrai mérite ; elle a su s'attirer l'estime du public et l'amitié de toute sa famille. Cela est une très bonne liaison pour madame votre belle-fille. — Je ne vous parle pas de *Madame la duchesse de La Trémouille* (voy. paragraphe IX, 7°). Monsieur votre fils l'aime et la respecte trop pour ne vous en avoir pas souvent entretenu. Il me paroît désirer beaucoup que Mlle d'Auvergne lui ressemble, et c'est bien en effet tout ce que l'on peut souhaiter de mieux. — Je viens de vous nommer toutes les femmes de la maison, c'est-à-dire celles qui vivent dans le monde ; car je regarde la vieille *princesse de Montbazon* (voy. paragr. VIII, 8°), sœur du comte d'Evreux, comme une personne retirée, qui sera pour Madame votre belle-fille des visites de devoir et non de liaison. — *Monsieur le comte d'Evreux* (voy. paragr. VIII, 5°) a beaucoup de peine à parler depuis sa dernière attaque d'apoplexie ; malgré cela, il a conservé une bonne tête et beaucoup de dignité dans toutes ses manières. Vous savez qu'il est un peu singulier, mais le prince de Beauvau l'a subjugué.... — Il ne reste donc plus de cette maison que le *cardinal d'Auvergne* (voy. paragr. VII, 2°), dont je ne vous ai pas parlé. Hélas, mon Dieu ! que puis-je vous en dire ? Il n'est pas que sa malheureuse réputation n'ait été jusques à vous. C'est lui qui fait le mariage. Je vous avoue que cela m'a fait de la peine ; car je n'ai pas de dévotion à sa bénédiction ; etc. »

Nous empruntons encore à ces précieux *Souvenirs* l'alinéa suivant, qui traite de la mort de Marie-Sophie-Charlotte de La Tour, en 1763 (*ibid.*, p. 77-78) : « Madame de Beauvau, qui avoit suivi son mari en Lorraine, mourut à Commercy de la petite vérole. M. de Beauvau regretta en elle une femme qu'il avoit toujours vue contente de lui, de leur famille et de leurs amis. Elle avoit cette facilité d'être heureuse qui préserve également les femmes des égarements, des inquiétudes et de l'humeur. M. de Beauvau, jusqu'à ce moment, avoit eu pour sa fille les soins d'un père tendre et éclairé ; elle lui devint encore plus chère. » On trouve encore quelques passages qui intéressent la première femme du prince de Beauvau, aux *pièces justificatives*, p. 95 et suiv.

« Sa première femme l'ayant laissé veuf avant qu'il eut atteint la moitié de sa carrière », suivant l'expression de son biographe Lally-Tollendal (Cf. la *Biographie universelle* de Michaud, t. III, p. 665-668), il épousa en secondes noces, le 14 mars 1764, Marie-Charlotte-Sylvie de Rohan, sœur du duc de Rohan-Chabot et veuve du comte de Clermont d'Amboise, qui fut un « modèle révéré de la religion conjugale » (1). Madame d'Houtetot lui a rendu en vers un hommage mérité ; P. Boiteau a réimprimé les vers en question

---

(1) Citons, toutefois, cette anecdote de Chamfort : « Madame du Barry, étant à Luciennes, eut la fantaisie de voir le Val, maison de M. de Beauvau. Elle fit demander à celui-ci si cela ne déplairait pas à Mme de Beauvau. Mme de Beauvau crut plaisant de s'y trouver et d'en faire les honneurs. On parla de ce qui s'était passé sous Louis XV. Mme du Barry se plaignit de différentes choses, qui semblaient faire voir qu'on haïssait sa personne. « Point du tout, dit Mme de Beauvau, nous n'en voulions qu'à votre place. » Après cet aveu naïf, on demanda à Mme du Barry si Louis XV ne disait pas beaucoup de mal d'elle (Mme de Beauvau) et de Mme de Grammont. « Oh ! beaucoup. — Eh bien ! quel mal de moi, par exemple ? — De vous, Madame ? que vous étiez hautaine, intrigante ; que vous meniez votre mari par le bout du nez. » M. de Beauvau était présent ; on se hâta de changer de conversation. (Cf. *Œuvres complètes de Chamfort*, p. p. Auguis, 1824, in-8°, t. II, p. 86).

à la suite de son édition des *Mémoires de Madame d'Epinay*, 1863, t. II, p. 493.
On peut encore consulter sur les deux époux la *Correspondance complète de
Madame du Deffand*, 1865, 2 vol. in-12, *passim*, et les *Mémoires de Malouet*,
1868, in-8°, t. II, p. 459.

Le prince et la seconde princesse de Beauvau firent partie de la cour
demi-galante et demi-artistique, que le prince de Conti réunissait autour de
lui, soit au Temple, soit à sa maison de l'Isle-Adam. Ils figurent, avec vingt
autres personnages, dans le tableau d'Olivier, *le thé à l'anglaise dans le
salon des Quatre-Glaces, au Temple* (Cf. les *Galeries de Versailles*, n° 3,729 du
catalogue) : la princesse est à droite, debout ; elle verse à boire au mathématicien Dortous de Mairan, assis à une table avec le bailli de Chabrillan ;
le prince est à gauche, assis ; il lit une brochure, près de Mozart, enfant,
qui joue du clavecin.

Le prince de Beauvau fut en relation suivie avec Voltaire. C'est ainsi qu'il
lui envoie son discours de réception à l'Académie. Le 5 avril 1771, Voltaire
lui écrivit une lettre charmante pour le féliciter d'avoir fait l'éloge du duc
de Choiseul, alors en exil, et « d'avoir sacrifié à l'amitié et la vérité »,
(Cf. *Œuvres de Voltaire*, édit. 1785, t. LX, p. 473). Le même jour, il écrivait
à son amie, la marquise du Deffand, pour lui annoncer cette nouvelle. Le
discours, dit-il, est « noble, décent, écrit du style convenable ; j'en suis
extrêmement content ». Le duc de Beauvau va d'ailleurs visiter Voltaire à
Ferney, « dans sa tanière ». Les relations étaient déjà entamées. Le 4 avril
1769, Voltaire remerciait Saint-Lambert « de vouloir bien engager M. le
prince de Beauvau à daigner solliciter de toutes ses forces en faveur des
Sirven ».

La première princesse de Beauvau, Marie-Sophie-Charlotte de La Tour,
n'eut qu'un enfant. Elle accoucha, le 1er avril 1750, à Paris, après un travail
fort long (Cf. les *Mémoires du duc de Luynes*, t. x, p. 240), d'une fille, Anne-
Louise-Marie de Beauvau. Son père l'aima beaucoup. « Son premier mariage
avoit été heureux, rapporte la seconde princesse de Beauvau dans ses
Souvenirs, p. 6-7 ; il avoit pour sa femme les sentiments qu'elle méritoit. La
fille qu'elle lui a laissée, objet de ses plus tendres affections, de son goût
de préférence, a répandu un grand charme sur sa vie. Aucune femme ne
lui paroissoit plus aimable ; ses vertus, sa conduite, son esprit, ses agréments, sa tendresse pour lui l'attachoient à elle par les plus forts comme
par les plus doux liens, et l'amitié que cette aimable fille a eue pour moi,
les sentiments qu'il me connoissoit pour elle, ont fait une partie essentielle
de son bonheur ». Anne-Louise-Marie de Beauvau épousa, le 9 septembre
1767, Louis-Philippe-Marc-Antoine de Noailles, duc de Mouchy, prince de
Poix (1) (1752 † 1819), et mourut le 30 novembre 1834.

12° En dehors de sa famille légitime, Emmanuel-Théodose de La Tour eut
un fils naturel. M. de Bouillon, lit-on dans le *Journal de Barbier*, t. II, p. 141

---

(1) Le prince de Beauvau et son gendre, le prince de Poix, figurent tous les deux à l'*Etat
nominatif des pensions sur le Trésor royal, imprimé par ordre de l'Assemblée
nationale en 1789* (réimprimé dans les *Archives parlementaires* de Mavidal et Laurent,
1re série, t. XIII), avec les mentions suivantes :
Première classe, soumise à la retenue des quatre dixièmes : BEAUVAU (*Charles-Juste,
prince de*). — Dépt des Finances ; 69 ans ; depuis 1783 ; 24,000 fr. Lieutenant-général

(décembre 1730), qui est mort cet été, a déclaré à son fils qu'il avait un bâtard, qui était marchand bonnetier à Paris, lequel ignorait sa condition ; qu'il n'avait pas voulu en faire mention dans son testament, mais qu'il avait remis dix mille livres au curé de Saint-Sulpice (nommé Languet) pour les lui donner, et qu'il priait son fils d'en avoir soin. Peu après la mort de son père, le jeune duc s'en va voir le boutiquier, l'interroge adroitement et apprend bientôt que le curé Languet avait conservé la majeure partie des dix mille livres. Il s'ensuivit une explication très vive et Languet dut rendre l'argent.

X

Charles-Godefroy de La Tour (1706 † 1771) se titre par la grâce de Dieu souverain duc de Bouillon, vicomte de Turenne, duc d'Albret et de Château-Thierry, comte d'Auvergne, d'Evreux, de Nègrepelisse et du bas Armagnac, vicomte de Castillon, baron de La Tour, de Montgacon, Catillac et Olliergues, seigneur de Créquy et autres lieux, pair et grand chambellan de France, gouverneur et lieutenant-général du haut et bas pays d'Auvergne. Il épouse, le 2 avril 1724, par dispense du pape Innocent XIII du 6 mars précédent, *Marie-Charlotte Sobieska* (1697 † 1740), veuve de son frère aîné, le prince de Turenne.

Saint-Simon nous renseigne malicieusement sur la façon dont fut conduit ce mariage. Dès qu'il apprit la mort du prince de Turenne (paragr. IX, 3°), le duc de Bouillon songea à conserver comme bru Marie-Charlotte Sobieska, si elle devenait veuve, et, à tout événement, il dépêcha son second fils, Charles-Godefroy, pour persuader à la jeune femme de continuer son voyage. « La combinaison eut plein succès ; le duc de Bouillon et son fils gardèrent Marie-Charlotte tantôt chez eux à Pontoise, tantôt dans le couvent de Saint-Martin, et n'en laissèrent approcher personne qui la pût imprudemment détromper des grandeurs qu'elle croyait aller épouser. Ils négocièrent en Silésie pour avoir le consentement, puis à Rome pour avoir la dispense..... Enfin, le mariage se fit en avril 1724, fort en particulier, à cause du récent veuvage. Quand elle commença à voir le monde et à être présentée à la Cour, elle fut étrangement surprise de s'y trouver comme toutes les autres duchesses et princesses assises et de ne primer nulle part avec toute la distinction dont on l'avait persuadée, en sorte qu'il lui échappa plus d'une fois qu'elle avait compté épouser un souverain et qu'il se trouvait que son mari et son beau-père n'étaient que deux bourgeois du quai Malaquais. Ces regrets, qu'elle ne cachait pas, joints à d'autres mécontentements, on don-

des armées du roi, capitaine de ses gardes. Ladite pension, à titre d'appointements conservés pour ses services, en qualité de grand-maître de la maison du feu roi de Pologne, duc de Lorraine et de Bar.
    Deuxième classe, soumise à la retenue des trois dixièmes et demi : NOAILLES (*prince de Poix*). — Maison du Roi ; 37 ans ; depuis 1778 ; 8,000 fr. Capitaine des gardes du corps de Sa Majesté. *Il a fait à la nation le sacrifice de cette pension* (p. 307 et 357).

nèrent beaucoup aux Bouillon. Le mariage ne fut pas heureux. La princesse, qui ne put s'accoutumer à l'unisson avec nos duchesses et nos princesses, encore moins à vivre avec les autres comme il fallait qu'elle s'y assujetit, se rendit solitaire et obscure. Elle eut des enfants et, après plusieurs années, ne pouvant plus tenir dans une position si forcée, elle obtint aisément d'aller faire un voyage en Silésie pour ménager son père et ses intérêts auprès de lui. Son mari ne demandait pas mieux que d'en être honnêtement défait ; il ne la pressa point de revenir et, au bout de peu d'années, elle mourut en Silésie, au grand contentement de M. de Bouillon, qui ne laissa pas d'en recueillir assez gros pour ses enfants. »

Cet orgueil de la duchesse de Bouillon est confirmé par l'avocat Barbier. « Le dimanche 27 mai 1725, dit-il, le roi déclare son mariage avec Marie Leczinska ; c'est une fortune étonnante pour cette princesse. La princesse Sobieska, femme du prince de Turenne, qui est d'une fierté insupportable et qui regarde avec mépris la maison de Bouillon, est et sera bien piquée de voir si fort au-dessus d'elle une particulière de son pays, qu'elle regardait infiniment au-dessous d'elle. » (Cf. le *Journal de Barbier*, t. 1, p. 390).

Charles-Godefroy est nommé grand-chambellan de France, par démission de son père, au mois d'août 1728, et le 16 septembre suivant il prête serment pour le gouvernement de la haute et basse Auvergne qui lui est donné en survivance. Il avait hérité du régiment de cavalerie dit de Turenne, en 1723, après la mort de son frère, et il fit les campagnes sur le Rhin en 1733 et 1734 dans la guerre contre l'Empereur.

Il jouit continuellement de la faveur de Louis XV. Cependant il tomba en disgrâce, au mois de novembre 1744, parce que, lors de la maladie du roi à Metz, il avait fort maltraité le premier chirurgien, le sieur de la Peyronie. Mais la véritable raison de la disgrâce fut que sans doute il avait pris position dans l'affaire de la duchesse de Châteauroux. D'ailleurs, au mois de décembre, il fut rappelé de sa terre de Navarre et reprit ses fonctions. (Cf. le *Journal de Barbier*, t. III, p. 566-573).

Sa faveur est plus grande que jamais et, au mois de septembre 1749, il reçoit dans son château de Navarre le roi et la marquise de Pompadour. « Le mercredi 10 de ce mois, rapporte l'avocat Barbier dans son *Journal*, t. IV, p. 390, le roi part de Versailles pour aller passer quelques jours à Crécy, chez madame la marquise. Il va de là, avec un nombre de favoris, à Navarre, chez le duc de Bouillon, et ensuite au Hâvre pour voir la mer ». Parmi les visiteurs figuraient quatre dames, la duchesse de Brancas, les marquises de Pompadour, d'Estrades et de Livry ; deux ministres, les comtes de Saint-Florentin et d'Argenson, et les principaux officiers de la couronne, au nombre de dix-neuf, parmi lesquels il faut mentionner, à côté du duc de Penthièvre et du comte de Clermont, le prince de Turenne, grand chambellan en survivance, et le prince de Soubise, capitaine des gendarmes de la garde.

Le *Journal de Verdun* de 1766 donne sur ce voyage les renseignements suivants, qui sont dus au sieur Durand, alors professeur au collège d'Evreux : « La ville (d'Evreux), ayant eu avis que S. M. avoit déterminé de faire un voyage au château de Navarre le 17 du mois de décembre 1749, et qu'elle devoit passer par Evreux, en arrivant et lors de son départ, envoya vers

M. le duc de Luxembourg, gouverneur de la province, pour prendre ses ordres.... Dès qu'on eût aperçu les carrosses de S. M., qui arriva sur les huit heures et demie du soir, la ville fit tirer le canon, et MM. du Chapitre firent sonner leur plus grosse cloche. Le volume de votre journal ne pourrait pas contenir toutes les magnificences qui se firent pour lors à Navarre : il semble qu'on doit les sentir en disant simplement que c'était Monseigneur de Bouillon qui avoit l'honneur de recevoir chez lui son roi (1). Sa Majesté partit de Navarre pour se rendre au Hâvre de Grâce la nuit du 18 au 19 du même mois ». Pour recevoir dignement son hôte royal, le duc de Bouillon fit élever, décorer et meubler en moins de cinquante jours un second château, à l'extrémité gauche de la terrasse. Le président d'Avannes, qui l'a vu tel qu'il était lorsqu'il fut inauguré par Louis XV, rapporte qu'on remarquait dans le salon un assez beau portrait de la favorite, peinte dans le goût du temps, et qu'on avait placé dans les autres pièces le portrait de plusieurs maîtresses des rois de France. (Cf. ses *Esquisses sur Navarre*, 1839, p. 394). C'était là, à coup sûr, une attention des plus délicates.

Le duc de Bouillon fait d'ailleurs partie de la *camera* de Louis XV. Le lundi 13 septembre 1751, pendant que la dauphine accouche inopinément du duc de Bourgogne, dit Barbier (Cf. son *Journal*, t. v, p. 97), le roi était allé souper à Trianon avec ses fidèles : le prince de Conti, le duc de Bouillon, le prince de Soubise et autres. Au mois d'août 1752, le dauphin tombe malade de la petite vérole ; aussitôt le duc de Bouillon, « qui est infiniment attaché au Roi et à M. le Dauphin », s'enferme avec le malade, en demandant à Louis XV la permission d'envoyer le prince de Turenne à vingt-cinq lieues de la Cour, « pour éviter qu'il ne vînt dans l'air ». (Cf. le *Journal de Barbier*, t. v, p. 269).

Seul des princes de la maison de La Tour, Charles-Godefroy alla visiter la capitale de son duché souverain. Les *Archives de l'Hôtel-de-Ville de Bouillon* comprennent de nombreux documents sur ce voyage. (Cf. G, 17, 18, 19 ; O, 55 et JJ, 55). Voici le résumé qu'en a donné M. Félix Hutin (frère Macédone), dans son étude sur *Carlsbourg, autrefois « Saussure », ancienne seigneurie et pairie du duché souverain de Bouillon*, 1894, p. 237 et suiv. : « M. Bodson, procureur-général du duché, se rendit jusqu'à Rethel, à la

(1) Le professeur Durand connaît l'usage des figures de rhétorique ; mais, comme le plus bel éloge ne vaut pas un récit détaillé, nous aurons recours aux *Mémoires du duc de Luynes*, t. ix, p. 507. « Le roi, venant d'Anet, se mit en chemin pour Navarre, où S. M. arriva à 9 heures du soir. Elle trouva toutes les avenues éclairées et une très brillante illumination dans le château et les jardins. Le souper fut grand et magnifique ; la table étoit dans le grand salon, qui est de même formé que celui de Marly, précédé de même par quatre antichambres ; il est un peu plus petit que celui de Marly et beaucoup plus élevé. Il étoit prodigieusement éclairé. — Le 18, le Roi se promena dans les jardins, dont les dessins sont de Le Nôtre : S. M. en parut très contente ; en effet les avant-cours, les jardins, les canaux et surtout la cascade, qui est en face du château, sont de la plus grande beauté. L'après-midi, promenade en calèche dans la forêt d'Evreux. M. de Bouillon avoit arrangé une chasse de cerf avec l'équipage du baron de Crelot pour donner au Roi le beau spectacle de voir prendre un cerf dans la rivière, vis-à-vis la maison. Les cerfs s'y font presque toujours prendre et même souvent descendent la cascade. On attaqua la chasse, mais les chiens prirent la charge sur un daguet ; on n'entendit rien de la chasse pendant la promenade du Roi. Sa Majesté rentra à l'entrée de la nuit et on commença une partie de piquet ; un moment après on entendit la chasse. Le daguet vint dans le canal, où il fut pris ; mais on ne put jamais lui faire descendre la cascade. Le Roi quitta son jeu, passa le canal et se trouva à la mort. Le Roi revint souper et partit dans la nuit même pour Rouen. On ne peut rien ajouter à la magnificence avec laquelle M. de Bouillon a traité le Roi. »

rencontre de Son Altesse, qui y arriva le 31 juillet. Le lendemain, le duc
loge à Balan, chez le sieur Husson, délégué de l'intendant de Metz. Le 2 août,
il est complimenté à la frontière par M. de Larzac, gouverneur du duché,
venu à sa rencontre avec les membres de la Cour Souveraine, les gardes du
corps, les gardes à cheval ordinaires et plusieurs officiers de la milice bourgeoise. Après les compliments d'usage, Son Altesse se remet en marche
dans un carosse à huit chevaux ; sa suite se trouve dans six autres carosses
à six chevaux et cinq chaises de poste. A l'entrée de la ville de Bouillon,
M. Dupé, accompagné des officiers de la garnison et de son état-major, des
trois bourgmestres et du syndic de la ville, attendent le prince. Au moment
où les équipages paraissent, les cloches de la ville sonnent à toute volée, et
trois salves de toutes les batteries du château annoncent aux heureux
Bouillonnais que leur prince souverain arrive au milieu d'eux. Ayant reçu
les clefs de la ville, le duc prend la tête du cortège entre une double haie,
formée des milices bourgeoises du duché, en armes, et de 200 hommes du
régiment de Bouillon, commandés par le lieutenant-colonel baron de Val-
dence, et s'achemine vers l'église Saint-Pierre, où l'abbé de Saint-Hubert, en
habits pontificaux, préside au chant du *Te Deum* et du *Domine salvum fac
ducem*.

« A la sortie de l'Eglise, Son Altesse se rend à l'hôtel du gouverneur avec
le même cérémonial que pour son entrée en ville. Les réceptions ont lieu
bientôt après dans l'ordre suivant : 1º le commandant du château, entouré
de son état-major, des officiers de la garnison et de ceux du détachement
du régiment de Bouillon ; 2º les membres de la Cour Souveraine, précédés
des huissiers, la masse haute ; 3º les officiers de l'Hôtel-de-Ville, qui offrent
au prince le vin d'honneur, consistant en 100 bouteilles de vin du Cap, dans
deux caisses ornées des armoiries de la maison de La Tour d'Auvergne ;
4º le clergé et les religieux Augustins ; 5º les chanoinesses du Saint-Sépulcre,
représentées par leur directeur spirituel qui offre, en leur nom, douze bourses
travaillées en or et en argent, plusieurs corbeilles de fleurs, et d'autres
remplies de confitures sèches et liquides ; 6º enfin, les députés des villes et
villages du duché présentent, pour don de joyeuse entrée, un coffret richement décoré et contenant *dix mille livres* en or.

« Après les réceptions, banquet. Le soir, les compagnies de la milice
bourgeoise du duché, en armes, au nombre d'environ mille hommes, se
portèrent sur les montagnes situées en face du palais et firent une triple
décharge de mousqueterie, chacune répondant à une salve des boîtes de la
ville. Ces détonations, répercutées par les montagnes voisines, durent pro-
duire un effet féerique. Il en fut de même du feu d'artifice monté sur la
Semois, et auquel Son Altesse mit elle-même le feu, au moyen d'une fusée
courante. Une illumination générale de toute la ville termina cette journée.
Pendant que se succédaient toutes ces merveilles, deux fontaines de vin,
ornées de feuillage et habilement pratiquées dans un enfoncement de terrain,
près de la Semois, coulèrent à profusion pendant une partie de la nuit; etc. »
Le 10 août, le duc Charles-Godefroy s'en vint à Saussure, dont il avait
acheté le château l'année précédente et, sur la demande des habitants,
donna « l'un des noms de son baptême » à ladite terre, qui s'appela désormais *Carlsbourg*.

Les embarras d'argent où se débattait la famille de Bouillon avaient obligé le duc Charles-Godefroy à vendre au roi, le 8 mai 1738, sa vicomté de Turenne qui avait conservé jusqu'à cette date une indépendance financière à peu près complète. M. Réné Fage vient précisément de publier deux volumes intéressants—1 vol. de texte de 324 p., et 1 vol de 313 p. consacré aux pièces justificatives — dans lesquels il étudie le fonctionnement des institutions représentatives de ce grand fief, du xive au xviiie siècle. Un mémoire, adressé au roi en 1407, porte que le vicomte de Turenne a de toute ancienneté le droit et l'habitude de réunir les Trois-Etats de sa vicomté pour traiter avec eux des affaires du pays et que le consentement desdits Etats est nécessaire pour la levée des taxes. Mais ces Etats ne se sont guère réunis tous les ans, d'une façon à peu près régulière, que depuis le commencement du xve siècle. Tout d'abord, les trois Ordres se font représenter aux assemblées plénières. Mais bientôt le clergé n'y paraît plus et, peu après, la noblesse fait de même ; elle se contente de députer deux syndics généraux, dont les fonctions sont viagères, l'un pour le Quercy, l'autre pour le Limousin. Les Etats sont donc réduits aux gens du tiers ordre. Ceux-ci votent et répartissent chaque année le don gratuit, c'est-à-dire les sommes demandées par le souverain ; la répartition se fait d'après un tarif de proportion une fois établi. Naturellement au don gratuit il faut ajouter à peu près régulièrement les présents (1) qu'il faut donner au souverain et à sa famille, des gratifications pour les officiers du vicomté et pour les agents des Etats, enfin les sommes nécessaires pour l'entretien des ponts et des routes, qui rentrent peu à peu dans les attributions des Etats.

Le duc Charles-Godefroy se prodiguait à la Cour et dans la société des beaux esprits. Il tâcha donc d'entrer en relation avec Voltaire qui régnait alors sur la société française. On sait que celui-ci avait recueilli à Ferney une parente pauvre de Corneille — « il convenait à un vieux soldat, comme il le dit, de tâcher d'être utile à la petite-fille de son général. » — et que, pour la doter, il fit paraître par souscription une édition luxueuse des Œuvres de notre grand tragique. Le duc de Bouillon profite de cette circonstance et il écrit à Voltaire de le taxer pour le nombre des exemplaires qu'il lui faudrait acheter ; en même temps il lui adresse des vers de sa composition où il le loue d'avoir triomphé de ses ennemis. La réponse ne se fit pas attendre. « C'est vous, lui dit Voltaire, le 31 juillet 1760, c'est vous qui faites mon triomphe.

> *Au pied de mes rochers, au creux de mes vallons,*
> *Pourrais-je regretter les rives de la Seine ?*
> *La fille de Corneille écoute mes leçons.*
> *Je suis chanté par un Turenne :*
> *J'ai pour moi deux grandes maisons*
> *Chez Bellone et chez Melpomène....*

Et Voltaire ajoute : « Comme je sais que vous allez partout semant votre argent et que souvent il ne vous en reste guère, je vous réduis à six

---

(1) On a déjà vu, à l'art. d'Emmanuel-Théodose de La Tour, que les fils aînés du vicomte avaient droit à un présent la première fois qu'ils allaient visiter la vicomté. En 1703, le présent fut de 15,000 livres. (Cf. *Arch. nat. R2, 401*).

(exemplaires de l'édition Corneille) et j'augmenterai le nombre, si j'apprends que vous êtes devenu économe. »

Le duc Charles-Godefroy se montra fier des éloges mondains que lui prodiguait ainsi Voltaire. Nous en avons la preuve dans la lettre que l'habile complimenteur adressa, le 30 septembre suivant, à la comtesse de Lutzelbourg : « ..... M. le duc de Bouillon ne vous écrit-il pas quelquefois ? Il a fait des vers pour moi ; mais je lui ai bien rendu. »

En 1767, la famille de Bouillon fut douloureusement frappée. Les deux fils du prince de Turenne se livraient à des exercices de gymnastique, afin de développer la plasticité de leurs muscles, qui en avaient fort besoin. Tout à coup un agrès casse, le cadet est tué net et l'aîné, qu'on avait dû élever dans un fauteuil, demeura estropié pour la vie et il fallut renoncer à l'espoir de le guérir. Voltaire adresse aussitôt ses compliments de condoléance à Son Altesse Mgr le duc de Bouillon. « Je n'ai appris, lui écrit-il le 23 décembre 1767, la perte cruelle que vous avez faite que dans l'intervalle de ma première lettre et de celle dont Votre Altesse m'a honoré. Personne ne souhaite plus que moi que le sang des grands hommes et des hommes aimables ne tarisse point sur la terre. Je suis pénétré de votre douleur et sûr de votre courage. » Il lui demande ensuite des renseignements sur l'affaire du quiétisme, où son oncle, le cardinal de Bouillon, avait été compromis et il ajoute sans doute pour hâter la communication des documents demandés : « Je ne vois dans la conduite du cardinal de Bouillon que celle d'une âme noble, qui fut intrépide dans l'amitié (pour Fénelon) et dans la disgrâce. »

Mentionnons encore une lettre que Voltaire avait adressée, le 28 décembre 1767, à M. Maigrot, chancelier du duché souverain de Bouillon, pour le remercier des renseignements envoyés et pour lui en demander d'autres sur le prince de Turenne. (Cf. *Œuvres de Voltaire*, 1785, t. LX, p. 370).

Emmanuel-Théodose de La Tour avait fait, peu avant de mourir, le 31 mars 1730, un codicille par-devant Bougainville, notaire à Paris. Par cet acte, il substituait le comté d'Evreux et le château de Navarre : 1° dans la ligne directe et masculine de Charles-Godefroy, son fils ; 2° dans celle de ses autres garçons, par ordre de primogéniture ; 3° dans celle de ses frères puînés. Ce codicille a été confirmé par lettres patentes du roi, du mois d'avril 1730. — Par testament olographe du 4 octobre 1769, Charles-Godefroy substitue : 1° sa terre d'Ollergues qu'il lègue au roi en cas d'extinction de la race masculine des Bouillon ; 2° le duché de Bouillon. « Je veux ajoute-t-il, que mon cœur, étant séparé de mon corps, soit porté dans l'église paroissiale de Bouillon, et que mon corps soit porté à l'église de Saint-Taurin (à Evreux), et soit placé auprès de celui de feu Monseigneur le duc de Bouillon, Godefroy-Maurice, mon très honoré et respecté grand-père. » (Cf. d'Avannes, *Esquisses sur Navarre, notes et pièces justificatives*, p. 121).

Le *Journal politique* ou *Gazette des Gazettes*, in-12, imprimé à Bouillon sous la direction de P. Rousseau, lui consacre l'article nécrologique suivant : « Son Altesse Sérénissime Mgr le duc de Bouillon (Charles-Godefroy), grand chambellan et pair de France, fut frappé, le 22 du mois d'octobre, d'un coup d'apoplexie, dont il mourut le 24, au château de Montalet, près de Mantes, dans sa 60ᵐᵉ année. Ce prince régnoit depuis 1730. Son corps fut porté à

p. 131

Evreux, à l'abbaye de Saint-Thaurin, où il a été inhumé le 2 de ce mois. La bienfaisance et l'humanité caractérisaient particulièrement ce prince ; il fut l'ami des gens de lettres et le père de ses sujets. Ces vertus, si nécessaires, mais si rares dans un souverain, perpétueroient nos regrets sur la perte que nous venons de faire, si Son Altesse Sérénissime Mgr Godefroy-Charles-Henri, prince de Turenne, son fils, qui est appelé à la souveraineté, ne nous offroit dans ses vertus des motifs puissants de consolation.

« Son Altesse Mgr le feu duc de Bouillon, voulant donner à ses sujets un dernier témoignage de son affection, avoit ordonné par son testament que son cœur fût déposé en la capitale de Bouillon. Ce précieux dépôt fut apporté ici, le 21 de ce mois (de décembre). Son Altesse le prince de Bouillon, son petit-fils, en accompagnoit le convoi. Une députation de la Cour souveraine, suivie d'une brigade des gardes du corps à cheval, étoit allée jusqu'à la frontière de ce duché à la rencontre de Son Altesse, dont l'arrivée en cette ville fut annoncée par trois salves de toute l'artillerie du château. Son Altesse fut reçue et complimentée en dehors de la barrière, par l'état-major du château et, en dedans, par les officiers municipaux. Le curé, accompagné de son clergé, ayant reçu sous un dais le cœur de feu Son Altesse Sérénissime des mains d'un aumônier de ce prince, la pompe funèbre se mit en marche à travers une double haie, formée par les milices bourgeoises de la ville et du duché, et se rendit à la paroisse, où, après un service solennel, ce gage précieux fut déposé avec les cérémonies accoutumées, dans la table du grand autel.

« L'après-midi, Mgr le prince de Bouillon a repris la route de Paris, au bruit d'une triple décharge de canon ; les gardes du corps à cheval et quelques détachements de la milice bourgeoise ont accompagné Son Altesse jusqu'à la frontière. »

La princesse Marie-Charlotte Sobieska donna trois enfants à son mari, un fils et deux filles, dont la cadette, *Anne-Marie-Louise*, mourut jeune.

1° *Godefroy-Charles-Henri* (1728 † 1792), duc de Bouillon, qui suit.

2° *Marie - Louise - Henriette - Jeanne* (1725 † 1793) épouse, le 19 février 1743, *Jules-Hercule-Mériadec de Rohan* (1726 † 1788), *prince de Guéméné*, fils aîné de Hercule-Mériadec de Rohan, duc de Montbazon, etc., et de Louise-Gabrielle-Julie de Rohan-Soubise.

C'est la troisième alliance, en moins d'un demi-siècle, qui est conclue entre les maisons de Rohan et de Bouillon. Charles III de Rohan, duc de Montbazon, beau-père de Louise-Julie de La Tour (voir le paragraphe VIII, 8°), eut une nombreuse famille. Par la mort de trois de ses frères, le quatrième fils, Hercule-Mériadec de Rohan, devint l'aîné de la maison. Il se titrait prince de Rohan-Rohan, duc de Montbazon, prince, comte et haut baron de Guéméné, comte de Montauban, Clisson, Rochefort, etc., pair de France. Il épousa une fille de Hercule-Mériadec de Rohan-Soubise et c'est son fils aîné qui épouse en 1743, la fille du duc de Bouillon.

Voici les renseignements fournis sur cette union par les *Mémoires du duc de Luynes*, t, IV, p. 412, à la date du lundi 18 février 1743. « Hier se firent les fiançailles de M. de Montbazon et de Mlle de Bouillon. Il avoit été dit que ce seroit dans le cabinet du roi, et que Mlle de Bouillon n'iroit point chez Mesdames (les filles du roi), mais seulement chez la reine, qu'elle suivroit ensuite chez le roi. Tout cela est changé quelque temps après et il fut réglé que ce seroit dans l'Œil-de-Bœuf et que Mlle de Bouillon iroit d'abord chez Mesdames et qu'elle les suivroit chez la reine. Cela s'exécuta ainsi ; ce fut après le salut. On avoit mis une table dans le fond de l'Œil-de-Bœuf auprès de la cheminée. Le roi étoit suivi de M. le Dauphin, de M. le comte de Charolais, de M. le prince de Dombes et de M. le duc de Penthièvre. Il y avoit chez la reine Mme la princesse de Conti, Mlles de Sens, de Conti et de La Roche-sur-Yon. Mesdames y arrivèrent, suivies de Mlle de Bouillon et de la noce. Il y avoit bien en tout cinquante dames. La reine sortit de son appartement par son cabinet, passa par la galerie et trouva le roi au bout de la table, du côté droit ; elle se plaça du côté gauche, M. le Dauphin et les princes du sang du côté du roi, et Mesdames et les princesses du côté de la reine. On commença par la signature du contrat. Le roi signe toujours le premier, même avant les mariés. La reine, les princes et les princesses ayant tous signé suivant, le marié et la mariée signèrent ; ensuite, M. de Bouillon et Mme de Guéméné. M. de Montbazon avoit un habit de brocart d'argent, garni de dentelles d'or et un manteau du même. Mlle de Bouillon étoit aussi vêtue avec un habit noir et or et une mante de réseau d'or, portée par Mlle de Montauban. J'entendis que M. de Dreux disoit à M. de Montbazon qu'il auroit dû être vêtu de noir et or. On peut voir ce qui se passa au mariage de Mlle de Guéméné à Fontainebleau, dont j'ai fait le détail dans le temps. Hors cette différence sur l'habillement, la cérémonie me parut la même. Après la signature, M. le cardinal de Rohan arriva, précédé de plusieurs prêtres, parmi lesquels étoit le curé de Notre-Dame ; il avoit passé par la chambre du roi ; il arriva par le milieu, vis-à-vis le roi et fit la cérémonie à l'ordinaire. Après quoi, la reine se retira chez elle, suivie de toutes les dames. Le roi resta à sa place, jusqu'à ce que toutes les dames furent parties. M. de Montbazon étoit à la droite, Mlle de Bouillon à la gauche, suivant l'usage ordinaire. M. de Guéméné, père du marié, n'a pas paru dans cette cérémonie, ni dans tout ce qui a regardé le mariage ; il est interdit et personne ne le voit. »

Les deux époux jouèrent un rôle effacé. Colonel du régiment de Rohan en 1745, le duc de Montbazon prit part à la campagne de Flandre dans l'armée de Maurice de Saxe. Lors de la guerre de Sept Ans, il contribua au gain de la victoire de Sondershausen, en 1758. Il fut fait maréchal de camp en 1759 et lieutenant-général le 25 juillet 1762. La *Biographie* Michaud, copiée par tous les dictionnaires, le fait émigrer au début de la Révolution, puis mourir vers 1800 en Allemagne. C'est une erreur. Il vécut dans une profonde retraite, après la fameuse banqueroute de son fils et son beau-frère, le duc Godefroy-Charles-Henri, lui offrit l'hospitalité dans son château de Carlsbourg, en 1788, où il mourut vers la fin de cette année, comme en témoigne son acte de décès que M. Félix Hutin a découvert aux archives de la commune et qu'il a publié dans son étude sur *Carlsbourg*, p. 266 :

« L'an 1788, le 10 décembre, vers les neuf heures et vingt minutes du soir, est décédé au château de Carlsbourg, très haut, très puissant et très illustre prince, Monseigneur Jules-Hercule-Mériadec de Rohan, prince de Rohan-Guéméné, duc de Montbazon, lieutenant-général des armées de Sa Majesté très chrétienne, âgé de 62 ans, 8 mois et 13 jours, en présence de messire Albert-Servais de Mangelschott, ancien capitaine des grenadiers au régiment de La Marck, avec le rang de major et chevalier de l'ordre royal et militaire de Saint-Louis, de maître Joseph Caillet, curé de la paroisse de Saint-Pierre de Bouillon, son directeur, de messire Jean-François-Félix Dorival de Fignamont, l'un des commissaires généraux des ville et duché de Bouillon, et de nous, curé dudit lieu de Palizeux (Paliseul), etc. »

Si le duc et la duchesse de Montbazon sont à peine mentionnés dans les Mémoires du XVIIIme siècle, par contre leur fils unique *Henri-Louis-Marie de Rohan* (1745 † 1810), prince de Guéméné, eut son heure de célébrité bruyante. En 1781, il obtint du département de la Guerre une pension de 8,000 livres, à titre de capitaine-lieutenant en survivance de la compagnie des gendarmes de la garde ordinaire du roi. (Cf. Mavidal et Laurent, *Archives parlementaires*, 1re série, t. XIII, à *l'État nominatif des pensions sur le Trésor royal*, 2me classe). Le 20 août 1775, il avait été nommé grand chambellan de France en survivance du duc de Bouillon, son oncle maternel.

Le prince de Guéméné avait épousé, en 1761, sa cousine, Victoire-Armande de Rohan, qui était l'héritière des Rohan-Soubise en indivis avec sa sœur aînée, Charlotte-Godefride-Elisabeth (v. plus haut p. 100). La princesse succéda, dans la charge de surintendante des Enfants de France, à sa tante, Marie-Louise-Geneviève de Rohan-Soubise, veuve de Gaston de Lorraine, sire de Pons et comte de Marsan et dont le nom a été donné au pavillon de Marsan qui est situé à l'extrémité septentrionale du palais des Tuileries. Elle devint bientôt l'une des favorites de la reine Marie-Antoinette et lui donna de belles fêtes dans son hôtel ; un soir qu'elle devait s'y rendre, la reine avança adroitement l'aiguille de la pendule pour hâter l'instant du départ de Louis XVI qui se couchait toujours à onze heures précises. (Cf. les *Mémoires de Madame Campan*, t. I, p. 128 et 164).

La princesse de Guéméné joua un rôle politique assez important, avant la grande faveur des Polignac. Elle prit une part fort active aux intrigues qui amenèrent la chute de Malhesherbes et de Turgot et par suite le triomphe du duc de Guines, lequel, étant ambassadeur de France à Londres, avait fait la contrebande sous le couvert de ses privilèges diplomatiques et joué sur les fonds publics en profitant des informations que sa place lui procurait. (Cf. Gaston Maugras, *La fin d'une Société, Le duc de Lauzun et la Cour de Marie-Antoinette*, 1895, in-8°, p. 109-112 ; cf. aussi p. 51, 103, etc.).

Toutefois son salon n'était pas bien tenu, si l'on s'en rapporte aux *Mémoires du baron de Bezenval, passim*. On y jouait beaucoup et d'une manière déloyale. D'ailleurs elle ne menait pas une existence recommandable aux yeux de la vertu. Tandis que son mari vivait presque ouvertement avec la comtesse de Dillon, elle s'affichait avec le duc de Coigny et protégeait très volontiers le duc de Lauzun.

Elle favorisa, semble-t-il, les prétentions étonnantes de ce dernier sur Marie-Antoinette. « Mme la princesse de Bouillon, raconte Lauzun dans ses

Mémoires, 1822, p. 225, me reprocha chez Mme de Guéméné d'être triste et occupé, que j'avois une grande passion dans le cœur et dit bientôt que c'étoit la reine. » Ce fut la princesse de Guéméné qui donna à l'imprudente reine la fameuse plume de héron blanc qu'elle avait distinguée sur le casque de Lauzun. Au reste, voici le récit de Lauzun : « Mme de Guéméné s'approcha de moi et me dit en riant à demi-voix : « Êtes-vous très attaché à une plume de héron blanche, qui étoit à votre casque, lorsque vous avez pris congé ? La reine meurt d'envie de l'avoir. La lui refuserez-vous ? » Je répondis que je n'oserais la lui offrir, mais que je me trouverois très heureux qu'elle voulut bien la recevoir de Mme de Guéméné. J'envoyai un courrier la chercher à Paris et Mme de Guéméné la lui donna le lendemain au soir. Elle la porta dès le jour suivant et, lorsque je parus à son dîner, elle me demanda comment je la trouvois coiffée. Je répondis : « Fort bien.—Jamais, reprit-elle avec infiniment de grâce, je ne me suis trouvée si parée. » Voici, d'autre part, comme cette affaire délicate est racontée dans les *Mémoires de Madame Campan*, t. I, p. 168 : « M. le duc de Lauzun avait de l'originalité dans l'esprit, quelque chose de chevaleresque dans les manières. La reine le voyait aux soupers du roi et chez la princesse de Guéméné ; elle l'y traitait bien. Un jour il parut chez Mme de Guéméné en uniforme avec la plus magnifique plume de héron blanc qu'il fût possible de voir. La reine admira cette plume ; il la lui fit offrir par la princesse de Guéméné. Comme il l'avait portée, la reine n'avait pas imaginé qu'il pût vouloir la lui donner. Fort embarrassée du présent qu'elle s'était pour ainsi dire attiré, elle n'osa pas le refuser, ne sut si elle devait en faire un à son tour et dans l'embarras, si elle donnait quelque chose, de faire ou trop ou trop peu, elle se contenta de porter une fois la plume et de faire observer à M. de Lauzun qu'elle s'était parée du présent qu'il lui avait fait. »

Le prince et la princesse de Guéméné pouvaient facilement tenir un grand état de maison, faire jouer la comédie chez eux et donner des fêtes magnifiques. Ils n'avaient pas moins de deux millions de rente, si leurs biens étaient substitués. Toutefois, le prince de Guéméné voulait retraire des seigneuries et dégager plusieurs de ses terres nobles en amortissant de vieilles censives ; il se mit à emprunter de l'argent à droite et à gauche, à charge de rentes viagères (1). Il emprunta tant et si bien qu'il fit, au mois de septembre 1782, une banqueroute, mais une « banqueroute sérénissime, » suivant le mot du marquis de Villette (Cf. les *Œuvres de Chamfort*, t. II, p. 143), une banqueroute de trente-trois millions de francs et qui lésait les intérêts de plus de trois mille personnes. Le cardinal de Rohan, grand aumônier de France, disait à ce propos, avec une vanité imbécile, qu'il n'y avait qu'un roi ou qu'un Rohan qui pût faire une si énorme banqueroute. La haute noblesse, tout en exprimant des blâmes, applaudit à l'abaissement d'une maison dont le faste orgueilleux l'avait souvent froissée. Quant aux rentiers, presque tous se trouvaient dans la petite bourgeoisie ou dans le bas peuple, ils poussèrent des cris de colère et de vengeance. Le poète Le Brun se vengea de sa ruine par l'épigramme suivante :

(1) Il payait ses fournisseurs de la même manière, par des rentes viagères. Or les notes étaient sérieuses. De son côté la princesse avait aussi des dettes énormes ; elle devait 60,000 livres à son cordonnier, 16,000 livres à son colleur de papier, et le tout à l'avenant. (Cf. G. Maugras, *ouvrage cité*, p. 257, 294).

13

> *Quand un beau prince, escroc sérénissime,*
> *Nous allégea de trente millions,*
> *Maint bon vieillard, souffreteux, cacochyme,*
> *Porter lui fut ses lamentations ;*
> *C'était pitié de voir leur doléance.*
> *Lors un matois, chargé de la créance,*
> *Les avisant, leur dit : « Ne larmoyez ;*
> *Princes ne sont qu'honneur et conscience !*
> *Sans perdre rien vous serez tous payés*
> *Dans cinquante ans : ne faut que patience ! »* (1)

Cependant Louis XVI s'était hâté d'évoquer l'affaire, et il avait fait détenir au château de Navarre le prince de Guéméné, qui fuyait vers la frontière. On s'indigna d'une mesure où l'on vit un moyen détourné de soustraire le coupable aux sévérités de la justice. La princesse de Rochefort, belle-sœur du banqueroutier, traversant Paris en carrosse, se vit entourée « par une populace ameutée » et n'échappa qu'avec peine à sa colère. D'ailleurs les coupables furent punis : le prince, qui conserva sa pension de 8,000 livres, se vit enlever sa charge de grand chambellan de France. De même la princesse dut donner sa démission de gouvernante des Enfants de France, sur les représentations que l'ambassadeur de Vienne, Mercy-Argenteau, et l'abbé de Vermond en firent à Marie-Antoinette. Il est vrai qu'on lui tint compte jusqu'à un certain point de sa démission forcée. Elle recevait de la Maison du Roi, depuis 1779, une pension de 36,690 livres ; elle en reçut une seconde, de 24,000 livres, sans retenue, à titre de retraite ; ce qui lui fit un revenu annuel de 60,690 livres, payé par l'État. En outre, le gouvernement, pour aider le prince de Guéméné à apaiser un peu ses créanciers, lui racheta les droits régaliens qu'il avait sur le port de Lorient, au prix exhorbitant de neuf millions cinq cent mille livres, plus quelques autres propriétés féodales non substituées et son hôtel de l'avenue de Versailles, à Paris. Mais tels étaient les sentiments de la haute société d'alors que, tandis que le prince de Guéméné s'enivrait tous les jours au château de Navarre, le premier soin de la princesse sa femme, en arrivant au lieu de sa retraite, à Vigny, près Pontoise, fut de mander des ouvriers pour y construire un théâtre. (Cf. Bachaumont, *Mémoires secrets pour servir à l'histoire de la république des lettres, depuis 1762 jusqu'à nos jours,* Londres, in-12, t. XXI, p. 155-215, de septembre à décembre 1782 ; *Les Souvenirs de la Marquise de Créquy* (ouvrage apocryphe d'un sieur de Causen, se disant comte de Courchamps, éd. de 1842, t. VI, p. 160-169 ; A. d'Arneth et J. Flammermont, *Correspondance secrète du Comte de Mercy-Argenteau avec l'empereur Joseph II et le prince de Kaunitz* (Coll. des Documents inédits), 1889, t. I, p. 132 et suiv.;

---

(1) Le prince de Guéméné eut également son couplet dans la chanson des *Têtes à changer.* (Voir E. Raunié, *Le Chansonnier historique du XVIIIe siècle,* t. x, p. 99) :

> J'aperçois sur ma route
> Un prince qui sans doute
> Croit qu'une banqueroute
> N'est qu'un trait d'écolier.
> Oh ! la noble famille
> Qui dès longtemps ne brille
>
> Que parce qu'elle pillo
> Le pauvre roturier.
> Changez-moi cette tête,
> Cette comique tête :
> Changez-moi cette tête,
> Tête à pilorier.

Félix Rocquain, *L'Esprit révolutionnaire avant la Révolution*, 1878, p. 402;
G. Maugras, *ouvr. cité*, p. 293-297).

Les Guémené émigrèrent pendant la Révolution. Leurs trois fils servirent
contre la France dans les troupes de l'Autriche, avec tant d'éclat que les
deux premiers obtinrent la charge de feld-lieutenant-général. L'aîné, Charles-
Alain-Gabriel (1764 † 1836), fut reconnu en 1815 comme duc de Bouillon par
le Congrès de Vienne. Il ne laissa qu'une fille, qui mourut en 1841, après
avoir épousé son oncle, Victor-Louis-Mériadec de Rohan (1766 † 1846). Celui-ci
fut le dernier survivant des Rohan-Guémené. Comme il ne laissait pas
d'enfant, il adopta les enfants de sa sœur, les princes de Rohan-Montauban
et de Rohan-Rochefort, et Camille-Philippe-Joseph-Idesbald de Rohan lui
succéda dans ses titres. Depuis le mois de septembre 1892, le chef de la
maison de Rohan est le neveu de ce dernier, Alain-Benjamin-Arthur, duc
de Montbazon et de Bouillon, prince de Guémené, Rochefort et Montauban,
né le 8 janvier 1853, et qui a épousé en 1885 la princesse Jeanne d'Auersperg;
il a pour résidence Prague et le château de Sichrow en Bohême.

Disons, en terminant, que le titre de *Durchlaucht*, c'est-à-dire d'Altesse
Sérénissime, confirmé en 1808 à tous les membres de cette branche
de Rohan (1) par lettres patentes de grande naturalisation de l'empereur
François Ier d'Autriche, leur a été reconnu depuis par les rois de Prusse,
de Bavière, de Hanovre et de Saxe.

XI

Godefroy-Charles-Henri de La Tour (1728 † 1792), duc de
Bouillon, etc., pair et grand chambellan de France, colonel
général de la cavalerie légère de 1740 à 1759, épouse, le 27
novembre 1743, *Louise-Henriette-Gabrielle de Lorraine* (1718†1788),
fille de Charles-Louis de Lorraine, prince de Pons, comte de
Marsan, etc., et d'Elisabeth de Roquelaure.

C'est la troisième alliance conclue entre la maison de Lorraine et celle de
Bouillon (voir le paragr. IX, D). L'héritier de René de Lorraine, qui fonda
la branche des ducs d'Elbeuf, Charles Ier de Lorraine, eut deux fils; l'aîné,
Charles II, continua la branche directe. Le second, Henri de Lorraine, fonda
la branche des comtes d'Armagnac; il eut une nombreuse famille. Son
cinquième fils, Charles de Lorraine, est le chef de la branche des comtes
de Marsan : il se titre en outre sire de Pons, prince de Mortagne (en Saintonge), souverain de Bédeille (dans le Béarn), etc., qualités et seigneuries

(1) Il ne faut pas confondre, dit l'*Almanach de Gotha*, cette maison princière avec
d'autres familles, qui portent le nom de Rohan seulement par alliance et sans faire partie de
la maison de Rohan. Telle est la famille de Rohan-Chabot, dont le chef actuel est Alain-Charles-
Louis de Rohan-Chabot, duc de Rohan, prince de Léon, député du Morbihan, né le 1er décembre
1844 ; tous les membres des deux sexes de cette famille ont le titre de « cousins et cousines
du roi. »

que lui a laissées sa première femme, veuve de Charles d'Albret, sire de Pons, etc., et fille du maréchal de Miossens. C'est son fils et successeur, Charles-Louis de Lorraine, prince de Pons, comte de Marsan, etc., qui est le père de la duchesse de Bouillon, Louise-Henriette-Gabrielle de Lorraine.

« Il y a longtemps qu'il est question de ce mariage, lit-on dans les *Mémoires du duc de Luynes*, t. v, p. 108 ; c'étoit cependant un secret qu'à la vérité M. de Bouillon avoit confié à plusieurs de ses amis. Il avoit grand désir de marier son fils avec Mⁱˡᵉ d'Arenberg, fille de M. d'Arenberg au service de la reine de Hongrie. Mⁱˡᵉ d'Arenberg est élevée en France. M. de Bouillon demanda donc l'agrément du roi dès le commencement du voyage à Fontainebleau. Le roi répondit qu'il ne pouvoit lui accorder cet agrément ; que M. d'Arenberg s'étoit conduit avec trop de passions contre les Français et qu'une pareille alliance, surtout pendant les temps de la guerre, ne convenoit pas à un des grands officiers de sa maison ; que l'on ne pouvoit songer à cette alliance qu'après que la paix seroit faite. M. de Bouillon ayant grand désir de marier promptement son fils, bien qu'il n'ait encore que 16 à 17 ans, s'est déterminé à songer à Mⁱˡᵉ de Marsan, sœur de M. le prince de Pons : elle est chanoinesse de Remiremont et a au moins vingt-cinq ans. Ainsi, sur le refus du roi pour Mⁱˡᵉ d'Arenberg, M. de Bouillon lui demanda son agrément pour Mᵐᵉ de Marsan. M. le prince de Pons, qui étoit en campagne et avoit déjà donné son consentement par écrit, est revenu ces jours-ci ; le mariage doit se faire au commencement du mois prochain à Paris. »

De dix ans plus âgée que son mari, Mⁱˡᵉ de Marsan n'a pas dû vivre en bon accord avec lui. On se trouve, semble-t-il, en présence d'une union semblable à celle de Louis XV et de Marie Leczinska. Lorsqu'un horrible accident, survenu pendant des exercices de gymnastique, lui eut enlevé son second fils et aggravé l'état de l'aîné, elle quitta le château de Navarre pour habiter désormais à Paris. (Cf. D'Avannes, *Esquisses sur Navarre*, p. 410). Le gouvernement de Louis XVI pourvut en partie à ses besoins ; il lui accorda, en 1774, sans motifs détaillés, une pension de 10,000 livres et y joignit, en 1785, une seconde pension de 4,000 livres. (Cf. *l'État nominatif des pensions sur le trésor royal*, imprimé par ordre de l'Assemblée nationale en 1789, et réimprimé dans Mavidal et Laurent, *Archives parlementaires*, 1ʳᵉ série, t. XIII).

Elle professait toutefois l'orgueil héréditaire des Bouillon, comme le prouve l'anecdote suivante. Quelques jours avant le mariage de Marie-Antoinette, en 1770, le bruit se répandit à la Cour que Mⁱˡᵉ de Lorraine, sœur du prince de Lambesc, le grand écuyer, danserait son menuet au bal paré, immédiatement après les princes et les princesses du sang, et que le roi lui avait accordé cette distinction à la suite d'une audience de l'ambassadeur d'Autriche. Cette nouvelle incendiaire provoqua la plus grande fermentation parmi les ducs et pairs qui lièrent à leur cause, en cette circonstance, toute la haute noblesse du royaume. Il ne pouvait exister, disaient-ils, de rang intermédiaire entre les princes du sang et la haute noblesse et par suite Mⁱˡᵉ de Lorraine ne pouvait posséder à la Cour un rang distinct de celui des femmes de qualité présentées. Un mémoire fut rédigé dans ce sens et présenté au roi par le second pair ecclésiastique de France, l'évêque-comte

de Noyon. Mais Louis XV tint quand même à plaire à la dauphine et à
Marie-Thérèse et il passa outre. Alors les dames de la Cour ne voulurent
pas céder et préférèrent se priver du bal plutôt que de se laisser dépouiller
du droit de danser les premières. La duchesse de Bouillon se distingua par
l'éclat de ses refus et de ses observations et Louis XV en parut si offensé
que la duchesse ne revint plus à la Cour. (Cf. Soulavie, *Mémoires historiques
et politiques du règne de Louis XVI*, an X (1802), in-8°, t. II).

Godefroy-Charles-Henri avait sept ans lorsque le chevalier de Ramsay lui
dédia son *Histoire du vicomte de Turenne* en 1735. « Voilà, lui disait Ramsay
dans la dédicace, voilà votre modèle, unique espérance d'une illustre maison ;
lisez et relisez sans cesse cet ouvrage. Dites-vous à vous-même, quand
vous tomberez dans les fautes trop communes à' la jeunesse : « Turenne
aurait-il fait de même ? » Hâtez-vous de sortir de l'enfance et montrez de
bonne heure que vous serez un jour digne des héros dont le sang coule
dans vos veines. Ils vous invitent à marcher sur leurs traces et je sens
déjà que vous écouterez leur voix. C'est par là seul que vous pourrez
récompenser les soins, le zèle et la tendresse infinie d'un serviteur fidèle
qui s'est dévoué à votre éducation. »

Le chevalier de Ramsay mourut le 6 mai 1743 ; autrement, il aurait pu
constater que ses efforts ne furent pas récompensés. Colonel-général de la
cavalerie légère, le 7 juillet 1740, par la démission du comte d'Evreux en sa
faveur, Godefroy-Charles-Henri fit sa première campagne en 1744, à l'âge de
seize ans, dans l'armée du maréchal de Saxe ; il assista aux batailles de
Fontenoy, de Raucoux (exactement Rocour) et de-Lawfeld, et fut nommé, le
10 mai 1748, maréchal de camp. Lors de la guerre de Sept Ans, en 1787, il
exerça sa charge de colonel-général de la cavalerie légère, mais peu de
temps ; il la céda le 16 avril 1759, nous ne savons pour quelle somme, au
marquis Armand de Béthune. (Cf. général Susane, *Histoire de la cavalerie
légère*, t. II, p. 1 et suiv.).

Grand chambellan en survivance depuis l'année 1748, il fut pourvu de la
charge en 1771, après la mort de son père. Il obtint en outre, en 1776, le
gouvernement de la Haute et de la Basse-Auvergne.

Il semble que le métier des armes ne lui a guère souri, et qu'il a préféré
le cortège de Vénus à celui de Bellone. Il fait partie, en 1777, de l'Académie
de sculpture et de peinture, à titre de conseiller honoraire et amateur ; mais,
suivant la remarque de *l'Espion anglais*, t. VII, p. 95, « les grands seigneurs
reçoivent au moins autant de lustre de l'Académie qu'ils lui en donnent. »
Le 28 août 1771, il avait été le parrain du quatrième enfant du peintre-
graveur, Philippe-Jacques Loutherbourg, nous dit le *Dictionnaire critique*
de Jal ; chose curieuse, cet enfant, qui se nomme Anne-Gabrielle-Françoise
à la page 264, change de sexe et s'appelle Charles-Marie à la page 809.

Toutefois il protège plus volontiers les artistes que les arts. Sa liaison
avec une artiste de l'Opéra, Marie-Josèphe Laguerre, a fait beaucoup de
tapage en 1775. Cette Laguerre, nous dit M. Ernest Laut dans la *Revue du
Nord* (numéro du 1er septembre 1894, d'après une brochure du bibliothécaire
lillois, M. Deblèvre), était née à Lille en 1755 ; elle trompait le duc de Bouillon
avec un acteur de la foire, nommé Volande, et même avec un laquais. Elle
est mentionnée en ces termes par *l'Espion anglais ou Correspondance secrète*

entre Milord All eye et Milord All ear (par Pidansat de Mairobert), t. II, p. 178 et suiv.: « Vive Mlle La Guerre ! elle est franche du collier. Voyez cette figure ronde et vermeille comme une rose: il y a plaisir à se ruiner pour un minois comme celui-là ! C'est en faveur de cette actrice que le duc de Bouillon a mangé 800,000 livres en trois mois. » Et, comme tout en France finit par des chansons, on chansonna l'amour du duc de Bouillon pour La Guerre. Voici les trois couplets de cette chanson, qui se chante sur l'air: *Si le Roi m'avait donné Paris sa grand'ville.* (Cf. E. Raunié, *le Chansonnier historique du XVIIIme siècle,* t. IX, p. 63) :

I

Bouillon est preux et vaillant,
 Il aime la Guerre,
A tout autre amusement
  Son cœur la préfère.
Ma foi, vive un chambellan,
Qui toujours s'en va disant :
Moi, j'aime la Guerre, ô gué,
  Moi, j'aime la Guerre.

II

Au sortir de l'Opéra
  Voler à la Guerre,
De Bouillon, qui le croira ?
  C'est le caractère.
Elle a pour lui des appas
Que pour d'autres elle n'a pas.
Enfin, c'est la Guerre, ô gué,
  Enfin, c'est la Guerre.

III

A Durfort il faut Du Thé (1)
  C'est sa fantaisie.
Soubise, moins dégoûté,
  Aime la Prairie (2).
Mais Bouillon, qui pour son roi
Mettrait tout en désarroi,
 Aime mieux la Guerre, ô gué,
  Aime mieux la Guerre.

« Ce pauvre duc, dit à ce propos la baronne d'Oberkirch (Cf. ses *Mémoires sur la Cour de Louis XVI et la Société française avant 1789,* p. p. le comte de Montbrison, 1853, 2 vol. in-8°, à la date), que d'extravagances il a faites ! Que de singularités il a eues ! Il avoit inventé à cette époque un Ordre de la Félicité qu'il donnoit aux jeunes femmes et que celles-ci s'empressoient

(1) Elle avait été la première maîtresse du duc de Chartres. Elle est classée dans la section des Machines, avec une notice très leste, dans une satire du temps : *Curiosités qui se voient à la foire Saint-Germain et qui vont en ville.*

(2) Autre fille d'Opéra. « La Prairie est verte et marécageuse, » dit plaisamment l'auteur du *Portefeuille d'un talon rouge.* (Note de E. Raunié).

de porter. Le marquis de Chambonas, son ami, qui demeuroit chez lui, et si à la mode par son esprit et sa prodigalité, en étoit le lieutenant-maître. Les statuts se composoient de maximes de galanterie, auxquelles nulle ne pouvoit manquer. Un ruban vert, symbole de l'espérance, soutenoit une petite croix que ces dames portoient sur le cœur. »

Les vingt-cinq dernières années de sa vie, le duc de Bouillon habita constamment le château de Navarre qu'il embellit beaucoup et où il menait une existence peu conforme aux prescriptions de la morale. « Navarre finit par devenir un véritable lieu de débauche, dit le président d'Avannes dans ses *Esquisses sur Navarre*, p. 412. Il y avait surtout un jour, chaque semaine, où ceux qui conservaient encore quelques sentiments honnêtes s'abstenaient d'y paraître. L'orgie nocturne du vendredi au samedi s'appelait le sabbat ; des femmes sans pudeur, prises indistinctement dans tous les rangs, des hommes blasés sur toutes les jouissances, y partageaient les plaisirs désordonnés du prince. » Il avait élevé au rang de favorite une dame de Banastre, du pays de Caux, dont il épousa la fille, âgée de 14 ans, à la mort de la duchesse sa femme, malgré l'opposition motivée de l'évêque et du chapitre d'Evreux.

Cependant 1789 arrive. Le duc de Bouillon manifeste des idées libérales, comme le prouve son *Cahier*, arrêté le 14 mars au château de Navarre. (Cf. Mavidal et Laurent, *Arch. parlementaires*, 1re série, t. III, p. 303-305). Il y pose d'abord les principes suivants : en cas de dissentiments entre les trois Ordres, les suffrages doivent être comptés par tête ; l'autorité du roi, en matière d'impôt et de législation, ne peut s'exercer que par le consentement libre de la nation ; toute atteinte portée à la liberté et à la propriété du citoyen est absolument illicite et inconstitutionnelle. En conséquence, le retour périodique des Etats doit être le régime permanent de l'administration du royaume ; aucune levée de deniers ne peut avoir lieu que par le concours de l'autorité royale et de la nation libre. Le duc demande également la réformation des abus relatifs à l'exercice de la justice, le rétablissement des Etats provinciaux et l'extension de leurs pouvoirs, la suppression des impôts actuels et leur remplacement par un impôt unique que voteront les Etats, la suppression des lettres de cachet, la liberté de la presse, la protection de l'agriculture, du commerce et de l'industrie, l'exacte reddition des comptes du royaume, enfin la réforme du clergé. « Le duc de Bouillon, uniquement occupé du bien et de la puissance de la nation française, désirerait que les Etats généraux s'occupassent à donner au clergé une activité que son régime semble lui ôter. Ministres des autels, ils sont, sous ce titre, le premier ordre de l'Etat. Mais, réellement, ils ne tiennent à aucun ! Point de famille ! Point de successeurs ! Ils ne se sont occupés jusqu'à présent que de maintenir des privilèges, souvent à la charge de la nation, et toujours à la portion la plus utile de leur ordre... » Faut-il ajouter que le duc de Bouillon tient beaucoup à ses privilèges, s'il propose très volontiers de supprimer les privilèges des autres. Il réserve en effet « tous les droits qui lui sont acquis par son contrat d'échange, en vertu duquel il possède le comté d'Evreux et dont il réclame la sanction et la pleine exécution. »

Il embrasse donc avec ardeur les nouvelles idées. Nommé commandant de la garde nationale d'Evreux, il prête en cette qualité le serment de fidélité proscrit par le décret du 14 août 1789. Dans la séance du 6 novembre suivant (Cf. le *Moniteur*, réimpr., t. II, p. 146), il offre à la Constituante « plusieurs sommes à prendre sur divers objets et qui, réunies, forment celle de 332,484 livres, excédant de beaucoup le quart de son revenu (1). » Le 14 juillet 1791, il prend part à la fête de la fédération. Enfin, avant de mourir, il ordonne de l'enterrer, avec les pauvres, dans le cimetière de l'hospice d'Evreux.

Le duc de Bouillon n'était pas seulement un grand seigneur du royaume de France. Il exerçait aussi des droits souverains dans son duché de Bouillon. Mais il était bon prince : il permit à ses sujets de manifester également des opinions libérales et même de les mettre en pratique. (Cf. Renier Chalon, *Le dernier duc de Bouillon*, réimpr. dans Ozeray, *Histoire de la ville et du duché de Bouillon*, 1864, in-8°, t. II, p. 425 et suiv.).

Louise-Henriette-Gabrielle de Lorraine donna quatre enfants à son mari.

1° *Jacques-Léopold-Charles-Godefroy* (1746 † 1802), duc de Bouillon, qui suit.

2° *Charles-Louis-Godefroy* (1749 † 1767), chevalier de Malte, mort au château de Navarre, en se livrant à des exercices périlleux de gymnastique.

3° *Louis-Henri*, né le 10 février 1753, décédé le 7 mars suivant.

4° *N...*, mort-née le 3 avril 1756.

Comme le duc de Bouillon Godefroy-Charles-Henri jugea à propos d'accroître sa famille par l'adoption, il nous faut consacrer une notice à Philippe d'Auvergne et à La Tour d'Auvergne-Corret.

A. L'historien H. Forneron a consacré plusieurs pages à l'adoption de l'anglais *Philippe d'Auvergne* dans un article brillamment écrit, inséré par la *Revue générale de Bruxelles*, numéro du 1er octobre 1885 ; nous allons d'abord les reproduire.

« Le duc Godefroy-Charles, sûr de ne point avoir de petits-enfants, honteux de son fils infirme, se sentit profondément humilié à la pensée que le titre de prince souverain et celui de duc et pair, avec les riches apanages, les vastes domaines, le château et les grandes chasses de Navarre devaient passer à des héritiers qu'il haïssait. Saint-Simon conte le dépit des fiers Bouillon de son temps, quand on leur présentait comme cousin un de ces La Tour appauvris qui végétait simple capitaine dans les garnisons éloignées. Ils étaient, dit-il, souvent tentés de faire justice et de reconnaître enfin ces

---

(1) On sait que l'Assemblée constituante avait décrété, le 6 octobre 1789, une contribution patriotique égale au quart du revenu des habitants et des communautés, et à deux et demi pour cent de l'argenterie, des bijoux d'or et d'argent et du numéraire tenu en réserve.

La Tour (1). Tantôt ils le voulurent, tantôt ils ne le voulurent plus ; le point était ce dieu de princerie.

« A ces froissements de la vanité héréditaire venaient se joindre les obsessions de créanciers importuns. Ces déboires, les premières atteintes de la décrépitude, avaient amené une mélancolie, qui préparait le prince à quelque action étrange. A ce moment même, il apprit qu'un homme très beau, jeune, mis à la mode par le hasard, se vantait d'être un La Tour d'Auvergne. L'instinct du romanesque réveilla l'orgueil. Le duc de Bouillon imagina d'imposer à l'Europe, par une adoption bruyante, l'étalage de sa sensibilité et de l'antiquité de sa maison.

« De tous les croiseurs anglais qui, pendant la guerre d'Amérique, inquiétaient nos armateurs, le plus redouté était la frégate l'*Aréthuse*. Notre frégate l'*Aigrette* s'acharna sur ce croiseur, le poussa à coup de canon sur les côtes de France, le contraignit de s'y échouer. L'équipage fut pris. Les officiers captifs furent présentés à la Cour ; ils y devinrent aussitôt à la mode. On remarqua surtout le prince-lieutenant, un beau marin de vingt-cinq ans ; il se nommait *Philip d'Auvergne*. « Mais il est mon cousin ! » s'écrie aussitôt le duc de Bouillon. La chimère des La Tour, après le dieu de princerie, était le titre d'Auvergne. Ils s'étaient couverts de ridicule vers la fin du règne de Louis XIV, en faisant grand bruit d'un cartulaire qui les indiquait comme descendants des comtes d'Auvergne, et qui avait été accepté par les savants jusqu'au jour où un faussaire s'en avoua l'auteur et fut condamné à la prison. (Voir plus loin notre paragr. XIII). L'heure de la revanche semble venue. Le duc de Bouillon persuade au jeune prisonnier qu'il est un La Tour d'Auvergne, qu'il descend d'une branche hérétique expulsée de France en 1232, pendant la guerre des Albigeois, preuve évidente que le titre d'Auvergne a toujours appartenu à la famille.

« De son côté, le jeune lieutenant, savant mathématicien, cœur froid, esprit enclin à l'âpreté, ne témoigne aucune répugnance contre les Albigeois, ni contre la date précise de 1232. On lui aurait dit qu'il descendait d'un des Dauvergnes normands, qui auraient bien pu accompagner Guillaume le Conquérant, qu'il ne l'aurait peut-être ni accepté, ni fait agréer par George III, son roi, avec la même conplaisance. Mais un prince souverain, qui a une fortune énorme, qui parle d'adoption et de succession, c'était assez pour tenter le jeune marin et le gouvernement anglais.

« Enfin, après la paix, après quelques années de vie en commun, après un don solennel fait à l'anglais du buste de Turenne, le duc de Bouillon, les

---

(1) La branche cadette des barons de Murat et des comtes d'Apchier, qui descend d'Antoine-Raymond de La Tour (grand-oncle de Henri de La Tour), était alors représentée par Nicolas-François-Jule de La Tour. Son fils, Godefroy-Maurice-Marie-Joseph, comte de La Tour d'Auvergne, figure dans le *Livre rouge* comme ayant reçu de 1785 à 1789 une somme annuelle de 8,000 livres, « pour pension à lui accordée par Sa Majesté. » Créé duc à brevet, le 1er août 1772, il fut substitué aux titres de la branche de Bouillon par une disposition testamentaire du duc Charles-Godefroy, en date du 4 octobre 1769 et rendue exécutoire par un arrêt du Parlement de Paris du 24 mars 1774. Il n'intervint pas en 1815 lors du fameux procès. De son mariage avec une demoiselle Bonvalot, il a laissé un fils : Maurice-César, prince de La Tour d'Auvergne, comte d'Apchier, marquis de la Margerode, etc., né le 7 mai 1809, qui a épousé, à Gênes, le 20 octobre 1853, Aurélie-Marie-Héloïse-Joséphine Bourg, née baronne de Bossi, veuve en premières noces d'Eugène-André Leroux, morte sans enfants au mois de juin 1889. C'est le dernier descendant des La Tour en ligne masculine.

30 août et 1er septembre 1786, adopta Philip Dauvergne comme son fils ; le cul-de-jatte l'adopta comme son frère. Le roi George III accepta l'exactitude des généalogies et approuva la double adoption. »

M. Marc Husson a publié dans la *Revue d'Ardenne et d'Argonne*, t. I, p. 139, le diplôme du 30 août 1786, par lequel le duc de Bouillon reconnaissait M. Philippe d'Auvergne, « dont nous avons apprécié, disait-il, les qualités du cœur et de l'esprit, et dont le mérite militaire nous est connu, » pour être issu des comtes d'Auvergne (1). Par une ordonnance du 25 juin 1791, le duc de Bouillon proclama son fils prince héréditaire et duc régnant de Bouillon et, dans le cas où ce fils décéderait sans postérité mâle, il entend que la souveraineté du duché passe à S. A. Mgr Philippe d'Auvergne et, après lui, à l'aîné de ses enfants mâles, pour ainsi continuer dans cette branche de la maison d'Auvergne. Mais bien que cette déclaration formelle eût été acceptée par l'Assemblée générale du duché réunie cette même année et qu'il eût pris dès lors le titre de « prince successeur à la souveraineté du duché de Bouillon, » l'anglais Philip Dauvergne, ou, si l'on veut, S. A. Mgr Philippe d'Auvergne n'entra jamais en possession définitive du duché ; il mourut à Londres, le 18 septembre 1816, âgé de près de quatre-vingt ans.

B. Le premier grenadier de la République, *Théophile-Malo Corret*, « fils légitime de noble maître Olivier-Louis Corret, avocat à la Cour, sénéchal de Tréblvan, et de dame Jeanne-Lucrèce Salaun, son épouse, » naquit, le 23 décembre 1743, à Carhaix, qui est maintenant, avec ses 2,789 habitants, un chef-lieu de canton de l'arrondissement de Châteaulin, dans le Finistère. Henri de La Tour, qui devint prince de Sedan par son mariage avec Charlotte de La Marck, avait eu un fils naturel d'Adèle Corret qui devait être une suivante attachée à la famille. Ce fils, nommé Henri, se rendit en Bretagne, à la suite de Henriette-Catherine de La Tour, quand elle épousa, en 1629, Amaury III Gouyon, marquis de La Moussaye. (Cf. le paragr. VI, 7°). Il s'y fixa et de son mariage avec Marie Dupuis de la Galauperie, eut un fils, Mathurin Corret, qui est le père d'Olivier-Louis, le sénéchal de Tréblvan.

Théophile-Malo Corret fit ses études au collège des Jésuites à Quimper, entra au collège royal de La Flèche et, en montrant une attestation fausse qu'il était écuyer, fut admis le 3 avril 1767 à la 2me compagnie des Mousquetaires. Il n'y resta que cinq mois et, le 1er septembre de la même année, fut nommé sous-lieutenant au régiment d'Angoumois (infanterie). Comme ses loisirs étaient nombreux, il s'occupa de littérature, de numismatique et surtout de celtique ; il adopta les idées de son ami, l'avocat Le Brigant, et, dans ses *Origines gauloises*, il prétendit « démontrer les rapports physiques et moraux des Bretons de l'Armorique avec les anciens Gaulois...., et

---

(1) Par un codicille de son testament, le duc de Bouillon prenait en outre la mesure suivante : « Je donne à Philippe d'Auvergne, capitaine de vaisseau au service de la Grande-Bretagne, et lui laisse, en qualité de mon fils adoptif et ami de ma maison, et l'aimant et l'estimant comme si j'avais le bonheur d'être son véritable père, et comme en étant digne par sa naissance et la manière distinguée dont il sert, l'épée de M. de Turenne, pour qu'elle soit gardée dans cette branche de ma maison, tant qu'il y aura des mâles. — A Navarre, ce 9 novembre 1788. » Cf. D'Avannes, *Esquisses sur Navarre*, t. II, p. 133. L'épée de Turenne a disparu.

ressusciter la langue des Celtes, nos ancêtres. » En 1777, il sollicita du duc de Bouillon l'autorisation de prendre le nom de La Tour d'Auvergne. Le duc lui répondit le 23 octobre et lui permit de prendre son nom et ses armes, « en ajoutant dans l'écusson la barre, comme enfant naturel de ma maison. » Le 20 mai 1780, il lui fit tenir un diplôme définitif et, lors de sa visite au château de Navarre au mois d'avril suivant, lui réserva un accueil charmant et le recommanda au ministre de la guerre.

Au mois d'octobre 1780, La Tour d'Auvergne, pendant un congé de semestre, va servir en volontaire dans l'armée franco-espagnole, qui assiégeait Port-Mahon sous la conduite de Crillon. Il s'y comporte bravement et refuse d'accepter le commandement en second des volontaires qui lui est offert comme récompense de ses services. Mais il est rappelé par le nouveau ministre de la guerre et il est quelque temps en disgrâce pour avoir ainsi utilisé son congé. Il passe capitaine à l'ancienneté, le 29 octobre 1784. Toutefois le roi d'Espagne n'oublia pas les services qu'il avait rendus à Minorque : le 5 mai 1786, il lui donna la croix de Charles III, le recommanda pour l'avancement au roi de France et en même temps lui accorda une pension de mille livres. Mais La Tour d'Auvergne montrait autant de désintéressement que de bravoure et, malgré sa situation de fortune très médiocre, il refusa la pension. Ajoutons qu'il n'obtint la croix de Saint-Louis que le 6 octobre 1791.

Arrive la Révolution. Les officiers, presque tous nobles, s'indignèrent des réformes de la Constituante et ils émigrèrent en masse. Comme les officiers d'Angoumois le pressaient d'émigrer avec eux, La Tour d'Auvergne leur fit cette réponse : « J'appartiens à la patrie. Soldat, je lui dois mon bras ; citoyen, je dois respect à ses lois. Je ne puis quitter ni mon pays, ni le poste qui m'a été confié. » Mais, en même temps, il décida qu'il n'accepterait jamais d'autre grade « que celui que ses camarades lui avaient connu au moment de leur séparation. »

En vertu du règlement porté le 1er janvier 1791, Angoumois devient le 80me d'infanterie de ligne et quatre de ses compagnies, commandées par La Tour d'Auvergne, font partie de l'avant-garde de l'armée que dirige Montesquiou, lorsqu'il envahit la Savoie. La Tour d'Auvergne se distingue par son courage réfléchi. Malgré sa pauvreté, il donne à la Convention la somme de 700 livres, « produit de son fourrage, pour qu'elle soit appliquée à l'équipement de deux fantassins bretons du Finistère, si une seconde campagne devient nécessaire pour l'affermissement de la liberté, que les Français viennent de conquérir. » (Cf. dans le *Moniteur* la séance du 13 janvier 1793).

Mais la guerre est déclarée à l'Espagne et La Tour d'Auvergne rejoint en hâte à Bayonne son régiment qui fait partie de l'armée des Pyrénées. Il s'y fait admirer comme d'habitude et, comme un représentant du peuple, séduit par son courage, lui offre sa protection, il lui répond finalement par cette boutade bien connue : « Hé bien, tâchez donc d'avoir des souliers pour mes pauvres grenadiers et pour moi ; car nous en manquons depuis longtemps et nous ne pouvons en obtenir. »

Cependant, sur la proposition de Servan, son général en chef, il est nommé en janvier 1793 par les représentants du peuple colonel du 20me d'infanterie, à titre provisoire. Il refuse simplement. Il refuse encore, au mois de juillet suivant, la place de lieutenant-colonel vacante à son régiment, pour laquelle les soldats lui ont donné une grande majorité. Depuis le mois de mai, l'armée où il servait s'appelait l'armée des Pyrénées occidentales.

Le cadre restreint de cette notice ne nous permet pas de rappeler tous les actes de bravoure réfléchie, par lesquels La Tour d'Auvergne s'impose de plus en plus à l'admiration de tous, dans les nombreux combats livrés aux Espagnols. C'est ainsi que, le 22 juin, lors du combat violent de la Bidassoa, il reçoit sept coups de feu dans ses vêtements, mais sans être blessé. « Il charme les balles, » disaient les soldats. Le 13 juillet, il pénètre le premier, l'épée à la main, dans le poste fortifié de Biriatou. Lors de l'engagement d'Urrugue, le 23 juillet, les représentants du peuple déclarent qu'il « joint à beaucoup de talents une intrépidité hors ligne. » Il avait parfois sous ses ordres, quoique simple capitaine, jusqu'à vingt compagnies de brigadiers ; mais il n'a jamais commandé la légendaire *colonne infernale*.

Au moment de l'amalgame, le 80ᵐᵉ est supprimé. Le 2ᵐᵉ bataillon de ce régiment forme, avec deux bataillons de volontaires de la Gironde, la 148ᵐᵉ demi-brigade. La Tour d'Auvergne y commande la compagnie de brigadiers du 1ᵉʳ bataillon et continue ses exploits héroïques, quoiqu'à ce moment-là ses biens fussent confisqués comme biens d'émigré. Le général en chef Muller lui exprime officiellement sa reconnaissance pour sa conduite du 5 février 1794. « Tu as rallié nos troupes, lui écrit-il, avec ta sublime bravoure, une influence rare et la confiance ; enfin tu as contribué d'une manière bien immédiate aux succès remportés sur nos ennemis. Ce sont là les sentiments de l'armée dont je ne suis que l'écho dans cette circonstance. »

Bientôt les Français envahissent l'Espagne et s'emparent de la vallée de Bastan, le 10 juillet. La Tour d'Auvergne avait marché pendant dix-sept heures à la tête de sa colonne de vingt compagnies et s'était battu en arrivant. « A l'attaque de la vallée de Bastan, écrivent les représentants du peuple, l'infanterie légère était commandée par le chef de brigade (*lisez le* capitaine) La Tour d'Auvergne qui a donné des preuves de cette intelligence, de ce sang-froid, de ce courage, de cette audace républicaine, de cet amour de la patrie qui assurent le succès. » Notre héros met le comble à sa gloire en faisant capituler par ses menaces la place de Saint-Sébastien, défendue par 2,000 hommes et par une nombreuse artillerie (4 août).

L'armée des Pyrénées occidentales continue à « bien mériter de la patrie » et s'empare de la vallée de Roncevaux. Mais l'hiver, qui fut le plus rigoureux du siècle, l'oblige à renoncer au siège de Pampelune. La Tour d'Auvergne était épuisé ; comme il avait perdu presque toutes ses dents, il ne pouvait plus manger le pain dur des montagnards et le biscuit, qui constituaient généralement la seule nourriture de l'armée. La campagne étant terminée, il demanda sa retraite, au mois de novembre ; il avait trente-trois ans de services et cinq campagnes. Sa pension fut fixée à 800 francs par un arrêté du 7 janvier 1795. « Sa retraite, déclaraient les représentants du peuple, est une perte pour l'armée ; mais elle est fondée sur de longs et importants services et par l'impossibilité de les continuer. »

Il choisit la route de mer pour se rendre en Bretagne ; mais le transport *la Lormontaise*, sur lequel il avait pris passage, fut capturé par une escadre de cinq frégates anglaises, à peu de distance de Brest. Pendant sa captivité les Anglais ne lui ménagèrent pas les insultes ; mais il garda une courageuse attitude et continua de porter sa cocarde tricolore, malgré leurs railleries. Enfin il fut échangé contre un officier anglais de son grade et mis en liberté le 7 janvier 1796.

A son arrivée à Paris, où il vient réclamer une partie de l'arriéré de sa solde, le ministre de la guerre, sur la recommandation du Comité de Salut public, lui offrit 1,200 francs en écus et non en assignats. La Tour d'Auvergne ne voulut accepter que 120 francs et il alla se fixer à Passy, où il vécut avec la plus grande simplicité. Il ne sollicita le gouvernement que pour le fils de son ancien protecteur, le duc de Bouillon, traité alors en émigré et dépouillé de ses biens. Il put le faire rayer de la liste des émigrés et lui faire restituer les biens fonciers de sa famille et, comme le duc lui offrait en récompense une superbe propriété à Beaumont-le-Roger, il refusa simplement et dignement. « N'attribuez pas, je vous prie, lui écrit-il le 13 février 1797, ce refus à une ridicule vanité ; celle-ci est aussi éloignée de mon caractère qu'elle me conviendrait peu vis-à-vis de vous. » Il reprit ses études favorites et fit paraître une nouvelle édition de ses *Origines gauloises.*

Cependant son ami, Jacques Le Brigant, alors âgé de soixante-seize ans, lui demanda son appui pour conserver son dernier fils, son vingt-deuxième enfant, appelé par la conscription. La Tour d'Auvergne prend la résolution de partir à sa place et il écrivit la lettre suivante au ministre de la guerre : « 10 germinal an V (30 mars 1797), *Citoyen ministre,* Le citoyen La Tour d'Auvergne-Corret, capitaine d'infanterie, désirerait prendre sa retraite dans l'armée aux ordres du général en chef Moreau et y être attaché à la suite d'un corps quelconque d'infanterie. La privation entière de ses dents supérieures et les inférieures ne tenant qu'avec un fil, cette incommodité lui ôtant la faculté de s'énoncer et par conséquent de commander, il ne sollicite d'autre place de vos bontés que celle de simple volontaire et de relever un de ses frères d'armes. LA TOUR D'AUVERGNE-CORRET. » Comme on le pense bien, le ministre admit aussitôt un pareil remplaçant qui valait plus qu'un homme, mais sans rendre le remplacé. D'ailleurs les préliminaires de Léoben furent bientôt suivies de la paix de Campo-Formio et La Tour d'Auvergne revint en congé à Passy continuer ses travaux d'érudition.

Cependant la deuxième coalition menace la France. Notre héros veut de nouveau prendre sa part du danger. Sur sa demande (13 janvier 1799), il est incorporé dans l'armée du Danube aux grenadiers de la 46ᵐᵉ demi-brigade, où il comptait beaucoup d'amis, avec le titre de capitaine à la suite. Il fit cette admirable campagne de la Suisse, sous les ordres de Masséna, et comme toujours fut un modèle de bravoure, malgré ses infirmités. « 246 grenadiers, rapporte le *Moniteur* du 23 octobre 1799, commandés par le brave La Tour d'Auvergne, ont chargé, dans les environs de Schaffouse, un corps de 900 Russes, auxquels ils ont fait mettre bas les armes. »

Après le 18 brumaire, le Sénat, qui était chargé de choisir les membres du Corps législatif, le nomma député du Finistère. Il refusa en disant: « Mon poste à moi est aux armées ; je ne puis en même temps me battre et faire des lois..... » Or un député recevait alors un traitement de 10,000 francs et La Tour d'Auvergne avait à peine de quoi vivre.

Mais le premier Consul voulait récompenser notre héros, devenu peu à peu fort populaire et, le 26 avril 1800, il prit un arrêté nommant « le défenseur de la patrie La Tour d'Auvergne-Corret *premier grenadier des armées de la République,* » et lui décernant un sabre d'honneur. Une lettre du ministre de la guerre Carnot, qui l'avait connu aux Pyrénées, lui rendit en outre ce public hommage : « ..... La Tour d'Auvergne-Corret, né dans la famille de Turenne, a hérité de sa bravoure et de sa vertu. C'est l'un des plus anciens officiers de l'armée ; c'est celui qui compte le plus d'actions d'éclat. Partout les braves l'ont surnommé le plus brave. Modeste autant qu'intrépide, il ne s'est montré avide que de gloire et a refusé tous les grades..... » La Tour d'Auvergne voulut refuser encore ; mais cette fois il dut s'incliner, un peu honteux toutefois de l'admiration portée sur lui.

Mais la guerre va recommencer et il rejoint aussitôt (21 juin 1800) la 46me demi-brigade qui était toujours sur les bords du Rhin, dans l'armée de Moreau. Le 27 suivant, dans un vif engagement avec des cavaliers autrichiens sur les hauteurs de Neubourg, il reçoit au cœur un coup de lance si violent que la hampe se brise. Aussitôt ses grenadiers l'emportent derrière les rangs : il était mort sans dire un mot. Il fut enterré avec le chef de la 46me qui avait été tué le même jour, à Oberhausen, où un monument lui fut élevé.

Le deuil fut général à cette nouvelle dans l'armée et dans toute la France. Tous ceux qui parlaient alors au nom du pays firent justement son éloge et un arrêté du premier Consul, du 10 juillet 1803, consacra l'usage qui s'était établi à la 46me : « *Art. 1.* Le cœur de La Tour d'Auvergne, premier grenadier de la République, mort le 8 messidor an VIII, continuera à être porté ostensiblement par le fourrier de la compagnie des grenadiers de la 46me demi-brigade dans laquelle il servait.—*Art. 2.* Le nom de La Tour d'Auvergne sera maintenu dans les contrôles et dans les revues ; il sera nommé dans tous les appels et le caporal de l'escouade dont il faisait partie, répondra par ces mots : *Mort au champ d'honneur.* » Cet appel eut lieu jusqu'en 1809. En juin 1887, le colonel du 46me ordonna qu'il serait repris lorsque le drapeau sortirait.

L'urne, qui renfermait le cœur du héros, fut déposée aux Invalides en 1815 et remise en 1817, par ordre de Louis XVIII à la famille de La Tour d'Auvergne-Lauragais. Mais la nièce du capitaine (1) la réclama et, après un long procès, le cœur fut accordé à Mme de Pontavice de Heussey, par un arrêt de la Cour de Montpellier du 1er décembre 1840. Le sabre d'honneur fut remis, sous le règne de Louis-Philippe, au neveu du héros, le capitaine de Kersausie, qui le donna en 1860 à Garibaldi, après la campagne des Mille. Les héritiers de ce dernier l'ont remis en 1883 à la ville de Paris qui le fit déposer au musée Carnavalet.

La loi du 10 juillet 1889 ordonna la translation au Panthéon des restes de La Tour d'Auvergne avec ceux de Marceau et de Carnot. La cérémonie eut lieu le 4 août en présence d'une foule immense. Le Président du Conseil

(1) Elle s'appelait alors Mme Guillard de Kersausie. Ses deux fils furent officiers et moururent sans enfants. Sa fille épousa Olivier de Pontavice de Heussey, dont les petits-fils, l'un chef d'escadron d'artillerie et l'autre littérateur, représentent aujourd'hui la famille de La Tour d'Auvergne-Corret.

rappela les titres d'honneur du simple capitaine :.... « Homme admirable, dit M. Tirard, plein d'instruction, parlant toutes les langues de l'Europe, fier de sa pauvreté, issu de la glorieuse maison de Turenne, grand lui-même comme un homme de Plutarque..... » (Cf. E. Simond, *Le capitaine La Tour d'Auvergne, premier grenadier de la République*, 1895, in-12).

XII

Jacques-Léopold-Charles-Godefroy de La Tour (1746 † 1802), dernier duc de Bouillon de la maison de La Tour, épouse, le 17 juillet 1766 à Carlsbourg *Marie-Hedwige-Eléonore-Christiane* (1747 † ?), fille de Constantin, landgrave de *Hesse-Rheinfels* et de Marie-Sophie de Starhemberg, laquelle ne lui donna pas d'enfant.

La naissance de ce prince, le 15 janvier 1746, fut annoncée officiellement aux maires du duché de Bouillon par le procureur-général, Jean-Louis Bodson, qui leur prescrivit des prières et des réjouissances publiques. « En conséquence des ordres qui m'ont été adressés par S. A. Sérénissime, écrit ce dernier, je mande au vicaire de votre paroisse de chanter dimanche prochain (c'est-à-dire le 19 janvier), à l'heure dont il conviendra avec vous, le *Te Deum* en actions de grâces. » Il termine en ces termes : « Je vous fais la présente pour que vous fassiez des réjouissances convenables dans des événements aussi intéressants et qui doivent combler de joie tous les sujets de la souveraineté. » (Cf. Félix Hutin, *Carlsbourg*, p. 219).

Mais le malheureux prince était né estropié et ne pouvait marcher qu'avec des béquilles, à cause de la faiblesse de ses jambes. On le maria cependant avec une pauvre chanoinesse allemande. Vu l'état du prince, ce mariage se fit à Carlsbourg. M. Félix Hutin donne *l'acte de mariage* dans son étude sur *Carlsbourg*, p. 249. Le voici :

« Aujourd'hui, 17ᵐᵉ jour de juillet 1766, en l'église de Carlsbourg, dans le duché de Bouillon, avec la permission de Son Altesse Sérénissime, a été célébré le mariage de très haut, très puissant et très illustre prince, Mgr *Jacques-Léopold-Charles-Godefroid de La Tour d'Auvergne, prince de Bouillon*, colonel d'un régiment d'infanterie étrangère de son nom au service de S. M. T. Ch., fils mineur, âgé de 20 ans, du très haut, très puissant et très illustre prince, Godefroi-Charles-Henri de La Tour d'Auvergne, prince de Turenne, pair et grand chambellan de France en survivance, chevalier et prince de l'Ordre palatin de Saint-Hubert, présent et consentant, et de très haute, très puissante et très illustre princesse, Louise-Henriette-Gabrielle de Lorraine, princesse de Turenne, demeurant à Paris, en leur hôtel, paroisse de Saint-Sulpice ; et très haute, très puissante et très illustre princesse, *Marie-Hedwige-Eléonore-Christiane de Hesse-Rheinfels*, chanoinesse des illustres chapitres impériaux d'Essen et de Thorne, fille, âgée de 18 ans, du très haut, très puissant et très illustre prince, Mgr Constantin, landgrave de Hesse, prince de Hersfeld, Katzenellenbogen, Diez, Ziegenhain, Nidda, Schaumbourg, chevalier de la Toison d'Or, général feld-maréchal, lieutenant de leurs M. I. et R. apostolique, consentant par S. A., Mgr le prince George du Saint-Empire et de Starhemberg, chevalier de la Toison d'Or, ministre d'Etat et des Conférences, etc., et de très haute, très puissante et très illustre princesse, Marie-Sophie de Starhemberg, landgrave de Hesse-Rheinfels, ci-présente et consentante, demeurantes leurs dites Altesses Sérénissimes ordinairement à Rothembourg, au diocèse de Mayence ;.... et présent : très haut et très illustre seigneur, Mgr François-Alexandre comte de Polignac, maréchal de camp, parent paternel ; très haut, très puissant et très illustre prince, Mgr Emmanuel, prince héréditaire de Hesse-Rheinfels, chevalier et prince de l'Ordre palatin de Saint-Hubert, capitaine des carabiniers du régiment de Stampack-cuirassier au service de sadite M. impériale et R. apostolique, et frère de S. A. Sérénissime la princesse Hedwige ; et très haut et très puissant seigneur, Mgr Frédéric-Charles, comte régnant de Bentheim-Tecklembourg, Steinfurt et Limbourg (en Westphalie), etc., oncle à la mode de Bretagne de sadite A. Sérénissime, princesse Hedwige, et plusieurs autres seigneurs et dames, parents et amis (savoir le marquis de Rochechouart, le comte de Pascalis, le sieur Bodson, procureur-général, et Lottay, vicaire de Carlsbourg). »

Le plus jeune des enfants du landgrave Maurice de Hesse-Cassel et de Julienne de Nassau, Ernest de Hesse, avait eu pour sa part, en 1627, dans la succession paternelle, entre autres possessions apanagées, la plus grande partie du bas-comté de Katzenellenbogen, dont le nom curieux rappelle sans doute le château du Chat (*Katze*), bâti à un coude (*Ellenbogen*) du Rhin moyen, et le parage de Rothenbourg dans la Basse-Hesse ; il fut la tige de la branche de Hesse-Rheinfels ou Hesse-Rothenbourg. Son quatrième successeur fut le landgrave Constantin, qui de son mariage avec l'Autrichienne Marie-Sophie de Starhemberg, eut huit enfants, quatre fils et quatre filles, celles-ci naturellement destinées aux couvents nobles de l'empire. La cadette préféra épouser le prince héréditaire de Bouillon. Nous avons vu qu'elle fréquentait l'hôtel de Guéméné et qu'elle fut un peu mêlée aux intrigues de Lauzun. En 1788, à la mort de sa belle-mère, elle hérita de la pension de 14,000 livres que lui versait le département des Finances. Son frère, Charles-Constantin de Hesse-Rheinfels, entra au service du roi de France ; en 1780, il était maréchal de camp, ci-devant mestre de camp d'Esterhazy-hussards, et recevait, en considération de ses services, deux pensions dont le total montait à 10,000 livres. (Cf. Mavidal et Laurent, *Archives parlementaires*, 1re série, t. XIII).

Ainsi la famille des Bouillon La Tour finissait par un malheureux impotent. Cette constatation nous explique le mot cruel de Chamfort: « Pour juger de ce que c'est que la noblesse, il suffit d'observer que M. le prince de Turenne, actuellement vivant, est plus noble que M. de Turenne, et que le marquis de Laval est plus noble que le connétable de Montmorency. » (Cf. les *Œuvres complètes de Chamfort*, p.p. Auguis, 1824, in-8°, t. 11, p. 52). Sans doute un nom illustre est parfois un lourd fardeau, surtout quand les épaules sont faibles ; mais, à vrai dire, ce pauvre prince mérite plutôt d'être plaint que d'être critiqué.

Le 5 juillet 1701, Jacques-Léopold-Charles-Godefroy, en sa qualité de prince héréditaire de Bouillon, déclare qu'il approuve et ratifie les dispositions prises par son père (Cf. p. 126) touchant l'établissement et la nomination de la personne de S. A. Mgr Philippe d'Auvergne, pour succéder à la souveraineté du duché. Neuf jours après la mort de son père, il prend officiellement possession du pouvoir et, le 12 décembre 1792, « à l'occasion de son avènement à la ducauté, » il signe à Navarre une proclamation, par laquelle il promet qu'il sera fidèle à la nation et à la loi et qu'il maintiendra la constitution arrêtée le 23 mars 1792 par l'Assemblée générale constituante. C'est que le duché de Bouillon a suivi l'exemple donné par le royaume de France et que le régime constitutionnel y est désormais en vigueur. Ajoutons toutefois que le pouvoir exécutif et le pouvoir constituant marchent presque toujours d'accord et que dans l'histoire du duché il n'y a pas de mouvement révolutionnaire analogue aux journées des 5 et 6 octobre ; il y avait d'ailleurs plus loin de Bouillon au château de Navarre que de Paris au château de Versailles. A la nouvelle que le duc Jacques-Léopold a été mis en prison, l'Assemblée générale du duché, par le décret du 7 février 1794, invite le peuple bouillonnais à former une *Assemblée générale extraordinaire des représentants du peuple bouillonnais*. Cette nouvelle Assemblée copie la Convention : par un décret du 24 avril suivant, elle déclare que le gouvernement de l'Etat bouillonnais est essentiellement populaire et démocratique et elle crée, à l'image du Comité de Salut public, un Comité de sept membres chargé de promulguer les lois, de veiller à leur exécution, de prendre toutes les mesures de sûreté générale et de Salut public, et de présenter les projets de décret à l'Assemblée. Finalement, sur la demande du conventionnel ardennais Baudin et à la suite d'un rapport présenté par Merlin, de Douai, la Convention réunit le duché de Bouillon à la République française, le 4 brumaire an IV (26 octobre 1795). Cf. L. Polain, *Recueil des Ordonnances du duché de Bouillon (1240-1795)*, Bruxelles, 1866, in-folio, aux dates indiquées.

En 1815, le duché de Bouillon fut attribué par le congrès de Vienne au roi Guillaume de Hollande et des indemnités furent payées, en vertu d'un arrêt de la Cour supérieure de Liège du 16 novembre 1825, au prince de Condé, au duc de La Trémoïlle et à la princesse de Poix, héritiers naturels de la maison de La Tour, tandis que le titre de duc de Bouillon était conservé par le duc de Rohan.

Le dernier duc de Bouillon avait perdu son duché ; il perdit également les terres qui avaient été cédées à sa maison en échange des souverainetés de Sedan et Raucourt, suivant le contrat du 20 mars 1651. Avant d'échanger les souverainetés, il fallut en estimer les revenus. Une première évaluation, faite en 1647, s'éleva à 70,430 livres. Mais Frédéric-Maurice de La Tour réclama contre l'insuffisance de la somme et une deuxième évaluation, faite en 1651, à une époque où l'on avait besoin des La Tour, porta les revenus à 104,904 livres 8 sols 9 deniers. Le contrat stipulait que le capital des revenus en question serait fixé au denier 60 (c'est-à-dire à 1,66 p. %), à cause de l'importance de la place de Sedan et du titre des principautés qui étaient souveraines et que, parmi les propriétés domaniales données en contre échange, les duchés-pairies seraient évaluées sur le pied du denier 40 (c'est-à-dire de 2 1/2 p. %) jusqu'à concurrence d'un revenu de 70,000 livres et les autres terres sur le pied du denier 25 (de 4 p. %). Etablie sur cette base, l'indemnité consentie aux La Tour pour leurs terres souveraines de Sedan et Raucourt représentait donc le capital énorme de 6,319,544 fr. 42 (six millions trois cent dix-neuf mille cinq cent quarante-quatre francs quarante-deux centimes).

D'après les lettres patentes expédiées sur le contrat en avril 1651, des commissaires devaient être nommés pour faire l'évaluation des domaines donnés en échange. Ils ne furent choisis qu'après trois arrêts de la Chambre des Comptes, le 30 décembre 1660, ne furent définitivement envoyés en mission qu'après de nouvelles lettres patentes du 28 janvier 1670 et ne déposèrent leur rapport que le 29 janvier 1674. Mais le duc Godefroy-Maurice se pourvut contre ces évaluations. Par un arrêt du 18 juillet 1676, le Conseil en ordonna la révision et il chargea plusieurs de ses membres de cette rectification. Pour différentes raisons, dont la principale fut l'inertie étonnante des rapporteurs successifs, l'affaire en était encore, le 5 août 1770, au point où elle avait été laissée en 1676. A cette date le duc Charles-Henri fit nommer de nouveaux commissaires par la Chambre des Comptes de Paris ; mais les opérations n'étaient pas encore terminées lorsque la loi du 30 septembre 1793 révoqua tous les échanges non consommés (1).

Le duc de Bouillon ou plutôt le citoyen La Tour se pourvut devant la Convention, en prétendant que les principes du droit civil ne pouvaient être appliqués à l'acte du 20 mars 1651, qui était un traité de souverain à souverain, un véritable contrat du droit des gens. La réclamation fut examinée par les Comités réunis de Salut public, des finances, d'aliénation et des domaines et le député Loiseau déposa, au nom des Comités, son rapport qui fut adopté dans la séance du 8 floréal an II (27 avril 1794) :

« Les lois domaniales, disait le rapporteur, sont-elles applicables à un contrat d'échange qui a ajouté une place forte au territoire français et en a reculé les limites de quelques lieues ? Les contractants ont-ils pu stipuler l'irrévocabilité de cet acte, parce qu'ils s'y sont dits l'un et l'autre souverains des pays asservis à leur domination ?

« Ici se présente naturellement la question de savoir si Bouillon a pu transmettre au tyran Louis XIV la souveraineté de Sedan et Raucourt ? Faire de cette question un problème en s'attachant à la résoudre, serait un attentat à la majesté du peuple. Dans lui seul réside la souveraineté ; lui seul peut l'exercer et c'est une grande erreur de penser que les hommes qui ont asservi leurs semblables, soit par l'adresse, soit par la force, aient été souverains provisoires. La souveraineté, étant l'exercice de la volonté générale, ne peut appartenir à un seul et le souverain est nécessairement un être collectif. Ce mot est vide de sens lorsqu'il s'applique à un individu.

« Ainsi votre Comité des domaines, après une discussion approfondie, n'a reconnu aucuns motifs d'exception favorable à La Tour d'Auvergne, dans le traité de 1651, rien qui pût le soustraire à la révocation prononcée par la loi. Le Comité des finances, sur le rapport duquel cette loi a été proposée, a été du même avis. Mais comme cette question, très simple sous le rapport des finances et de la législation domaniale, amenait celle de savoir si

(1) Pour toutes ces contestations auxquelles l'échange a donné lieu, on peut consulter : Pierre Le Brasseur, *Histoire du comté d'Evreux*, 1722, in-4° ; le président d'Avannes, *Esquisses sur Navarre*, 1830, in-8° ; H. Burin des Rozicrs, *la Baronnie de La Tour d'Auvergne*, 1887, in-8°.

La Tour d'Auvergne serait rétabli dans tout ce que ses auteurs avaient pris sur eux de céder à la France ; comme cette nouvelle question, plus importante que la première, tient au grand intérêt national et à la politique des peuples libres, le Comité de Salut public a été consulté ; et son opinion, conforme à celle des deux autres Comités, est un hommage à ce principe éternel et sacré, que la souveraineté du peuple est inaliénable et que ses droits sont imprescriptibles.

« Bouillon n'a pas pu transmettre au tyran Louis XIV une souveraineté qu'il n'avait pas. En annulant l'échange, ce n'est pas à lui, mais au peuple des ci-devant principautés de Sedan et Raucourt que la souveraineté de ce pays doit être restituée, ou plutôt il n'a pas cessé d'en être investi. La Tour d'Auvergne ne doit pas se plaindre de la privation d'une souveraineté qui n'a jamais existé que dans le peuple et que ses ancêtres n'ont jamais eue, de droits féodaux dont la dernière racine est extirpée du sol de la France, de fortifications construites par le peuple. Devenu citoyen français, il doit en avoir le caractère ; et quand chacun s'empresse de faire des sacrifices, il verra s'accomplir sans murmure celui que les lois de la nature et de la raison exigent de lui. »

Tous ces raisonnements n'eurent pas de prise sur « le citoyen La Tour » et, par suite de ses réclamations obstinées, il obtint la levée du séquestre, grâce surtout à la protection du capitaine La Tour-d'Auvergne-Corret ; il allait même être réintégré dans tous ses biens, quand il mourut à Paris, le 7 février 1802. A sa mort le séquestre fut rétabli, parce que plusieurs de ses héritiers étaient en émigration. Enfin, une ordonnance royale du 26 juin 1816, « rétablit les héritiers de M. de Bouillon dans tous les biens de l'échange qui seraient encore entre les mains de l'Etat. » Cette ordonnance n'eut pas d'effet sur le domaine magnifique de Navarre, que Napoléon avait confisqué par le décret du 3 janvier 1809, sous le prétexte que la succession des Bouillon était grevée de lourdes dettes et qu'il donna en partie à l'impératrice Joséphine après son divorce (1).

(1) Ajoutons ici quelques renseignements d'archives, empruntés au manuel si utile de Ch.-V. Langlois et H. Stein, les *Archives de l'Histoire de France*, 1891-1893, *passim* : Les papiers de la maison de Bouillon, qui se trouvent aux *Archives nationales*, étaient autrefois renfermés dans les cartons 285-288 de la *série M* ; ils ont alors été l'objet d'un dépouillement publié par le *Cabinet historique*, t. XVI à XX. Mais ce dépouillement ne peut plus guère servir depuis que les papiers ont passé dans la *série R2* (qui comprend également le fonds de Turenne avec des notes de Du Bouchet, Justel et Baluze), où on les a redistribués de fond en comble. On trouve toutefois un guide dans l'*Inventaire numérique*, qui a été rédigé en 1874, avec tables de concordance, par M. Bruel. — Les papiers du *Conseil de Bouillon* font naturellement partie de la *série E*, qui comprend les papiers de la section administrative et domaniale.

Il est très fâcheux que, lors de la vente du château de Navarre par le prince de Leuchtenberg, le riche *chartrier des ducs de Bouillon*, qui s'y trouvait conservé, ait été emporté à l'étranger. On pense qu'il se trouve aujourd'hui enfermé, sans profit pour la science, dans quelque bibliothèque de la Bavière. — Les *Archives municipales de Brive* renferment des papiers relatifs aux procès de la ville avec les familles de Bouillon et de Noailles, depuis le XIVme siècle. — On trouve aussi des papiers concernant les Bouillon aux *Archives dites de Thouars*, qui appartiennent au duc de La Trémoïlle.

Les papiers de l'ancienne administration du duché de Bouillon se trouvent au dépôt d'Arlon. Cf. aussi L. Polain, *Recueil des Ordonnances du duché de Bouillon* (1240-1705), Bruxelles, 1868, in-folio; Ozeray, *Inventaire des Manuscrits et de tous les documents conservés à l'Hôtel de Ville de Bouillon et qui concernent l'histoire du duché de Bouillon*, 1870, in-8° ; mais l'inventaire manuscrit, qui date de 1740, est plus détaillé. — Cf. aussi à la Bibl. nat., *fonds français, 8161-8176*, des pièces relatives à la maison de

XIII

Il est temps de revenir au système généalogique présenté par Christophe Justel. On se rappelle que cet historien affirmait et prétendait prouver que Géraud de La Tour, premier du nom, était petit-fils d'Acfred I, duc d'Aquitaine. Mais les témoignages, apportés à l'appui de cette thèse, encore qu'ils fussent ingénieusement déduits, n'offraient pas assez d'authenticité et, malgré son habileté, il ne parvint pas à persuader le public.

Toutefois les choses restèrent en cet état pendant quelque temps. Parmi ses adversaires se présensait au premier rang l'historiographe Jean du Bouchet, très versé dans l'histoire des familles nobles de l'Auvergne, son pays natal. Il n'admit point le système de filiation qui conduisait d'Acfred I à Géraud et bientôt, en 1665, il fit paraître une *Table généalogique des comtes d'Auvergne,* en six feuilles : le premier auteur certain de cette maison était, suivant lui, Bernard, le père de Géraud. Prétendre remonter plus haut, c'était assurément vouloir bâtir sur un terrain peu solide. Il se produisit cependant peu après quelques modifications dans sa manière de voir. C'est ainsi que dans la *Table généalogique de la maison de Scorailles* — à laquelle appartenait la duchesse de Fontanges, alors fort en faveur — imprimée en 1681, il affirmait que Bernard de La Tour, époux de Béatrix de Rodez, était issu d'un puîné des comtes héréditaires d'Auvergne.

Cette affirmation n'était pas pour déplaire au cardinal de Bouillon qui était dévoré d'ambition et d'orgueil (1). On devine aisément l'accueil qu'il réserva — il l'avait sans doute provoqué — au secrétaire de Jean du Bouchet, le sieur Jean-Pierre de Bar, qui déclarait avoir trouvé des preuves authentiques dans les papiers de son maître, après sa mort, en 1685. Ce n'était rien moins que neuf anciens titres, écrits sur parchemin et détachés

Bouillon. Enfin, à *Genève,* on trouve, parmi les correspondances du xviiiᵐᵉ siècle léguées par M. C. de Constant, des lettres de la duchesse de Bouillon.

(1) Déjà en 1672 Nicolas Chorier, avocat au Parlement de Dauphiné, avait dédié son *Histoire générale du Dauphiné depuis l'an M de N.-S. jusques à nos jours,* 2 volumes in-folio à « Son Altesse Eminentissime Monseigneur le Cardinal de Bouillon, commandeur des ordres du roy, grand aumônier de France. » Dans la préface de cet ouvrage, Chorier « rappelle la gloire de l'illustre nom de *La Tour,* si fréquent dans cette histoire. » Il croyait en effet que la maison de La Tour du Pin était une branche des La Tour d'Auvergne. — Après la préface se trouve un *Sonnet* de François Boniel, prieur de Treffort, au Cardinal, dont voici deux vers :
La Seine avec plaisir goûte cet avantage
Et pour vous admirer sort la tête de l'eau.

d'un cartulaire de Saint-Julien de Brioude. Le cardinal de Bouillon soumit ces documents à l'examen d'Étienne Baluze, professeur royal en droit canon à l'Université de Paris, de Jean Mabillon et de Thierry Ruinard, prêtres et religieux bénédictins de la Congrégation de Saint-Maur ; tous trois étaient d'une compétence indéniable en diplomatique et ils attestèrent que les pièces étaient authentiques, par une déclaration en date du 23 juillet 1695.

Il résultait de cet acte : 1° que Gérard de La Tour descendait en ligne directe et masculine d'Acfred Ier, comte d'Auvergne et duc d'Aquitaine, et d'Adelinde de Poitiers, dont le frère, Guillaume le Pieux, fut le fondateur de Cluny ; 2° que, dès le commencement du XIII° siècle, la maison de La Tour-d'Auvergne passait pour descendre des ducs d'Aquitaine. La première assertion se tirait plus particulièrement de trois chartes, portées en 928, 937 et 960 ; la seconde, d'une lettre adressée en 1226 par Louis IX au chapitre de Brioude, lors de l'élection d'un Guillaume de la Tour comme prévôt de cette Église, et dans laquelle le roi disait en propres termes : *confidentes ut, sicut praedecessores ejusdem Guillelhmi, Aquitanae duces et comites, praefatam Ecclesiam multiplicibus donis honorare visi sunt*, etc., c'est-à-dire reconnaissant que les prédécesseurs dudit Guillaume, les ducs d'Aquitaine et comtes, ont fait de nombreux présents à ladite Église, etc.

A peine la déclaration fut-elle rendue publique, qu'elle provoqua un grand étonnement dans le monde de la noblesse et dans celui des savants. Une lutte très vive, à coups de brochures, commença bientôt. Elles furent réunies et publiées en 1700 sous ce titre : *Pièces pour et contre la maison de Bouillon avec des Remarques*, à Cologne, chez Pierre du Marteau, le tout formant un grand in-4° de 85 pages aux lignes très serrées. C'est de ce recueil surtout que nous avons tiré la plupart des renseignements qui suivent (1).

La première attaque, assez brève, portée contre le jugement des trois généalogistes, est datée du 10 septembre 1695 ; la seconde, plus développée, paraît six jours après. Toutes deux contestent les lettres de Louis IX. A la date de 1226, Louis IX

(1) Cf. aussi les *Mémoires de Saint-Simon*, t. V, p. 100 ; Ch. Loriquet, *Le Cardinal de Bouillon, Baluze, Mabillon et Ruynart dans l'affaire de l'Hist. généalogique de la Maison d'Auvergne*, Reims, 1870 ; E. de Broglie, *Mabillon et la Société de l'abbaye de Saint-Germain-des-Prés à la fin du XVII° siècle (1664-1707)*, Paris, 1888, 2 vol., à contrôler par le *Moyen Age*, 1888, p. 169. M. H. Doniol, qui a édité en 1863 le *Cartulaire de Brioude*, a évité d'examiner la question de faux. M. A. Giry dans son *Manuel de Diplomatique*, 1894, p. 881-883, prend nettement position et affirme que les documents étaient faux.

15

avait onze ans et par suite n'était pas d'une compétence bien
marquée en matière diplomatique et généalogique. Le chancelier
ou le secrétaire, qui a libellé ces lettres — son nom ne figure pas
au bas de l'acte — n'a fait qu'indiquer, en termes très vagues, la
filiation dont on fait si grand tapage. Quel est exactement ce duc
d'Aquitaine, qui a été le *prédécesseur* du prévôt de Brioude ? La
descendance est-elle masculine ou féminine ? Pourquoi ce
Guillaume de La Tour appartient-il plutôt à la maison de La
Tour d'Auvergne qu'aux autres maisons de La Tour ? Autant de
questions qu'il faut laisser sans réponse. On se trouve donc en
présence d'une « prescription de tradition », mais non d'une
preuve authentique. Quant aux trois chartes qui rattachent
Gérard de La Tour au duc Acfred, comment se fait-il qu'un trésor
aussi précieux soit resté inconnu pendant si longtemps et que du
Bouchet ne l'ait pas lui-même annoncé au public ? « Ce sont là
des pièces qui paraissent fort suspectes et qui ont grand besoin
d'être appuyées de l'autorité de trois juges ; ce serait une espèce
de miracle que d'un cartulaire il ne se fût conservé précisément
que les seuls feuillets, qui démontrent la haute et noble antiquité
de la maison de La Tour d'Auvergne..... Par quelle aventure cet
accident est arrivé que tous les titres aient été ramassés de suite
et si proches les uns des autres, qu'en rompant neuf ou dix
feuillets on les ait fait disparaître du cartulaire perdu, et même
de celui qui subsiste encore, où l'on prétend que quelques
feuillets qui manquent contenaient ces mêmes titres. Cela est trop
bien imaginé et il n'est pas ordinaire de voir les choses si
parfaitement arrangées dans un cartulaire, où les titres sont
copiés assez confusément, comme on peut le remarquer dans le
véritable, gardé par messieurs les chanoines de Brioude. »

Comme on voit, les attaques sont des plus précises. Un protégé
du Cardinal de Bouillon, l'abbé de Choisy, fameux surtout pour
son habileté à s'habiller en femme, relève le gant et fait paraître,
sans la signer, une *Réponse aux Remarques*, en quelques pages
écrites d'une langue alerte et nerveuse ; mais sa discussion a plus
de brillant que de solide. Il tranche, comme en se jouant, la
question des prédécesseurs et déclare qu'il est « constant que
quand on parle simplement des prédécesseurs d'un grand
seigneur, cela s'entend naturellement des paternels. » Voilà qui
est bien vite décidé. A la demande posée par les critiques sur
l'origine et l'histoire du cartulaire, il répond qu'il n'en sait rien,

mais que les chartes ne peuvent être fausses. Car la fabrication
de semblables pièces exigerait un travail énorme et, « ce qui
paraît aussi difficile, il faudrait savoir écrire comme l'on faisait il
y a 5 ou 600 ans et si parfaitement que les plus habiles critiques
y soient trompés. »

La question n'avait pas changé de place, malgré la réponse de
l'abbé de Choisy. C'est la constatation que fit bientôt, le 28 février
1696, l'un des premiers critiques, tout en rendant libéralement
coup pour coup au porte-parole du Cardinal de Bouillon. Il
terminait sa plaquette par cette phrase à double entente : « A
l'égard de l'impossibilité que cet anonyme (l'abbé de Choisy)
trouve à fabriquer tous les titres que l'on produit aujourd'hui,
cela ne peut faire impression que sur l'esprit de ceux qui ne
connaissent point les fourberies qui se sont faites de tout temps
en pareil cas ; et ne sait-on pas que l'on a fait non seulement
des titres, des pièces, des mémoires, et même de gros volumes,
pour établir un seul trait de fausseté, important à la gloire de
quelque particulier. »

Les esprits s'échauffaient donc de plus en plus. Un troisième
adversaire — peut-être que les trois n'en faisaient qu'un — entre
bientôt en lice. Il passe plaisamment en revue les principales
assertions de l'abbé de Choisy et démontre à son tour leur peu
de solidité. D'ailleurs, ajoute-t-il, « si du Bouchet eût eu ces
beaux titres en sa possession..., il était assez intelligent en ces
sortes de matières pour se servir de ces titres qui parlaient si
clairement et se faire honneur dans ce temps-là d'une si belle
découverte. » Le panégyriste vante la grandeur de l'origine de
cette maison de La Tour. On ne doute nullement de sa grandeur ;
elle est bien mieux établie que la vérité des titres par lesquels
on veut en prouver l'origine et l'antiquité. Enfin, à propos des
fameuses chartes, l'abbé de Choisy avait eu l'imprudence d'écrire
que « la plupart des originaux devaient faire bien moins de foi
que de semblables copies, écrites il y a 5 ou 600 ans. » Il s'attire
justement cette réponse plaisante : « Ce savant homme a fait une
heureuse découverte, en trouvant que les copies valent mieux
que les originaux ; je ne sais si le public lui en saura gré. Quelques
mauvais plaisants disent déjà qu'il avance cette proposition,
parce qu'il n'est qu'une faible copie d'un habile homme. »

Le Cardinal de Bouillon jugea, et non à tort, que la situation devenait critique. Il avait détaché inutilement l'abbé de Choisy en tirailleur. L'heure était venue d'engager le gros des troupes et Baluze en personne entra dans la lutte par une longue lettre (1), en date du 29 août 1697, « qui n'avait été faite que pour satisfaire la curiosité d'une personne de grande considération. » Le célèbre érudit reprend l'une après l'autre toutes les objections formulées par le ou les censeurs anonymes et déploie toutes les ressources de son érudition, toute la sagacité de sa dialectique, pour essayer de les réduire à néant. Il sortit victorieux de la lutte, mais seulement sur les points secondaires (2). C'est ainsi, par exemple, qu'il prouva, par des pièces authentiques, que le prévôt de Brioude était bien de la maison de La Tour d'Auvergne ; mais il ne put faire admettre de tous que « le mot de *praedecessores* se doit naturellement entendre des mâles et non pas des femelles. » En effet, dans le bas moyen âge, plusieurs personnages, bien que descendant par les femmes, ont été qualifiés « de sang royal » ou de « rejetons de l'arbre royal », *regia stirpe progenitus*. Ce dernier exemple est pris dans la préface que Baluze plaça peu après en tête de son Histoire généalogique de la maison d'Auvergne.

La longue réponse de Baluze ne termina point la querelle. Une série de lettres anonymes pour et, plus souvent, contre les prétentions généalogiques de la maison de Bouillon, parut dans le courant de l'année 1698. Dans l'une d'elles, datée du 15 juin, on lisait cette phrase, d'une portée quelque peu inquiétante : « On n'a point eu intention de faire de fâcheuses histoires à M. de Baluze, mais de lui donner un avis charitable sur l'excès de son zèle pour la maison de La Tour, qui l'oblige à manquer de respect

---

(1) En voici le titre : *Lettre de Monsieur Baluze pour servir de responce à divers escrits qu'on a semés dans Paris et à la Cour contre quelques anciens titres qui prouvent que Messieurs de Bouillon d'aujourd'hui descendent en ligne directe et masculine des anciens Ducs de Guyenne et comtes d'Auvergne.*

(2) Dans son étude sur *Mabillon et la Société de l'abbaye de Saint-Germain-des-Prés*, t. II, p. 251, Em. de Broglie croit pouvoir dire que « les feuillets du cartulaire de Brioude sont restés en faveur auprès des érudits, que les défenses qu'en a faites Baluze passent pour concluantes et que les juges experts ne songent plus à en contester l'authenticité. » C'est le contraire qui est vrai, déclare nettement le savant professeur A. Giry dans le *Moyen Age*, 1888, p. 170. « Le curieux procès des pièces fausses de l'histoire de la maison d'Auvergne attend encore son historien. Il n'a pas été révisé, comme M. de Broglie le croit, par M. Loriquet, qui n'en a jamais eu du reste l'intention et qui s'est borné à publier quelques correspondances curieuses qu'il avait rencontrées dans la Bibliothèque de Reims. » Il va sans dire que nous ne pensons pas être l'historien en question.

envers toutes les maisons souveraines, sans en excepter la maison royale de France. (1) »

Une autre lettre sous forme de mémoire, allait plus loin. Elle évoquait des souvenirs fort désagréables à la maison de Bouillon : l'histoire du testament de Charlotte de La Marck, l'absence de titres authentiques prouvant que la terre de Sedan formait autrefois une souveraineté ; d'où la possibilité pour le roi de revenir sur la question de l'échange. Enfin l'auteur déclarait en propres termes que « l'on ne peut assez admirer ou l'ignorance ou l'impudence du faussaire. »

En dehors de ces mots violents, on colportait, en se gaussant, des couplets malins, dans le goût de l'époque, sous forme de *Noëls.*

I

Seigneur, votre origine,
Dit Bouillon au Babin,
Est-elle bien divine ?
Le monde est fort malin.
Eussiez-vous, comme moi, séduit tous les Chapitres,
Baluze et Mabillon,
Don, don,
On vous disputera,
La, la,
Votre nom et vos titres.

II

Dans le coin d'une étable
Mabillon gémissant
Disait : je suis la fable
Du monde médisant.
Si Bouillon m'a séduit avecque sa noblesse,
Vous savez la raison,
Don, don,
Pourquoi j'ai fait cela,
La, la,
Excusez ma faiblesse.

La faiblesse, dont Mabillon s'accusait en gémissant, était d'avoir reçu un bénéfice du Cardinal de Bouillon.

---

(1) Chose curieuse, un faussaire habile, le P. André de Saint-Nicolas, avait, peu auparavant, pour justifier les origines de son *Histoire de la Maison de Bourbon,* fabriqué toute une série de chartes du IXᵉ siècle et du Xᵉ siècle, soi-disant trouvées dans les archives des prieurés d'Iseure et de Jouvigny et c'était Mabillon et Baluze qui en avaient démontré la fausseté. Or Baluze, qui ménagea le faussaire dans cette circonstance, entra en correspondance avec lui pour obtenir des documents relatifs à la maison d'Auvergne. Il n'a donc pas été dupe en cette affaire, pas plus d'ailleurs que le Cardinal de Bouillon, mais plutôt complice. Cf. sur ce point A. Chazaud, *Étude sur la chronologie des sires de Bourbon,* 1865, in-8°, p. 80 et suiv.

Voici encore deux couplets, composés sur l'air, alors à la mode, des *lan laire :*

I

On met les descendans d'Acfroy
Au rang de ceux de Godefroy,
Qui n'a jamais été père,
Laire la laire, lan laire.

II

Les La Tour sont un peu confus
Et désormais ne seront plus
Que princes du Cartulaire,
Laire la laire, lan laire.

Princes de cartulaire, au lieu de princes étrangers, le mot était méchant et malicieux. Or, à ce moment-là, la maison de Bouillon jouait de malheur. Le duc d'Albret faisait un procès scandaleux à son père, Godefroy-Maurice de La Tour, pour l'obliger à restreindre ses dépenses et à ne plus contracter d'emprunts. D'autre part, comme nous l'avons vu, les fils du comte d'Auvergne étaient loin d'être des modèles de vertu et d'honneur. Le Cardinal de Bouillon lui-même encourait la disgrâce de Louis XIV à cause de ses nombreuses imprudences et pour n'avoir pas suivi les instructions qu'il avait reçues dans l'affaire de quiétisme (1). Cette disgrâce était d'ailleurs prévue par tous au présomptueux prélat, dont Saint-Simon — l'ennemi des Bouillon, ne l'oublions pas — a tracé le *crayon* avec tant de vigueur dans une *Addition au Journal de Dangeau*, t. XV, p. 380. « Si on retranche, dit-il, tout le bon et tout le grand du maréchal de Bouillon, son grand-père, et qu'on ne laisse que le mauvais, le faux, l'ingrat, le crime, le perfide, le noir, et qu'on y ajoute la folie, ce sera entre eux une ressemblance parfaite. »

Dernier coup du sort, le 15 août 1700, le généalogiste Jean-Pierre de Bar est arrêté pour avoir tenu un magasin de faux titres à l'usage des usurpateurs de noblesse, si nombreux à cette époque. Le malheureux perd la tête et s'imagine être poursuivi pour l'affaire du cartulaire de Brioude, dont il était le découvreur

---

(1) Cf. l'*appendice VIII* placé par M. de Boislisle à la fin du t. VII de sa grande édition des *Mémoires de Saint-Simon*. On peut lire avec confiance sur l'affaire du Cardinal de Bouillon Voltaire, *Siècle de Louis XIV*, chap. XXXVIII, du Quiétisme *in fine*. Cf. aussi les *Lettres de Louis XIV au Cardinal de Bouillon*, publ. par l'abbé Verlaque, en 1884, dans la Coll. des Documents inédits ; et surtout Le Roy, *la France et Rome de 1700 à 1715*, p. 75 et suiv. — Ajoutons ici que le Cardinal de Bouillon n'avait pas voulu solliciter en cour de Rome les bulles de coadjuteur de l'évêque de Strasbourg pour le fils de la belle Mme de Soubise, parce qu'il désirait ce siège important pour lui-même.

et qui occupait tous les esprits. Et alors il avoue, sans qu'on le lui demande plus particulièrement, qu'il avait écrit lui-même les fameux feuillets suspectés, d'après un texte que le soi-disant duc d'Epernon-Rouillac avait établi auparavant. « On avait trouvé dans ses papiers, écrit A. Giry (1), des brouillons de documents, des essais d'écritures de diverses époques et d'encres, des documents authentiques gratés ou lavés, moins le protocole initial ou final, des notes de dépenses significatives, des morceaux d'anciens parchemins, etc., bref tout l'outillage d'un faussaire de profession, conservé aujourd'hui aux *Archives nationales*, *R² 74*, pour le plus grand profit de la critique. »

« Quand un homme doit périr, dit à ce propos le président Hénault, toutes les circonstances y concourent et une dernière achève sa perte. » Déjà Louis XIV avait fait tenir au Cardinal de Bouillon l'ordre de se retirer à Cluny ou à Tournus. Mais l'ambitieux prélat recourait à tous les expédients pour rester à Rome jusqu'à la mort du cardinal-doyen, obtenir ainsi le décanat dans le collège des cardinaux et présider le conclave après la mort attendue du pape Innocent XI.

Mécontent de sa désobéissance, Louis XIV lui enlève la charge de grand aumônier de France, lui fait défendre par son ambassadeur à Rome de porter désormais le cordon de l'Ordre du Saint-Esprit et ordonne de saisir tous ses biens laïques et ecclésiastiques, par un arrêt du Conseil du 12 septembre. Malgré la rigueur de ces mesures, le Cardinal reste à Rome, tout en protestant de son dévouement à la personne du roi et il feint d'être malade, mais sans faire de dupes. De cette façon, il peut ouvrir en grande solennité la porte sainte de Saint-Pierre de Rome, lors du grand jubilé de l'an 1700 (2), puis, par la mort du Cardinal Cybo, devenir doyen du Sacré Collège, enfin prendre part au conclave qui choisit son ami le Cardinal Albani (Clément XI), devenu le candidat de Louis XIV. Satisfait d'avoir ainsi réalisé son ambition, il revient en France et Louis XIV lève bientôt la saisie sur ses biens (juin 1701).

(1) Cf. A. Giry, *Manuel de diplomatique*, 1894, p. 882.

(2) Le Cardinal de Bouillon fit frapper des médailles et faire des estampes et des tableaux, afin de laisser à la postérité le souvenir de cette solennité, si glorieuse pour lui et pour sa famille.
La médaille commémorative de l'ouverture de la porte sainte est une médaille de bronze, de 55 mill. A l'avers : buste à droite avec la chappe et la tête mitrée. Légende: **Emman. Théod. Card. Bullionius.** — Au revers : le Cardinal au milieu de la foule agenouillée frappe à une porte avec le marteau de vermeil. Légende : **Aperite portas quoniam Emmanuel.** A l'exergue

Cependant le procès de Jean-Pierre de Bar s'instruisait devant la Chambre ardente de l'Arsenal et il restait à démontrer que le cartulaire de Brioude avait été faussé. Voici (1) comment la preuve fut faite. « M. de Clairambault, l'un des préposés à examiner ce cartulaire, fatigué de le parcourir, l'avait jeté négligemment sur la table. En y tombant, il s'ouvrit. M. de Clairambault s'aperçut que le recto était vermoulu et que le verso précédent ne l'était pas ; alors il chercha à connaître jusqu'à quelles feuilles cette vermoulure s'étendait. Il ne fut pas peu surpris de remarquer que cette vermoulure cessait et avait commencé aux pièces sur lesquelles se fondait la maison de Bouillon pour descendre de celle d'Auvergne. Alors le faux fut ostensible. »

Résultat de cette découverte : les chartes de 928, 937 et 960 sont déclarées fausses par arrêt du 11 juillet 1704, rendu à la Chambre de l'Arsenal, et Jean-Pierre de Bar est condamné à la prison perpétuelle. La quatrième année de sa captivité, le malheureux se jeta la tête contre les murs de son cachot ; il en mourut deux jours après. Il existait dans le fonds Clairambault, à la Bibliothèque nationale, un manuscrit intitulé : *Catalogue des noms de familles soupçonnées d'avoir fait faire des faux titres par Pierre Bar et autres.* Ce volume, dit Ludovic Lalanne dans son *Dictionnaire histor. de la France*, 1877, p. 178, pouvait intéresser trop de gens ; il a disparu.

Ann. Jub. MDCC. Cette médaille a été gravée par les soins de Monmerqué dans les *Mémoires de Coulanges*, 1820, in-8°, p. 285.

Le Cardinal fit en outre frapper une autre médaille pour la clôture de la porte de l'église Saint-Paul, qui lui revenait, en sa qualité de cardinal doyen, à la Noël de 1700. C'est une médaille de bronze de 40 mill. Dans le champ de la pièce et entouré d'un grènetis, on lit : **Emman. Théod. Card. Bullionius. S. Colleg. decan. episcop. Ostiensis. Mag. Franc. elem. clausit**, en six lignes. Au-dessus, une croix entre deux palmes. Au-dessous, une petite tour reposant sur un motif fleuronné, dont 4 pointes se terminent par un lis. — Au revers : dans le champ, une porte maçonnée à fronton triangulaire ; une petite croix (†) se trouve sur la maçonnerie. La porte est accostée de **Ann. Jub.**; au-dessous **M D C C.** En légende, à gauche, entre deux grènetis : *(3 lis)* **Pont.** *(lis)* **max.** *(lis)* **an.** *(lis)* **I.**

L'apparition de cette médaille, au moment où le Cardinal était frappé de disgrâce, causa un scandale tel qu'il la supprima bientôt. Mais il en fit paraître une autre à la place, où la qualité de grand aumônier de France n'était plus mentionnée, avec cette inscription : **Emman. Théod. card. Bullionius S. Petri aperuit, S. Pauli clausit sacra limina.** Elle est gravée dans Baluze, *Hist. généal. de la maison d'Auvergne*, t. II, p. 845, avec une grande estampe de P. Locatelli.

La description détaillée des deux premières médailles nous a été communiquée par M. Marc Husson, que nous remercions de son obligeance.

(1) Cf. le président d'Avannes, *Esquisses sur Navarre*, t. II, p. 76. Le président d'Avannes déclare tenir ce curieux renseignement de M. le marquis Le Ver, qui le tenait lui-même de M. Pavillet, alors conservateur aux archives du royaume.

Après cette décision judiciaire, il semblait que l'affaire dut s'assoupir. L'honneur des Bouillon n'avait pas été trop suspecté dans le procès, quoi qu'en dise Saint-Simon, qui s'est livré en cette circonstance à un véritable réquisitoire. Toutefois les premiers intéressés au silence étaient les Bouillon eux-mêmes. Mais le Cardinal s'imaginait avoir essuyé une véritable défaite. De nouvelles pièces de vers couraient sous le manteau et blessaient au vif son orgueil. On raillait la facilité avec laquelle il avait pu tromper (1)

> Mabillon, ce pieux, ce savant solitaire,
> Qui fut pendant longtemps la terreur du faussaire ;
> Et, par Bouillon séduit, il en est aujourd'hui
> Le plus ferme soutien et le plus fort appui.
> Couplé sous le même joug avec Bar et Baluze,
> Il fait voir que souvent le plus docte s'abuse
> Et ne saurait prouver, avec ses grands talents,
> Que Saint Louis fut père à l'âge de neuf ans,
> Qu'à Brioude on n'ait pas d'un nouveau caractère
> Chargé grossièrement un vieux obituaire ;
> Qu'avant Hugues Capet on connut les surnoms,
> Qu'on sut ce que c'étoit qu'armes, que gonfanons.
> Sur des titres pareils c'est en vain qu'on appuie
> De La Tour de Bouillon la généalogie ;
> Vouloir les employer, c'est courre le hasard
> De mourir en galère, et même par la hart.
> Bar, pour ses faussetés, quoique chargé d'années,
> Par grâce dans les fers finit ses destinées.
> Baluze cependant, toujours gai, vit content,
> Dort avec Angélique (2) ou compte son argent
> Et, malgré du Buisson, (3) malgré les anonymes,
> Il jouit sans souci du fruit de ses crimes.
> Lui seul, juge et partie, il fait un tribunal ;
> Il casse les arrêts rendus à l'Arsenal
> Et parfait le procès à tous les commissaires,
> Les juge incompétents sur la foi des faussaires.
> Quant aux titres de Bar, bientôt, à ce qu'il dit,
> Il veut dans le public, les remettre en crédit.....

(1) Cf. l'*Epitre à l'abbé Bignon*, publ. par M. Kerviler dans le *Bibliophile français*, 1872, p. 303 et suiv., d'après le manuscrit Clairambault, 1053, fol. 204-205.

(2) Angélique est la fille de la nommée Roussel, cuisinière, servante de M. Baluze. Angélique lit auprès de lui, pour l'endormir, quand il est couché. Il lui a fait beaucoup de bien. En 1709, il lui a donné quatre cents livres de rentes ; celui qui a insinué le contrat me l'a dit. L'abbé Gallois lui a dit bien des fois en riant qu'on trouverait de lui un contrat de mariage après sa mort. S'il avoit assez de religion, cela seroit possible. (*Note du Manuscrit.*)

(3) L'intendant des finances chargé de procéder contre les faussaires. (*Idem.*)

On s'en prenait aussi au Cardinal en personne. *Prenez*, disait-on,

> *Prenez la généalogie*
> *De Monsieur l'évêque d'Ostie,*
> *Mettez-la dans un alambic,*
> *Distillez toute votre vie :*
> *Je veux qu'on me berne en public,*
> *S'il n'en sort qu'un grain de folie.*

Il y avait peut-être plusieurs grains de folie dans son cas ; à coup sûr, il y avait de l'obstination et à très haute dose. Il persuada facilement à Baluze que tous deux avaient une revanche à prendre et Baluze céda à ses instances, d'autant plus qu'il avait espoir de vaincre ses adversaires par de nouveaux arguments. En 1708, il faisait paraître son *Histoire généalogique de la maison d'Auvergne, justifiée par chartes, titres, histoires anciennes et autres preuves authentiques*, en deux volumes in-folio, le premier comprenant 568 pages de texte et le second 870 pages de preuves.

La préface du premier volume trahissait le ressentiment des luttes antérieures. Baluze, en effet, commence par déclarer qu'il s'attend à de nombreuses attaques. « Je sais, dit-il, que mon entreprise est grande, difficile et périlleuse, étant quasi impossible d'écrire sur ces sortes de sujets, sans s'exposer à la mauvaise humeur des méchants critiques,

> *Qui cuident élever leur nom,*
> *Blâmant les hommes de renom,*

comme disoit Marot écrivant contre Sagou, lesquels ne sachant, pour me servir du raisonnement et des paroles de Belleforest, « sur quoi discourir, ni en quoi employer le temps et le papier, n'ont d'autre étude que de dénigrer la réputation des grandes et généreuses maisons, et révoquer en doute leur ancienne noblesse. » Ce qui ne m'étonne pourtant pas, et ne m'a pas empêché d'y travailler avec beaucoup de soin. *Est enim mihi pro fide satis animi*, comme dit Pline le jeune. Ayant toute ma vie fait profession de n'écrire rien de vrai, tout autant que j'ai su le connaître, je me suis senti assez de cœur pour entreprendre un ouvrage si grand et si périlleux. Ma conscience et ma réputation me mettent à couvert des insultes de ceux qui croyent se pouvoir faire un nom dans la République des Lettres, en réfutant les ouvrages de ceux qui se sont attiré l'estime et l'approbation du public. »

Encore qu'il fût de Tulle, Baluze donnait le coup de boutoir en

véritable sanglier. L'affaire faite, il expose l'histoire de cette
maison d'Auvergne, qui vient des anciens ducs d'Aquitaine et
qui s'est alliée quinze fois avec la maison royale de France, à
laquelle elle a donné deux reines : la comtesse Jeanne, épouse du
roi Jean le Bon, et Catherine de Médicis, du sang d'Auvergne par
sa mère. Il passe d'abord en revue les trois branches éteintes de
cette maison, pour s'étendre plus longuement sur celle de La
Tour. Car la maison de La Tour est bien une branche cadette de
la maison d'Auvergne. La preuve générale, déclare Baluze, s'en
tire surtout des lettres, déjà connues, de Saint-Louis, où il est
dit en termes formels que Guillaume de La Tour, prévôt de
l'église de Brioude, descendait des anciens ducs d'Aquitaine,
comtes d'Auvergne. Seconde preuve du même caractère : dans
une bulle du pape Innocent VIII, donnée en faveur d'Antoine de
La Tour, le pape déclare que ce seigneur est issu *de nobili
comitum genere ex utroque genere*, c'est-à-dire des anciens comtes
d'Auvergne du côté paternel et des comtes de Beaufort par sa
mère. Quant aux preuves particulières, elles se tiraient des
fameuses chartes *trouvées* par Jean-Pierre de Bar dans le cabinet
de du Bouchet, après sa mort, autrement dit des pièces que la
Chambre de l'Arsenal avait déclarées fausses en 1704 et qui,
malgré cette condamnation juridique, étaient intégralement
reproduites aux pages 24, 25 et 475 du volume des *Preuves*.

Chemin faisant, Baluze rappelle les souvenirs glorieux pour
l'histoire généalogique des La Tour. C'est ainsi que, en 1479,
Louis XI fait épouser Anne de La Tour, fille de Bertrand II de La
Tour, comte d'Auvergne et de Boulogne, au prince Alexandre
Stuart, duc d'Albany, pour le consoler d'avoir perdu le royaume
d'Ecosse, usurpé, disait-il, par son frère jumeau, Jacques III.
C'est le roi de France, Henri II, qui donne au vicomte de Turenne,
François III de La Tour, la charge de capitaine de 50 hommes
d'armes, en considération de ses mérites et de ses qualités, et
aussi « en considération de la grande proximité de lignage dont il
lui attouchoit » (par sa femme, Catherine de Médicis). Enfin, c'est
Catherine de Médicis elle-même, disant à Henri de La Tour, pour
l'attirer à son parti, qu'il devait affectionner ce qui la regardait,
« ayant cet honneur d'être descendu de la maison d'Auvergne et
de Boulogne, comme elle. »

Baluze donne encore une relation détaillée du voyage que fit à
Rome Frédéric-Maurice de La Tour, duc de Bouillon, et il

réimprime, pour la plus grande gloire de la famille, à la fin du premier volume, deux éloges du grand Turenne : celui qui fut prononcé en 1675 à l'ouverture du Parlement par le premier président Lamoignon, et celui qui se trouve dans les œuvres de Saint-Evremond. Au chapitre XVI, il se borne à nommer le Cardinal de Bouillon, sans donner de renseignement sur ce personnage. Il avait eu le soin de déclarer à la fin de sa préface : « On trouvera peut-être à redire que je ne dis rien de M. le Cardinal de Bouillon, ni des autres seigneurs de cette maison qui sont encore vivants. Mais, outre que ceux qui y ont ou y prennent intérêt, m'ont fait connaître par de bonnes raisons qu'il ne fallait pas parler des vivants, j'étais assez de cet avis par moi-même, sachant la maxime de Tacite, qui nous apprend en plus d'un endroit qu'il n'est pas de la prudence d'un historien d'écrire la vie des princes vivants. Ceux qui viendront après moi sauront bien relever les grandes actions de ceux dont je ne parle point. Et peut-être en laisserai-je quelque chose après moi. »

En dehors des nombreux renseignements qu'il renferme, l'ouvrage de Baluze avait l'avantage d'être « illustré », pour parler la langue d'aujourd'hui. Au commencement de chacun des cinq Livres est gravée une vignette, qui rappelle l'événement le plus remarquable dont il est parlé dans le Livre. Celle qui est en tête de tout l'ouvrage et qui marque toutes les branches de la maison d'Auvergne, de l'avis du *Journal des Savants*, est très ingénieuse et d'un dessein tout particulier. Baluze a fait également reproduire des sceaux en grand nombre et tous les monuments qui pouvaient servir à éclaircir et à orner son Histoire, entre autres : le mausolée magnifique que le Cardinal de Bouillon voulait faire élever à Cluny pour sa famille (1), et celui du grand Turenne.

(1) Ce mausolée a également son histoire, qui est curieuse à connaître. Le Cardinal de Bouillon le fit exécuter sous ses yeux à Rome, et, afin de rappeler à tous l'antiquité de la maison de La Tour, Guillaume, duc d'Aquitaine, et Godefroy de Bouillon, roi de Jérusalem, montaient la garde à chacun des côtés du mausolée. Mais Louis XIV veillait, et quand les sculptures arrivèrent à Cluny, un arrêt du Parlement défendit de les mettre en place. En outre, le sénéchal de Lyon apposa les scellés sur les caisses fermées et on les relégua dans l'une des tours du palais abbatial. Elles y restèrent près d'un siècle et des mains inintelligentes les rendirent à la lumière pour les séparer. Dans un mémoire publié par le *Bulletin des Sociétés des Beaux-Arts des départements*, 14ᵉ session, 1890, II. Lex et Martin signalèrent la présence de plusieurs parties du mausolée dans la chapelle de l'hôpital et au musée lapidaire de Cluny.

Mais le nom du sculpteur demeurait inconnu et, comme le mausolée avait été exécuté en Italie, les écrivains s'accordaient à l'attribuer à des artistes italiens. Un mémoire lu par Aug. Castan, le 25 mai 1891, à la réunion des Sociétés des beaux-arts des départements (tirage à part, 21 p.), a fait en partie la lumière sur ce point d'histoire : le sculpteur en question ne serait autre que le français Pierre II Legros, qui demeurait alors à Rome et que les jésuites employaient de préférence à tout autre.

La publication de l'ouvrage de Baluze fut un événement des plus considérables et fit aussitôt beaucoup de bruit, bien que la guerre de la succession d'Espagne mît alors aux prises toute l'Europe occidentale. Sans doute l'arrêt, rendu en 1704 par la Chambre de l'Arsenal, ne devait être considéré que comme une mortification infligée par Louis XIV à l'orgueil intransigeant du Cardinal de Bouillon ; mais, d'autre part, comment qualifier la déclaration signée en 1691 par Baluze, Mabillon et Ruinart ? Sans doute ces trois savants — nous parlons surtout des deux derniers — ne méritaient point, par leur honnêteté bien connue, le reproche de corruption que plusieurs leur lançaient violemment à la face. Mais ils avaient fait preuve d'une malhabileté surprenante et n'y avait-il pas, de la part de Baluze, une témérité blâmable à reproduire, comme authentiques, des documents dont la fausseté avait été reconnue par les connaisseurs qui voulaient ouvrir les yeux, en même temps qu'elle avait été affirmée par une condamnation judiciaire ?

Puisque la maison de Bouillon recommençait la lutte, ses ennemis relevèrent le gant et les chansonniers aiguisèrent à nouveau leurs traits.

I

Quoi ! faudra-t-il que chaque jour
Les Bouillon fatiguent la Cour
De quelque incartade nouvelle ?
Si tu veux mettre à la raison,
Grand roi, cette folle maison,
D'un rang qui trouble la cervelle
Fais tomber ces audacieux
Et pour punir leur fierté naturelle
Remets-les comme leurs aïeux.

II

Entasser des ducs d'Aquitaine
Sur ceux de Milan, de Guienne,
Usurper la lance et le nom
D'Acfred, Astorgue et Barillon,
Et remonter de règne en règne
Jusqu'au temps de Charles Martel,
N'est-ce pas de La Tour d'Auvergne
Faire la Tour de Babel ? etc.

Si les ennemis de Baluze l'attaquaient avec acharnement, ses amis le défendaient au contraire avec la plus grande réserve. Il suffit de parcourir les publications périodiques de l'époque pour s'en faire une idée.

Le Journal des Savants, dans son numéro du 24 juin 1709, consacre à l'*Histoire généalogique* onze pages de compte-rendu ou, plus exactement, de prudente analyse, sans fournir une seule appréciation personnelle, et sans donner un jugement critique avec preuves à l'appui.

La Clef du cabinet des Princes — tel est le titre exact du *Journal dit de Verdun* — en juillet 1709, se borne à une simple annonce de huit lignes ; on ne pouvait pas beaucoup moins.

Enfin le *Journal de Trévoux*, rédigé, comme on sait, par les Jésuites, attend jusqu'au mois de février 1710, pour mettre ses lecteurs au courant de l'ouvrage de Baluze. Il imite la prudence générale du *Journal des Savants*, tout en montrant un peu plus de sympathie envers l'historien, si rudement malmené. N'oublions pas en passant que le Cardinal de Bouillon était le doyen des cardinaux et que les Bouillon protègent volontiers les Jésuites. « On n'aurait pas cru, dit le rédacteur, que M. Baluze, appliqué dès sa jeunesse à l'étude des Conciles et de l'Histoire ecclésiastique, eût trouvé du loisir pour des recherches qui demandent tout un homme : cependant il en a trouvé. On n'en manque jamais pour satisfaire ses inclinations. » Voilà certes une proposition qui ne manque pas de justesse et qui trouve de nombreuses applications. Le rédacteur expose ensuite le système préconisé par Baluze et indique plus particulièrement les « faits singuliers » et les pièces rares et les observations les plus importantes de l'auteur. Il termine enfin par ce souhait des plus flatteurs et des plus mérités : « Nous souhaitons que Dieu, qui vient de lui rendre une santé qu'il emploie si utilement, lui donne le temps d'exécuter ce dessein (d'écrire l'Histoire des Turriani d'Italie et des vicomtes de Turenne) et d'autres encore plus importants, surtout l'édition de Saint-Cyprien, à laquelle il travaille sans relâche. »

Dans cette invitation, adressée à Baluze, de se consacrer désormais à des travaux d'un caractère purement spéculatif et historique, il nous semble voir comme un pressentiment de l'orage, qui allait éclater sur la tête du malheureux généalogiste. En effet, bien que son *Histoire de la maison d'Auvergne* eût paru avec la permission du chancelier, il fut bientôt condamné, par un arrêt du Conseil, en date du 1er juillet 1710, « le roi y étant, pour avoir, non seulement osé avancer différentes propositions sans aucunes preuves suffisantes ; mais encore, pour autoriser plusieurs faits avancés contre toute vérité et avoir inséré, dans le volume des *Preuves*, plusieurs titres et pièces qui ont été déclarées fausses par arrêt de la Chambre de l'Arsenal, du 27 juillet 1704 ; ce qui est une entreprise d'autant plus condamnable qu'outre le mépris d'un arrêt si authentique et rendu en si grande connaissance de cause, un pareil ouvrage ne peut être fait que pour appuyer une usurpation criminelle et ménagée depuis longtemps. »

En dehors de cette mesure qui frappait son ouvrage, Baluze était frappé personnellement. Il fut en effet exilé à Rouen, puis à Blois, à Tours, à Orléans et vit ses biens confisqués. Rappelé en 1713, il ne recouvra, ni ses places, ni son traitement. Dans son malheur, il se rappela sans doute le conseil prudent du *Journal de Trévoux*, et il reprit la publication des Œuvres de Saint-Cyprien. Sa malchance le poursuivit encore et il mourut au cours de l'impression du dernier-né de ses quarante-cinq ouvrages. Devenu pessimiste, il s'était composé l'épitaphe suivante :

> *Il gît ici le sire Etienne ;*
> *Il a consommé ses travaux.*
> *En ce monde il eut tant de maux*
> *Qu'on ne croit pas qu'il y revienne.*

Quant au Cardinal de Bouillon, son exil avait cessé en 1708 et il avait reçu la permission de se rapprocher à trente lieues de Paris. Lassé d'une si longue disgrâce, il prit le parti de quitter la France pour jamais, en 1710, et il alla rejoindre, à la frontière de Flandre, le prince Eugène et le prince d'Auvergne, ses parents, en donnant au roi la démission de sa charge de grand aumônier de France. On peut lire tous les détails de cette affaire dans les *Mémoires* de Saint-Simon, qui traite le Cardinal de « Lucifer pour l'orgueil. » Le Parlement de Paris le décréta de prise de corps. Il finit toutefois par obtenir la restitution de ses revenus et il s'en alla mourir à Rome (mars 1715).

**

Et maintenant, faut-il conclure ? De cette trop longue notice, il nous semble résulter les trois points suivants :

1° Il peut se faire, il est même probable, que les seigneurs de La Tour d'Olliergues forment une branche cadette de la maison de La Tour d'Auvergne. Mais, suivant l'expression du président d'Avannes, la soudure par laquelle on a cherché à rattacher ces deux maisons, en faisant remonter Bertrand de La Tour d'Olliergues, premier auteur certain des Bouillon-La Tour, à Bernard VI de La Tour d'Auvergne, reconnu par Saint-Louis comme descendant des ducs d'Aquitaine, cette soudure est tellement fragile qu'elle ne pourrait soutenir la moindre contestation sérieuse.

2° On peut admettre comme indiscutable l'autorité de Saint-Louis en matière généalogique et reconnaître dans ce cas, comme un article de foi, que les La Tour d'Auvergne descendent des anciens ducs d'Aquitaine. Mais, pour les esprits exigeants, qui veulent toujours et partout des preuves, l'affaire change de face, et, depuis le xviiiᵉ siècle, aucun généalogiste sérieux n'a cherché à réussir là où Justel et Baluze ont entièrement échoué.

3° Enfin, les trois tourteaux de gueules sur champ d'or, qui figurent sur l'écu des ducs de Bouillon-La Tour, sont bien les armes de l'antique maison de Boulogne, qu'ils avaient prises comme héritiers de la maison d'Auvergne.

TABLEAUX GÉNÉALOGIQUES

Toute étude généalogique doit être complétée par un tableau qui permette au lecteur de saisir d'un coup d'œil la filiation ou les différents degrés de parenté. En conséquence, nous avons groupé, d'après le P. Anselme, afin de constituer autant de tableaux généalogiques :

1º Les seigneurs de La Tour, comtes d'Auvergne ;
2º Les seigneurs de La Tour-d'Olliergues, vicomtes de Turenne ;
3º La branche des La Marck, seigneurs et princes de Sedan ;
4º Les seigneurs de La Tour, ducs de Bouillon, etc.;
5º La branche des La Tour, seigneurs de Murat, Le Quaire, etc.;
6º La branche des Rohan, ducs de Bouillon.

I. Tableau généalogique des seigneurs de La Tour, comtes d'Auvergne.

Bertrand Ier, seigneur de La Tour, mentionné en 1206, † peu après 1212, ép. avant 1190 *Judith de Mercœur*, † 1208.

- **Bernard Ier**, † 1253, ép. *Jeanne*, dont 5 enfants.
  - Bertrand, qualifié chevalier en 1241.
  - Dauphine, ép. Ebles VI, vicomte de Ventadour.
  - Gaillarde, ép. Pierre, vicomte de Ventadour.
  - Marguerite, ép. Géraud de Rochefort.
  - **Bernard II**, † 1270, ép. *Yolande*, † avant 1270, dont 3 enfants.
    - Dauphine, ép. Pierre-Maurice, seigneur de Roche-Savine.
    - Dauphine, ép. 1° en 1275 Raynaud d'Aubusson ; 2° Aimery II de La Rochefoucauld.
    - **Bertrand II**, † 1296, ép. en 1275 *Béatrix d'Olliergues*, dont 5 enfants.
      - Bertrand, seigneur d'Olliergues, tige des La Tour-d'Olliergues. (V. le tableau II.)
      - Guillaume, chanoine de Brioude.
      - Gaillarde, ép. Pierre-Maurice, seigneur de Roche-Savine.
      - Dauphine, ép. Goignes de La Roche-en-Renier.
      - **Bernard III**, † 1325, ép. en 1295 *Béatrix de Rodes*, dont 5 enfants.
        - Bernard, cardinal en 1342.
        - Agne, prieur de Crépy-en-Valois.
        - Dauphine, ép. Astorg d'Aurillac.
        - Gaillarde, ép. Gui Comptor, seigneur d'Apchon.
        - **Bertrand III**, 1333, † après 1368, ép. en 1320 *Isabelle de Lévis*, dont 9 enfants.
          - Guillaume, † 1343, ép. en 1342 Aélis Roger de Beaufort.
          - Gui, † 1375, ép. en 1353 Marthe Roger de Beaufort, dont 4 enfants.
          - Jean, cardinal en 1371.
          - Bertrand, † 1383, évêque de Toul en 1353 et du Puy en 1361.
          - Henri, évêque de Langres de 1374 à 1395.
          - Mascaronne, ép. Gilles Aycelin, seigneur de Montagu.
          - Isabeau, ép. 1° en 1354 Aimé-Dauphin, seigneur de Rochefort ; 2° Guillaume de Mello, seigneur de l'Espoisses.
          - Marguerite, ép. Gui IV, seigneur de Cousan.
          - **Bertrand IV**, † 1423, ép. en 1389 *Marie d'Auvergne*, † 1437 ; fille de Godefroy d'Auvergne, dit de Boulogne, seigneur de Montgascon, dont 4 enfants.
            - Guyot, † 1411, prieur de l'église de Clermont.
            - Henri, évêque de Clermont de 1376 à 1415.
            - Louise, † 1403, ép. en 1387 Ponce, seigneur de Montlaur.
            - Dauphine (?), ép. Etienne de La Garde.
            - **Bertrand**, † 1461, V de La Tour, Ier comte d'Auvergne et de Boulogne, ép. en 1415 *Jacquette du Peschin*, † 1473, dont 6 enfants.
              - Isabeau, ép. en 1419 Louis de Chalençon, vicomte de Polignac.
              - Jeanne, ép. en 1409 Bertrand, comte de Clermont.
              - Louise, ép. en 1433 Claude de Montagu, seigneur de Conches et d'Epoisses.
              - Constance, ép. 1° Louis de Brosse ; 2° Philibert de l'Espinasse.
              - Blanche, abbesse de Cossel.
              - **Bertrand VI de La Tour**, † 1494, IIe comte d'Auvergne et de Boulogne, ép. en 1444 *Louise de La Trémoïlle*, dont 5 enfants.
                - Gabrielle, ép. en 1442 Louis Ier de Bourbon, comte de Montpensier.
                - Isabelle, ép. 1° en 1450 Guillaume de Bretagne, comte de Penthièvre ; 2° en 1458 Armand-Amanjeu d'Albret, sire d'Orval.
                - Françoise, ép. en 1469 Gilbert de Chabannes.
                - Jeanne, ép. en 1472 Aimar de Poitiers, comte de Saint-Vallier.
                - Suzanne, ép. Claude de Chalençon.
                - Anne, ép. 1° en 1480 Alexandre Stuart, duc d'Albany ; 2° en 1487 Louis de La Chambre (Savoie) ; ép. en troisièmes noces en 1518 François II de La Tour, vicomte de Turenne.
                - Louise, ép. en 1486 Claude de Blaisy, vicomte d'Arnay.
                - **Jean III**, 1467 † 1501, comte d'Auvergne et de Lauragais, ép. en 1495 *Jeanne de Bourbon-Vendôme*.
                  - Madeleine, ép. en 1518 Laurent de Médicis, sans hoir.
                  - **Anne**, † 1524, comtesse d'Auvergne, ép. en 1505 Jean Stuart, duc d'Albany, sans hoir.
                  - **Catherine de Médicis**, 1519 † 1589, comtesse d'Auvergne, ép. en 1533 Henri de France (Henri II).

II. Tableau généalogique des seigneurs de La Tour-d'Olliergues, vicomtes de Turenne.

Bertrand Ier de La Tour-d'Olliergues, † 1329, ép. en 1314 Marguerite Aycelin de Montagu, † 1332, dont 6 enfants.

Agne Ier, † 1354, ép. en 1343 Catherine de Narbonne, † 1390, dont 4 enfants. — **Bertrand, † 1329, sans hoir.**

- **Jean,** † 1369, ép. Jourdaine de Bidage, dont 2 fils morts avant lui.
- **Agne II,** † 1404, ép. en 1372 Béatrix de Chalençon, dont 10 enfants.
- **Bertrand,** ecclésiastique.
- **Alguaye.**

- **Louis,** † avant son père.
- **Agne III,** † 1415, ép. en 1412 Aelis de Vendat.
  - **Antoinette,** posthume, 2 fois mariée.
- **Guillaume,** seigneur d'Olliergues, puis évêque de Rodez de 1430 à 1457.
- **Bertrand II,** † 1450, ép. 1º en 1423 Marguerite de Beaufort, dont 1 fils; 2º en 1439 Antoinette d'Apchon, sans hoir.
- **Jean,** chevalier de Saint-Jean de Jérusalem.
- **Catherine,** ép. 1368 Jean de Talaru, seigneur de Chalmazel.
- **Isabeau,** ép. en 1397 Louis, seigneur de Bienne.

Agne IV, † 1489, ép. en 1444 sa cousine germaine, Anne de Beaufort, fille et héritière de Pierre de Beaufort, † 1444, vicomte de Turenne, seigneur de Limeuil, dont 14 enfants.

- **François Ier,** † après 1493, vicomte de Turenne, sans alliance.
- **Gilles,** abbé du Vigeois.
- **Agnel,** seigneur de Servières.
- **Pantaléon,** seigneur de Limeuil.
- **Antoine le Vieux,** † 1527, vicomte de Turenne, ép. en 1491 Antoinette de Pons, dont 4 enfants.
- **Anne,** ép. en 1469 Jacques de Limagne, seigneur de Finarcon.
- **Antoine-Raymond,** le jeune, seigneur de Murat et Le Quaire. (V. le tableau V).
- **Marguerite,** ép. en 1478 Jean Talleyrand, prince de Chalais.
- **Françoise,** ép. en 1489 Antoine de Pompadour.
- **Marie,** ép. 1º en 1499 Jean de Hautefort; 2º Gabriel des Cars, seigneur de Saint-Bonnet.

- **François II,** † 1532, vicomte de Turenne, etc., ép. 1º en 1516 Catherine d'Amboise, sans hoir; 2º en 1518 Anne de La Tour, † 1530, déjà deux fois veuve, dont 5 enfants.
- **Gilles,** seigneur de Limeuil, ép. en 1531 Marguerite de La Cropte de Lanquais, dame de Lanquais, dont 9 enfants.

- **Philippe,** ép. en 1565 Philippe, baron de Roquefeuil.
- **Isabeau** (de Limeuil), ép. Scipion Sardini, baron de Chaumont-sur-Loire.
- **Antoine,** † 1565, chevalier de Malte.
- **Antoinette,** ép. 1º en 1570 Jean d'Avaujour; 2º en 1574 Charles-Robert de La Marck.
- **Marguerite,** ép. en 1573 Jean d'Aubusson, seigneur de Villac.
- **Madeleine,** ép. en 1562 Jean de Fayelle.
- **Marguerite,** ép. en 1551 Pierre de Clermont-Lodève.
- **Anne,** religieuse.

- **François III,** † 1557, vicomte de Turenne, etc., ép. en 1545 Eléonore de Montmorency, morte avant lui, dont 2 enfants.
- **Galliot,** † 1591, seigneur de Limeuil et de Lanquais.
- **Charles,** † 1580, sans hoir.
- **Jacques,** † 1580, seigneur de Fleurac, sans hoir.
- **Anne,** † jeune.
- **Claude,** ép. en 1535 Just II, seigneur de Tournon.
- **Antoinette,** ép. en 1545 François Le Roy, seigneur de Chavigny, comte de Clinchamps.
- **Renée,** abbesse du Paraclet.

- **Henri de La Tour,** 1555 † 1623, vicomte de Turenne, duc de Bouillon, etc. (Voir les tableaux III et IV).
- **Madeleine,** 1556 † ?, ép. en janvier 1572 Honorat de Savoie, comte de Tende, † septembre 1572, sans hoir.

III. Tableau généalogique des La Marck, seigneurs et princes de Sedan.

Everard III de La Marck, † 1440, seigneur de Sedan, etc., fils d'Everard II, † 1387, seigneur de La Marck et d'Arenberg, et de Marie de Looz, † 1400, dame de Lummen et de Neufchâteau en Ardenne, ép. 1° en 1410 *Marie de Bracquemont* (veuve de Louis d'Agy), dont 3 enfants ; 2° en 1422 *Agnès de Vulcourt*, † 1441, dame de Rochefort et d'Agimont, dont 3 fils.

(Premier lit).

Jean Ier, † 1469, seigneur de Sedan, etc., ép. *Agnès de Virnembourg.* dont 6 enfants.

Jacques, seigneur d'Acheux-en-Vimeu.

Elisabeth, ép. Georges de Sayn, comte de Wittgenstein.

(Second lit).

Everard IV, seigneur de Rochefort et d'Agimont, ép. Jeanne d'Autel, sans hoir.

Louis, † vers 1498, seigneur de Neufchâteau, etc., ép. Nicole d'Autel.

Jean, archidiacre de Liège.

Everard, † 1506, comte d'Arenberg, ép. 1° Marguerite de Bouchout ; 2° Aliénor de Kirchberg, dont postérité.

Robert Ier, † 1489, seigneur de Sedan, etc., ép. en 1449 *Jeanne de Marley*, dame du Saulcy, de Jamets, etc., dont 4 (?) enfants.

Guillaume, † 1485, seigneur de Lummen, « le Sanglier des Ardennes, » ép. Jeanne d'Aerschot, dame de Schoonhoven, dont postérité.

Adolphe, ép. Marie de Hamal.

Jean, chan. de St-Lambert, arch. du Hainaut.

Louis, seigneur de Florenville.

Everard, † 1112 † 1538, prince-évêque de Liège en 1506, évêque de Chartres en 1507 (expulsé en 1523), archevêque de Valence (Espagne) et cardinal en 1520.

Robert II, † décembre 1536, seigneur de Sedan, etc., ép. en 1490 *Catherine de Croy*, † 1544, dont 8 enfants.

Jean, † 1560, seigneur du Saulcy et de Jamets, ép. Hélène de Bissipat, dont postérité.

Claude, épouse en 1470 Louis de Lenoncourt, seigneur de Gondrecourt.

Bonne, † 1504, ép. en 1475 Pierre de Bandoche, seigneur de Moulins.

Robert III, † 21 décembre 1536, dit Fleuranges, seigneur de Sedan, etc., maréchal de France en 1526, ép. en 1510 *Guillemette de Sarrebruck*, † 1571, dont 1 fils.

Guillaume, † 1529, seigneur de Jamets, ép. Madeleine d'Azay, sans hoir.

Antoine, † 1530, chanoine de Saint-Lambert, abbé de Beaulieu-en-Argonne.

Philippe, † 1545, chanoine de Saint-Lambert, archidiacre de La Hesbaye.

Jacques, chevalier de Malte.

Philippine, ép. en 1521 Renaud de Bréderode.

Jacqueline, religieuse.

Robert IV, 1512 † 1556, seigneur, puis prince de Sedan, duc de Bouillon, etc., capitaine des Cent-Suisses en 1543, maréchal de France en 1547, ép. en 1558 *Françoise de Brezé*, † 1574, comtesse de Maulevrier, baronne de Mauny, Sérignan, etc., dont 8 enfants.

Henri-Robert, 1539 † 1574, prince de Sedan, duc de Bouillon, etc., capitaine des Cent-Suisses, ép. en 1558 *Françoise de Bourbon*, † 1587, dont 4 enfants.

Charles-Robert, 1539 † 1622, comte de Maulevrier et de Braine, ép. 1° en 1570 Jacqueline d'Averton ; 2° en 1574 Antoinette de La Tour ; 3° après 1608 Isabelle de Pluviers, dont postérité.

Antoinette, 1542 † 1591, ép. en 1558 Henri Ier de Montmorency.

Guillemette, 1545 † 1592, ép. 1° Jean de Luxembourg; † 1576 ; 2° Georges de Bauffremont.

Diane, 1546 † ?, ép. 1° Jacques de Clèves, † 1564 ; 2° Henri de Clermont, † 1578; 3° Jean Babou, comte de Sagonne.

Françoise, 1547 † ?, abbesse d'Avenay en 1585.

Catherine, 1548 † ?, ép. en 1585 Jacques de Harlay, seigneur de Champvallon.

Guillaume-Robert, 1562 † 1588, prince de Sedan, duc de Bouillon, etc., sans alliance.

Jean, 1564 † 1587, baron de Sérignan, sans alliance.

Henri-Robert, né en 1571, mort jeune.

Charlotte, 1574 † 1594, princesse de Sedan etc., ép. en 1591 **Henri de La Tour**, vicomte de Turenne, *sans hoir.*

IV. Tableau généalogique des La Tour, ducs de Bouillon, etc.

Henri de La Tour, 1555 ÷ 1623, duc de Bouillon, prince souverain de Sedan et Raucourt, vicomte de Turenne, etc., ép. 1° le 11 octobre 1591 *Charlotte de La Marck*, 1574 ÷ 1594, sans hoir; 2° le 16 février 1595 *Elisabeth de Nassau*, 1577 ÷ 1642, qui lui donne 8 enfants.

Frédéric-Maurice, 1605 ÷ 1652, dernier prince souverain de Sedan, duc de Bouillon, d'Albret et de Château-Thierry, etc., ép. le 1er février 1634, *Eléonore-Catherine-Fébronie de Berg*, 1615 ÷ 1657, qui lui donna 12 enfants.	*Henri*, vicomte de Turenne, 1611 ÷ 1675, ép. en 1653 *Charlotte de Caumont*, 1623 ÷ 1666, sans hoir.	*Marie*, 1600 ÷ 1665, ép. en 1619 *Henri de La Trémoïlle*, 1599 ÷ 1674, dont postérité.	*Julienne-Catherine*, 1604 ÷ 1637, ép. en 1627 *François II de Roye de La Rochefoucauld*, 1603 ÷ 1680, dont postérité.	*Elisabeth*, 1606 ÷ 1685, épouse en 1619 *Guy-Aldonce de Durfort, comte de Duras*, 1605 ÷ 1665, dont postérité.	*Henriette-Catherine*, 1609 ÷ ?, ép. en 1629 *Amaury III Gouyon, marquis de La Moussaye*, dont postérité.	*Charlotte*, ? ÷ 1662, dite Mlle de Bouillon.

Godefroy-Maurice, 1641 ÷ 1721, souverain duc de Bouillon, etc., pair et grand chambellan de France, ép. le 19 avril 1662 *Marie-Anne Mancini*, 1646 ÷ 1714, qui lui donne 10 enfants.	*Frédéric-Maurice*, 1642 ÷ 1707, comte d'Auvergne, ép. 1° en 1661 *Henriette-Françoise de Hohenzollern*, ÷ 1698, dont 12 enfants; 2° en 1699 *Elisabeth de Wassenaar*, sans hoir.	*Emmanuel-Théodose*, 1643 ÷ 1715, le cardinal de Bouillon en 1669.	*Constantin-Ignace*, 1646 ÷ 1670, non marié.	*Henri-Ignace*, 1650 ÷ 1675, non marié.	*Elisabeth*, 1635 ÷ 1680, ép. en 1656 *Charles III de Lorraine, duc d'Elbeuf*, 1620 ÷ 1692, dont postérité.	*Louise-Charlotte*, 1638 ÷ 1683, dite Mademoiselle de Bouillon.	*Emilie-Eléonore et Hippolyte*, carmélites.	*Mauriette-Fébronie*, 1652 ÷ 1706, ép. en 1668 *Maximilien-Philippe, duc en Bavière*, 1638 ÷ 1705, sans hoir.

Louis-Charles, 1664 ÷ 1692, le prince de Turenne, ép. en 1691 *Anne-Geneviève de Levis-Ventadour*, 1673 ÷ 1727, sans hoir.	**Emmanuel-Théodose**, 1668 ÷ 1730, duc d'Albret, puis de Bouillon, etc., ép. 1° en 1696 *Marie-Armande-Victoire de La Trémoïlle*, 1677 ÷ 1717, dont 8 enfants; 2° en 1718 *Louise-Françoise-Angélique Le Tellier*, 1699 ÷ 1719, dont 1 fils mort jeune; 3° en 1720 *Anne-Marie-Christine de Simiane*, 1683 ÷ 1722, dont 1 fille; 4° en 1725 *Louise-Henriette-Françoise de Lorraine*, 1707 ÷ 1737, dont 1 fille.	*Frédéric-Jules*, 1672 ÷ 1733, le chevalier de Bouillon, ép. en 1720 *Olive-Catherine de Trent*, sans hoir.	*Henri-Louis*, 1679 ÷ 1753, le comte d'Evreux, ép. en 1707 *Marie-Anne Crozat*, 1695 ÷ 1729, sans hoir.	*Marie-Elisabeth*, 1666 ÷ 1725, Mademoiselle de Bouillon.	*Mlle d'Albret*, ÷ 1696.

(Premier lit).

Frédéric-Maurice-Casimir, 1702 ÷ 1723, le prince de Turenne, ép. en 1723 *Marie-Charlotte Sobieska*, 1697 ÷ 1740, sans hoir.	**Charles-Godefroy**, 1706 ÷ 1771, duc de Bouillon, etc., ép. en 1724 *Marie-Charlotte Sobieska*, 1697 ÷ 1740, qui lui donna 3 enfants.	*Armande*, 1697 ÷ 1717, ép. en 1716 *Louis II de Melun, Claude-Armand-René de La Trémoïlle*, 1694 ÷ 1724, duc de Joyeuse, sans hoir.	*Marie-Hortense-Victoire*, 1734 ÷ ?, ép. en 1725 *Charles de Rohan, prince de Soubise*, 1715 ÷ 1787, dont postérité.

(Troisième lit).
Anne-Marie-Louise, 1722 ÷ 1739, ép. en 1734 *Charles de Rohan, prince de Soubise*, 1715 ÷ 1787, dont postérité.

(Quatrième lit).
Marie-Sophie-Charlotte, 1729 ÷ 1763, ép. en 1745 *Charles-Just de Beauvau*, 1720 ÷ 1793, dont postérité.

Godefroy-Charles-Henri, 1728 ÷ 1792, duc de Bouillon, etc., ép. en 1743 *Louise-Henriette-Gabrielle de Lorraine*, 1718 ÷ 1788, dont 4 enfants.	*Marie-Louise-Henriette-Jeanne*, 1725 ÷ 1793, ép. en 1743 *Jules-Hercule-Mériadec de Rohan, prince de Guéméné*, 1726 ÷ 1788, dont postérité.

Jacques-Léopold-Charles-Godefroy, 1746 ÷ 1802, duc de Bouillon, etc., ép. en 1766 *Marie-Edwige-Eléonore-Christiane de Hesse-Rheinfels*, 1748 ÷ ?, sans hoir.	*Charles-Louis-Godefroy*, 1749 ÷ 1767, chevalier de Malte.

(Voir le tableau VII.)

V. Généalogie des La Tour, seigneurs de Murat, Le Quaire, etc.

Antoine-Raymond de La Tour, *le jeune,* 1471 † ?, ép. en 1517 *Marie de La Fayette,* dont 8 enf.

Antoine II, † avant 1593, ép. *Madeleine de Pierre-Bussière*	**Jean,** seigneur d'Alagnac, etc., ép. en 1572 *Marguerite de Murat,* dont 3 enfants.	*François. Gilles. Thomas.*	*Catherine,* ép. en 1538 Arnaud de Grosolles, baron de Flamarens,	*Hélène,* ép. en 1563 Jean de Prouhet, baron d'Ardenne

Claude, ép. Jean de La Queuille.

Martin, baron de Murat, ép. en 1607 *Marguerite Robert de Lignerac,* dont 4 enfants.	*René,* seigneur de La Roche, *Saint-Exupéry,* etc., ép. en 1631 Gabrielle Obier, dont 4 enfants.	*Thomas,* ép. en 1607 Jeanne Robert de Lignerac, sans hoir.

Frédéric-Maurice, seigneur de Planchas, dit le comte de La Tour, ép. 1° Marie de Valou, dont 2 fils ; 2° Marie-Françoise d'Apchier.	*René,* ép. après 1677 Marie-Michelle du Vaisset.	*Françoise,* ép. en 1658 Annet Bégon	*Françoise la jeune,* ép. en 1660 Henri de Rivoire, marquis du Palais.

René, † au service en Italie.	*Jean,* prieur de Touget.

N., ecclés. *Marie.*

Jacques, baron de Murat, etc., ép. en 1633 *Françoise de Gilbertès.*	*Claude,* enseigne.	*Françoise,* ép. en 1634 Pierre de Chalus, seigneur de Saussat.	*Marie,* ép. en 1639 René de Saint-Julien, seigneur de Fournoux.

Jean, baron de Murat et de Quaire, ép. en 1663 *Marie-d'Apchier,* dont 6 enfants.

Godefroy-Maurice, baron de Murat, ép. en 1693 *Madeleine de Boschut.*	**Jean-Maurice,** † 1730, héritier des titres de son frère aîné et de son oncle, le comte d'Apchier, ép. en 1715 *Claude-Catherine de Sainctot,* dont 3 enfants.	*Louis,* prieur de Tournac	*Marie,* ép. en 1676 Nicolas de Murat.	*Françoise,* fille.	*Catherine,* ép. Philippe d'Oradour, seigneur de Saint-Gervazy.

Marie-Jeanne, ép. Nicolas-Louis de La Roche-Aymon.	*Antoinette-Marie,* ép. le comte de Dienne.

Louis-Claude-Maurice *de La Tour-d'Apchier,* colonel, sans alliance.	**Nicolas-François-Julie** *de La Tour-d'Apchier,* 1720 † après 1792, dit le comte de La Tour, duc à brevet en 1772, lieutenant-général en 1780, ép. en 1769 *Elisabeth-Louise-Adélaïde de Scépeaux,* † 1802, dont 2 enfants.

Godefroy-Maurice-Marie-Joseph, 1770 † 1844, dit le prince de Tour d'Auvergne, ép. en 1808 *Marie-Denise Bonvallet,* † 1852, dont 1 fils.	*Françoise-Honorine-Adélaïde,* 1776 † 1851, ép. en 1820 Alexandre-Emmanuel de Durfort, marquis de Civrac, 1770 † 1835.

Maurice-César, 1809 † 1860, prince de La Tour d'Auvergne, etc, ép. en 1853 *Aurélie-Marie-Joséphine-Héloïse Bourg,* baronne de Bossi, † 1889, veuve Le Roux, *sans hoir.*

VI. Tableau généalogique des Rohan, ducs de Bouillon (1).

Jules-Hercule-Mériadec de Rohan, duc de Montbazon, prince de Guéméné, 1726 † 1788,
ép. en 1743 *Marie-Louise-Henriette-Jeanne de La Tour*, gouvernante des Enfants de France.

Henri-Louis-Louis de Rohan, etc., 1745 † 1808, grand chambellan en 1775, « le failli de 1783, »
ép. en 1761 *Victoire-Armande-Joséphe de Rohan*, † 1807, gouvernante des Enfants de France,
fille de Charles de Rohan, prince de Soubise, et de sa deuxième femme Anne-Thérèse de Savoie-Carignan,
dont 4 enfants.

Charles-Alain-Gabriel,	**Victor-Louis-Mériadec,**	*Jules-*	*Marie-Louise-Joséphine,*
duc de Montbazon	1766 † 1846,	*Armand,*	1765 † 1839, ép. en 1780
et de Bouillon, etc.,	ép. *Berthe de Rohan*, sa nièce,	1768 †1836,	*Charles-Louis-Gaspard*
1764 † 1836,	sans hoir.	marié,	*de Rohan-Rochefort-et-Mon*
ép. en 1781 *Louise-Aglaé*		sans hoir.	*tauban*, 1765 † 1843,
de Conflans, † 1819.			dont 5 enfants.

Berthe, 1782 † 1841,
ép. son oncle Victor.

Camille-Philippe-Joseph-Idesbald,
duc de Montbazon et de Bouillon, etc.,
1800 † 1802,
ép. en 1826 *Adélaïde*
de Lœwenstein-Werthein-Rosenberg,
1806 † 1884,
sans hoir.

Benjamin-Armand-Jules-Mériadec,
prince de Rohan-Guéméné, etc., 1804 † 1846,
ép. en 1825 *Stéphanie de Croy-Dülmen*, 1805 † 1884,
dont 4 enfants.

Arthur-Charles-Benjamin-Victor-Louis, 1826 † 1885,
ép. en 1850 *Gabrielle de Waldstein-Wartenberg,*
1827 †
dont 5 enfants.

Alain - Benjamin - Arthur, duc de Montbazon
et de Bouillon, 1853 †
ép. en 1885 *Jeanne d'Auersperg*, 1860 †
dont postérité.

---

(1) Ce tableau généalogique a été dressé d'après l'*Almanach de Gotha*.

ADDITIONS & CORRECTIONS

Page 8. Christophe Justel fut reçu secrétaire du roi, le 30 mars 1626. Il obtint, le 30 mai 1636, la survivance de sa place en faveur de son fils, Henri Justel et, le 17 août 1641, il reçut ses lettres d'honneur. Cf. A. Tessereau, *Hist. chronol. de la grande chancellerie de France*, 1710, in-fol., t. I, p. 352, 394 et 420.

Il y eut encore des relations d'une autre nature entre Christophe Justel et le prince Henri de La Tour. Par contrat passé à Sedan, le 17 février 1617, par-devant les notaires Philippe du Cloux et Philippe Néaulme, le prince constitua sur les moulins banaux de Sedan une rente annuelle de 1,500 l. t. à son intendant, qui lui prêtait la somme de 18,000 livres. Après la mort du duc de Bouillon, sa veuve, « Madame Elisabeth de Nassau, etc., étant de présent logée rue Sainte-Croix de la Bretonnerie, paroisse de Saint-Jean-en-Grève », prit l'engagement le 31 octobre 1623, par-devant deux notaires du Châtelet, de continuer à payer la rente en question audit Justel et déclara pour ce fait « élire domicile perpétuel et irrévocable en l'hôtel de La Tour, sis à Saint-Germain-des-Prés, lez Paris, rue de Seine. » (Cf. l'engag[t] orig. sur parchemin dans la *collection J.-B. Brincourt*).

P. 15. Nous avons donné quelques renseignements empruntés à de Thou sur l'histoire de la vicomté de Turenne, avant qu'elle eût passé dans la maison de La Tour. Nous allons y revenir avec un peu plus de détails précis. Cette famille de vicomtes eut pour dernier représentant mâle, dans la branche aînée, le vicomte Raymond VII, mort en 1304. De son mariage avec sa première femme, Létice de Chabanais, il avait eu une fille, Marguerite, qui fut son héritière et qui porta la vicomté de Turenne dans la maison de Comminges par son mariage avec le comte Bernard VII. Elle mourut en 1311 et son mari, veuf pour la seconde fois et n'ayant pas d'enfant, épousa en troisièmes noces Marthe de l'Isle-Jourdain. Après sa mort en 1335, son fils Jean, né posthume, lui succéda ; mais il mourut quatre ans après, en 1339.

La vicomté revient alors à la fille aînée, Cécile, qui avait épousé dès 1336 Jacques d'Aragon, comte d'Urgel et qui, peu avant de mourir, la vend, le 26 avril 1350, à Guillaume-Roger III, comte de Beaufort en Vallée, fils de Guillaume-Roger II et de Marie de Chambon. Il faut dire que l'acquéreur venait d'épouser, le 15 décembre 1349, Eléonore de Comminges, sœur cadette de Cécile. Il mourut en 1395 et il eut successivement pour successeurs : son fils aîné, Raymond-Louis († juin 1417), dont la seule enfant, Antoinette, épousa en 1393 Jean Le Meingre, dit Boucicaut II, maréchal de France, fait prisonnier à la bataille d'Azincourt et mort en Angleterre ; — sa fille Eléonore († août 1420), veuve depuis 1400 d'Edouard, sire de Beaujeu et qui s'empara en 1417 de la vicomté de Turenne, ainsi que des comtés de Beaufort et d'Alais ; — puis, Amanieu de Beaufort († octobre 1420), fils aîné de Nicolas de Beaufort et petit-fils de Guillaume-Roger II ; — et Pierre de Beaufort († 1444), seigneur de Limeuil, et frère cadet d'Amanieu. De sa femme, Blanche de Gimel, épousée en 1432, ce dernier n'eut que deux filles, Anne et Catherine. L'aînée hérita de la vicomté et elle épousa, en 1445, son cousin Agne IV de La Tour († janvier 1490), fils de Bertrand II et de Marguerite de Beaufort (fille elle-même de Nicolas de Beaufort).

Ce fut par cette série de transitions que la vicomté passa dans la maison de La Tour. Toutefois le nom de Turenne n'était pas éteint. Le vicomte Boson Ier († 1091), de sa femme Gerberge avait eu, entre autres enfants mâles, Raymond Ier, qui lui succéda et Guillaume de Turenne. Celui-ci fonda la branche dite d'Aynac, en Quercy (Lot, arr. Figeac, cant. La Capelle-Marival), dont la généalogie se trouve dans le *Moréri*, éd. 1759, t. x. Ses descendants vécurent assez simplement sur leurs terres. Ainsi Guillaume II de Turenne rendit hommage à Guillaume-Roger III, comte de Beaufort et vicomte de Turenne, le 12 février 1374, pour ses châteaux de Saint-Genest, Molières et Aynac. Son successeur Pierre III eut pour fils : Flotard II, qui par son mariage avec Dordette de La Vergne continua la descendance, et Armand de Turenne, qui forma la branche des seigneurs de Soursac, éteinte en 1680. Flotard III de Turenne, marié en 1633 à Claude de Gourdon de Genouillac, dame d'Aubepeyre, fut guidon de la compagnie des gendarmes du maréchal de Thémines et prit le titre de marquis d'Aynac. Il eut une nombreuse postérité. L'aîné de ses fils, Louis II († 1697), épousa en 1646 Marie-Hélène de Felzins et continua la descendance ; le troisième, Jean de

Turenne († 1711), épousa en 1671 Catherine de Felzins et fit la branche des seigneurs ou comtes d'Aubepeyre.

Peu avant la Révolution, le chef de la maison de Turenne était Marie-Joseph-René de Turenne, chevalier, marquis d'Aynac, Montmurat, Daignac, le Vignac, Montredon, Saint-Jean-de-Mirabel, Saint-Félix, Flainac, etc., etc. Son fils, Henri-Amédée-Mercure, comte, puis marquis de Turenne, né à Pau le 23 septembre 1776, mort à Paris le 16 mars 1852, joua un rôle assez considérable. Il se rallia l'un des premiers à l'Empire. Pendant que sa femme était nommée dame du palais de l'impératrice Joséphine, il fut attaché à la personne de Napoléon comme officier d'ordonnance, fut nommé chambellan après 1809 et maître de la garde-robe en 1812 ; il fut ensuite pair de France sous les Cent-Jours et sous la monarchie de juillet. Il est assez difficile comme on peut voir, de rattacher ce personnage et ses descendants à Henri de La Tour, vicomte de Turenne, puisque les noms et les armes diffèrent du tout au tout. Cette difficulté n'a pas arrêté toutefois Robert et Cougny, dans leur *Dictionnaire des Parlementaires français*, 1891, t. v, p. 460.

P. 17, l. 5. *Au lieu de* Rathobon, *lisez* Ratbodon ; c'est une forme hypocoristique de Robert. Ces diminutifs sont fréquents au moyen âge. Ainsi Hézilon est un diminutif de Henri, Hérilon de Herman, Ascelin d'Adalbéron, Roscelin de Raoul, Goscelin de Godefroi, etc.

P. 17, l. 12. A Engelbert I (fils d'Adolphe Ier, le premier comte de La Marck, qui meurt en 1249), succède en 1277 Eberhard ou Everard Ier.

P. 17, l. 26. Adolphe II épouse en 1330 Marguerite, fille et héritière de Thierry VIII, comte de Clèves, et leur second fils, Adolphe, hérite du comté de Clèves à la mort de son grand-oncle, Jean Ier, en 1368.

P. 18, l. 2. Le comte de Clèves, Adolphe II, est créé duc le 28 avril 1417, au concile de Constance par l'empereur Sigismond. Son fils, le duc Jean Ier, épouse en 1455 Elisabeth, fille de Jean de Bourgogne, comte de Nevers, de Rethel et d'Eu.

P. 18, l. 22. Parmi les exécuteurs testamentaires du testament de Louis d'Orléans, fait le 19 octobre 1403, figure « Messire Guillaume de Bracquemont, chevalier. » Cf. *Arch. nat.*, Xia 9807, *fol.* 241 vo (original), et *Bibl. nat.*, coll. Moreau, *vol.* 1161, *fol.* 239 ro (copie).

On trouve des renseignements sur Neufchâteau en Ardenne, qui appartenait à Everard III, seigneur de Sedan, dans les *Documents luxembourgeois à Paris concernant le gouvernement du duc d'Orléans (1396-1407)*, publiés par le comte Alb. de Circourt dans les *Publications de la Société historique de l'Institut Royal-Grand-Ducal de Luxembourg*, 1889, t. XL, p. 53-148.

P. 19, l. 11. *Rétablir ainsi le texte:* Everard III avait acquis en 1421, par voie de retrait lignager, les seigneuries de Mirwart, Lomprez et Villance, puis, en septembre 1427, le château de Logne, grâce à un prêt de 4,000 florins fait à l'abbé de Stavelot et qui ne fut jamais remboursé.

P. 20. En dehors de Robert II et du prince-évêque Erard, Robert Ier aurait encore eu un fils, nommé Nicolas, qui n'est mentionné ni dans le P. Anselme, ni dans le Moréri, ni dans *l'Art de vérifier les dates.* Ce Nicolas figure aux côtés de son père et de son frère aîné dans les guerres qui ensanglantèrent alors la principauté de Liège. Cf. entre autres, J. Daris, *Hist. du diocèse et de la principauté de Liège au XVme siècle*, 1887, in-8o, p. 579. Les textes du XVme siècle nous fournissent d'ailleurs plusieurs La Marck, qui ne figurent pas dans les généalogies publiées de cette famille.

P. 28, l. 16. *Au lieu de* Foix, *lire* Poix.

P. 35, l. 9. Les *Lettres d'Elisabeth de Nassau, duchesse de Bouillon, à sa sœur, Charlotte-Brabantine de Nassau, duchesse de La Trémoïlle, de 1595 à 1628*, publiées d'après les originaux par Paul Marchegay, membre du Comité des Travaux historiques ; Les Roches-Baritaud (Vendée), 1875, VIII-137 p., et tirées seulement à *quarante-six* exemplaires, ont d'abord paru, à intervalles fort éloignés, dans le *Bulletin de la Société de l'Histoire du Protestantisme français*.

On me permettra de faire appel ici à tous ceux qui liront ces pages ; je les prie instamment de bien vouloir me signaler les autographes d'Elisabeth de Nassau, qui se trouveraient, à leur connaissance, dans les bibliothèques publiques ou dans les collections d'amateurs.

La doctrine des Vaudois, représentée par Cl. Seissel, avec notes dressées par Jacques Cappel, Sedan, J. Jannon, 1618, est dédiée à « très haute et très illustre Princesse Madame Elisabeth de

Nassau,... Duchesse de Bouillon. » Voici un extrait de cette dédicace :

..... Et la vérité, pour être nue ou simplement vêtue, n'en est pas moins recommandable, vu que la simplicité même lui sert de parement. Tous n'ont pas cette considération. Les estomacs dégoûtés font plus d'état d'une sauce qui pique que d'une viande qui nourrit. Mais votre piété, *Madame*, cherche ses ornements en la modestie, ses appétits en la naïveté et son restaurant en la vérité de la doctrine céleste. Son illustre maison ne lui sert que d'aiguillon pour chercher d'autant plus la vraie noblesse, qui est selon Dieu.....

Samuel des Marets dédia aussi son *Préservatif contre la Révolte*, Sedan, J. Jannon, 1628, à « très haute et très illustre Princesse Madame Elisabeth de Nassau,... Duchesse de Bouillon. » Voici les passages les plus importants de la dédicace :

Madame, en l'affliction générale de l'Eglise qui tire tant de larmes et de soupirs des yeux et du cœur de V. E., rien ne lui est sans doute plus cuisant que la fréquence des révoltes..... Mais vous, *Madame*, semblez n'avoir de grandeur que pour en rendre plus illustre votre dévotion et votre zèle au service de Dieu et n'être élevée en dignité que pour éclairer aux autres de plus loin par votre persévérance et vertu..... Et plût à Dieu que ceux ou qui chancellent ou qui sont tombés jettassent la vue sur V. E., ils y trouveroient suffisamment de quoi ou être instruits ou être convaincus par son assiduité fervente aux exercices de piété, tant publics que particuliers ; par le soin qu'elle a toujours mis avec feu Monseigneur, d'heureuse mémoire, de faire si bien nourrir en la crainte du nom de Dieu tous les enfans qu'il leur avoit donnés, que par l'assistance de sa grâce il n'y en a pas qui ne demeure très ferme ; par le généreux mépris qu'elle fait de tous les avantages mondains, qu'elle pourroit espérer aussi bien que les autres, voire et plus que les autres, tant pour elle que pour sa maison née pour les grandeurs, si elle ne savoit qu'une seule chose est nécessaire, si elle n'avoit choisi avec Marie la bonne part qui ne lui sera point ravie..... Qui plus est, *Madame*, j'ai pris la hardiesse de présenter ce livret à V. E., non seulement parce que j'en ai fait le premier dessein en votre maison sur l'occasion d'un discours que j'eus un jour avec M. Le Comte, Gentilhomme très vertueux et très digne Gouverneur de ces Souverainetés..... Vous seule, *Madame*, m'avez fait ce que je suis en cet Etat, m'y ayant honorablement appelé de la solitude champêtre..... Votre recommandation m'a donné très bonne part ès bonnes grâces de Monseigneur notre Prince, que la piété, la prudence, la vaillance et la débonnaireté rendent aujourd'hui les délices du peuple hollandois.....

A Sedan, le 1er août 1628.

Voici également quelques passages de la dédicace *Du Juge des Controverses*, par P. du Moulin, Sedan, Jean Jannon, 1630, à « très haute et très illustre Princesse, Madame Elisabeth de Nassau, Princesse en Orange, Duchesse de Bouillon, » etc. :

..... Or, *Madame*, ayant mis fin à cet ouvrage, je n'ai pas été empêché sur le choix de la personne à qui je le devois dédier. Car, puisque défunt Monseigneur le Duc, votre mari, dont les louanges demandent un livre à part, m'a recueilli en son Etat en mon affliction, et que ma vie agitée et mes études interrompues, sous votre ombre, ont trouvé du repos, il est raisonnable que les fruits de mon labeur vous soient offerts. Duquel si l'Eglise de Dieu reçoit quelque profit, il vous en aura l'obligation. Même sans avoir égard aux bienfaits dont il vous plaît m'honorer, ôtant ici question de soutenir la perfection de l'Ecriture, je me sens obligé à mettre votre nom sur le front de mon ouvrage, puisque ces livres sacrés sont votre occupation ordinaire, lesquels ont banni de votre cabinet et de votre esprit toute autre étude qui ne sert pas à régler la vie et à s'entretenir avec Dieu. Car, combien que vous soyez issue d'une maison, toute couverte de lauriers et chargée de victoires et qui depuis long temps est la terreur du plus puissant Monarque de la Chrétienté, par un concert entre le bonheur et la vertu,..... Dieu vous ayant donné des enfants qui le craignent et des Princes issus de vous, dont la vertu va plus vite que leurs ans et qui, marchans sur les pas de leurs devanciers, porteront la lumière dans le siècle où ils entrent..... Et cette vertu, qui vous a servi à supporter l'adversité, vous servira à conduire la prospérité.....

P. 35. Ajoutons que Turenne sait par cœur des pièces de Marot et qu'il les récite à La Fontaine ravi. Ils doivent être rares les généraux qui avaient ainsi le goût des auteurs du xvime siècle ! C'est du moins l'avis de notre fabuliste dans son *Epître* adressée à Turenne et qui commence par ce vers : *Vous avez fait, seigneur, un opéra.* (Cf. édit. Walckenaer, t. v, p. 100) :

> *Mais qu'on m'en montre un qui sache Marot.*
> *Vous souvient-il, seigneur, que mot pour mot,*
> *Mes créanciers qui de dizains n'ont cure,*
> *Frère Lubin et mainte autre écriture*
> *Me fut par vous récitée en chemin ?*

Il s'agit ici de l'épigramme intitulée : *Réplique à la Royne de Navarre,* et de la fameuse ballade de *Frère Lubin.*

Voici, d'autre part, comment La Fontaine, qui n'oublie jamais son petit monde, définit le courage réfléchi du vainqueur du Turckheim dans l'épître qui commence ainsi: *Hé quoi! seigneur, toujours nouveaux combats !* (Même édit., t. v, p. 103) :

> *Quoi ! la bravoure et la matoiserie !*
> *Vous savez coudre avec encor plus d'art*
> *Peau de lion avec peau de renard.*

P. 39. Pierre du Moulin dédia sa *Septième Décade de Sermons,* Sedan, J. Jannon, 1647 « à Haut et Puissant Prince Henri de La Tour, Vicomte de Turenne, Lieutenant général de l'armée du Roy en Allemagne. » Voici quelques passages de cette dédicace :

Monseigneur, ayant été jeté en ce port par la tempête et reçu favorablement par Monseigneur votre père, sous l'ombre duquel j'ai trouvé du repos, je me sens obligé à honorer sa mémoire et à prier Dieu continuellement pour sa postérité. Particulièrement pour vous, *Monseigneur*, duquel la vertu n'a point attendu le temps et qui dès votre première jeunesse avez eu un esprit porté aux actions généreuses et promettant choses grandes. Dans cette attente je n'ai point été trompé. Car par votre vaillance et courage invincible, lequel vous conduisez par une admirable prudence, vous êtes parvenu à un haut degré d'honneur et avez acquis une louange qui vivra après vous et que la longueur du temps n'effacera jamais.

Cela vous vient de la faveur de Dieu, qui vous conduit par sa prudence et parmi les dangers vous couvre de sa main. C'est lui aussi qui a planté sa crainte en votre cœur et qui vous munit de préservatifs contre la contagion des vices et vous rend victorieux contre les tentations, vous affermissant en la profession de l'Evangile ; qui est une victoire beaucoup plus excellente que celles que vous avez tant de fois emportées dessus les ennemis. Car servir Dieu est chose beaucoup meilleure que de vaincre les hommes. Et n'y a point de victoire plus malaisée, ni plus salutaire que de se vaincre soi-même et ranger ses affections sous la volonté de Dieu. Les histoires sont pleines d'exemples d'hommes victorieux en guerre, qui ont été vaincus et perdus par leurs vices.....

Je ne doute point qu'étant élevé en haut lieu et en une condition éminente, vous ne soyez la bute de diverses tentations et ne soyez assailli par flatteries, promesses et conseils de la nature humaine..... Ce livre que j'ai voulu honorer, en lui mettant votre nom sur le front, servira de témoignage de l'honneur que je vous porte et du désir que j'ai d'avoir toujours part à la bienveillance, de laquelle depuis longtemps vous m'avez honoré. Vous le recevrez, s'il vous plaît, comme un présent qui vous est fait par un homme ressuscité et qui, étant encore en vie contre toute apparence, tiendra toujours à grand honneur d'être......................

De Sedan, le 24 septembre 1647.

Sur la charge de colonel général de la cavalerie légère, on peut encore consulter le P. Daniel, *Histoire de la milice française*, 1721, in-4°, t. II, p. 445-457 et les *Mémoires du duc de Luynes*, publ. par Dussieux et Soulié, 1860, in-8°, t. I, p. 88-90.

P. 40. Dans son ouvrage si documenté sur la *Révocation de l'Edit de Nantes à Paris*, 1894, in-8°, t. I, p. 513, le pasteur O. Douen insiste à nouveau sur le caractère peu honorable des raisons, qui, d'après lui, ont amené Turenne à se convertir à l'âge de cinquante-sept ans. Sans partager peut-être complètement sa façon de voir, qui est aussi celle de Voltaire (Cf. sa lettre du 8 janvier 1752 au président Hénault, et le *Siècle de Louis XIV*, édition Rébelliau, 1894, in-18, p. 181), on doit affirmer que Louis XIV considéra très certainement une semblable abjuration comme fort utile pour entraîner ses sujets qui appartenaient à la R. P. R. D'ailleurs Turenne montra beaucoup de zèle pour réunir les religions catholique et protestante et il écrivit à ce sujet en 1672 à Louis Le Blanc de Beaulieu, le célèbre professeur de l'Académie de Sedan. Cf. Bayle, *Dictionnaire critique*, art. *Beaulieu* et surtout art. *Claude*, Rem. *B.*

Ajoutons que l'oratorien Batterel a rapporté avec détail l'abjuration de Turenne et que son récit a été publié dans le *Bulletin critique*, 2mo année, 1881-1882, p. 158. Cf. aussi Charles Barthélémy, *Erreurs et Mensonges historiques*, 1879, 12mo série, p. 184 et suiv. Comme conclusion, nous allons reproduire les réflexions très justes de J.-F. Dreux du Radier dans ses *Récréations historiques*, 1768, in-12, t. II, p. 212 : « On ne voit pas trop pourquoi les catholiques firent tant d'éclat de cette conversion, ni pourquoi les calvinistes en parurent si désespérés. Dans l'ordre du raisonnement et d'une bonne logique, la conversion du moindre ministre devait être contre les calvinistes un préjugé plus fort que celle de Turenne, dont les lumières étaient très ordinaires en matière de controverse. Cependant le changement du ministre Claude, le Bossuet de son parti, eut fait peut-être moins de bruit que l'abjuration de Turenne ; tant il est rare que le peuple raisonne ! »

Sur les vicissitudes étranges du corps de Turenne de 1793 à 1800 voyez les *Inscriptions de l'ancien diocèse de Paris*, publ. par F. de Guilhermy (Coll. des Documents inédits), 1875, in-4°, t. II, p. 677 et suiv. — Ajoutons que le vicomte de Grouchy vient de publier des *Documents relatifs à la succession de Turenne* dans *la Correspondance historique et archéologique*, n° du 25 mars 1896.

Charlotte de Caumont, après son mariage, avait adopté l'orgueil de famille si naturel aux Bouillon. « Il n'est point rare, dit Bayle dans son *Dictionnaire critique*, art. *Navarre*, Rem. *P.*, de voir des personnes de qualité très vertueuses et très zélées pour leur religion et en même temps si jalouses de leur rang et si actives pour se faire rendre bien des honneurs, qu'elles sont toujours sur le qui-vive à cet égard-là. Madame de Turenne en est un exemple. On ne se souvient pas moins de sa vertu et de sa piété que des précautions exactes qu'elle prenoit pour ne donner aucune atteinte aux droits de l'Altesse et aux préférences qu'elle prétendait sur les duchesses. »

La *dixième Décade de Sermons*, de P. du Moulin, Sedan, François Chayer, 1653, est dédiée à « très haute et très puissante Princesse, Madame de Turenne. » Nous reproduisons la dédicace *in extenso :*

Madame, je prends la hardiesse de vous dédier cette dixième Décade de Sermons, non pas afin de m'insinuer en votre bienveillance, de laquelle j'ai senti tant d'effets, mais pour donner lustre à ce mien travail, en lui mettant votre nom sur le front, et afin qu'il soit un témoignage public que je porte à votre vertu. Car je ne pense jamais à vous que je ne rende grâces à Dieu de ce qu'il a adressé une femme douée de tant de perfections à Monseigneur votre mari ; lequel, outre ce qu'il est le chef des armées du Royaume et le bras droit de *Sa Majesté*, conduisant sa valeur avec une singulière prudence, a reçu d'abondant de Dieu cette grâce d'être en ce temps le principal ornement en l'Eglise de Dieu et un exemple de fermeté inébranlable en la profession de l'Evangile. Je ne doute point que lui et vous ne rendiez continuellement grâces à Dieu de tant de bénédictions et qu'il ne fasse comme David, qui pendit l'épée de Goliath en la maison de Dieu, pour lui attribuer la gloire de sa victoire.

Un tel mari vous étoit dû ; car vous êtes issue d'un père et d'un grand-père qui ont été généraux d'armées, dont les prouesses remplissent les histoires et dont la mémoire, victorieuse des temps, demeurera à la postérité. Ils ont, parmi beaucoup de traverses et parmi la contradiction d'un siècle corrompu, conservé en leur illustre maison l'alliance de Dieu et la pureté de son service. Vous avez, *Madame*, été élevée parmi tant de bons exemples et sous l'instruction d'une si excellente mère, digne d'un meilleur siècle, laquelle Dieu a douée d'une grande vigueur d'esprit et qui est un patron de piété, de zèle, de charité et de toute vertu, dont ne se faut ébahir que, sous une telle conduite, vous ayez tant profité ; en sorte que vous êtes un rare exemple d'une simplicité prudente, d'une humilité courageuse, d'une débonnaireté cordiale, d'un zèle sans affectation.

Votre sainte conversation est une lumière en l'Eglise de Dieu. La paix du Seigneur demeure en votre maison. Vous joignez vos prières avec votre mari tant vertueux et votre amitié conjugale est gouvernée par la crainte de Dieu et fondée en son amour. Votre gloire est en Dieu et votre joie est la science en sa promesse. Par une sainte avarice vous faites provision de biens qui rendent les hommes bons et qui nous suivent après la mort. Le monde passe et sa convoitise ; mais qui fait la volonté de Dieu demeure éternellement. Ces pensées nous font redoubler nos prières envers Dieu, à ce qu'il lui plaise continuer sur vous le cours de ses saintes grâces et vous rendre exempte de son soin paternel, vous donnant de la lignée qui soit héritière de son alliance et qui vous soit joie et consolation.

Ce petit présent (qui sera, comme je crois, la clôture de mon travail), sera un témoignage de mes souhaits et de mon affection envers vous et un remerciement de la faveur dont il vous plaît m'honorer, dont je ne trouve point autre cause sinon que vous aimez l'exercice de votre vertu. Vous reconnaîtrez aisément qu'il sent de la vieillesse de son auteur, dont l'esprit, visé par le temps, doit penser à une honnête retraite. Toutefois en ce point je ne vieilliral point, à savoir en l'honneur et au respect que je vous ai voué, qui m'oblige à demeurer toute ma vie, *Madame*, votre très humble et très obéissant serviteur. — **Du Moulin.**

A Sedan, le 18 de juillet 1653.

Il ne faut pas oublier que cette dédicace, d'une inspiration si pleine de dignité et d'un style si ferme, est l'œuvre d'un vieillard de *quatre-vingt-cinq ans.*

P. 42. Voici trois distiques de l'épigramme en latin, adressée au duc de Bouillon sur la mort de sa fille, Louise de La Tour, par Arthur Jonston (1587 † 1641), professeur de physique à l'Académie de Sedan :

> *Ergone nulla tuo lex est, Turrace, dolori ?*
> *Martia siccabit lumina nulla dies ?*
> ....
> *Unius ad vultum totus componitur orbis*
> *Et tecum ridet teque dolente dolet.*
> *Aut igitur sistenda tibi sunt flumina luctûs,*
> *Aut hic sperandum nil nisi nox et hyems.*

Cf. *Arturi Jonstoni, medici regii, poemata omnia*, etc., 1642, in-16, p. 372. Ne dirait-on pas le début de la pièce célèbre de Malherbe :

> *Ta douleur, du Périer, sera donc éternelle, etc.*

Voici maintenant les premiers vers de la Complainte de L. Cappel : *Sur la douloureuse et non jamais assez regrettée mort de très illustre et vertueuse princesse Madamoiselle* **Louyse de La Tour,** *fille aisnée de Monseigneur le duc de Bouillon, décédée à Paris le jeudi 6 décembre 1607, estant aagée d'onze ans, deux mois et quelques jours. Complainte élégiaque en vers féminins;* à Sedan, 1607 (*Bibl. nat.,* inv. réserve, Ye 592) :

> *Pleurez, mes yeux, pleurez; ouvrez, ouvrez la porte*
> *Aux larmes, tesmoignez au moins en quelque sorte*
> *Ma douleur, ne donnez repos à vos paupières ;*
> *Trempez mon sein de pleurs, respandez des rivières;*
> *Vuidez, versez des mers, pour noyer dans vostre onde*
> *Le souci, le chagrin, la tristesse profonde*
> *Qui ronge mon esprit. Baignez la triste tombe*
> *De l'humeur chrystallin, que de mon chef je tombe.*
> *Hé ! que ne pouvez-vous en deux vives fontaines*
> *Vous métamorphoser, pour alléger mes peines.*
> *Larmoyant nuict et jour, hé ! que ne peut ma teste*
> *S'en aller tout en eau, pour lamenter, le reste*
> *De mes jours, celle-là, dont une froide lame*
> *Me cache ores le corps, mais qui dedans mon âme*
> *Vit et vivra toujours, tant que la mort meurtrière*
> *Cille de son tombeau de mes yeux la lumière,*
> *Etc., etc ....*

Ladite *Complainte* est signée « par celui qui estoit son précepteur en la vraye piété et religion et qui avoit voué à son service toute sa vie, s'il eust pleu à Dieu lui conserver la sienne. **L. Cappel.** »

Elle est précédée de trois petites dédicaces en vers à Monseigneur, Madame et Madamoiselle et suivie d'un

Sonnet consolatoire sur l'anagramme du nom de madite Damoiselle

Louyse de La Tour : l'OSTE LA DOVLEVR.

Si saisie d'un mal violent, incurable,
J'ay de mes chers Parens espoinçonné l'esprit
D'une juste douleur, si attachée au lict
De langueur, j'ay navré d'un ennui incroyable

Leurs cœurs et si la mort dure et impitoyable
(Qui couvre d'un bandeau d'une éternelle nuict
Mon œil, ma gloire non, qui en poudre réduict
Mon corps, mais non mon los) d'un dueil insupportable

Leur âme a transpercé, j'ay d'un autre costé
Leur tristesse addouci, j'ay par ma piété
Leurs larmes essuyé, j'ay par ma saincte vie

A tous laissé de moy une si bonne odeur
Qu'en ma mort j'ay vaincu la mort qui m'a ravie.
— Ainsi l'OSTE en mourant de ma mort LA DOVLEVR.

P. 44. Marie de La Tour a son article dans le *Dictionnaire des Précieuses par le sieur de Somaize*, édit. Livet, 1856, in-16, t. I, p. 231 : « **Thessalonice** et sa fille sont deux précieuses de grande naissance, l'une du temps de Valère (c'est-à-dire de Voiture), l'autre est encore aujourd'hui une des agréables personnes de son siècle. Elle écrit galamment en prose et elle a fait elle-même son portrait (1). » Nous allons le reproduire, malgré sa longueur.

Comme il n'y a personne qui ne soit accusé de l'amour de soi-même, quoique les uns plus et les autres moins, et qu'il nous porte d'ordinaire à nous considérer avec des yeux préoccupés qui se trouvent toujours plus disposés à nous faire grâce qu'à nous rendre justice, je veux espérer au jugement favorable de mes amis — car celui de ceux qui ne le sont pas m'est indifférent, — si je tombe en la même faute en oubliant quelques-unes des miennes, ou si je m'attribue quelque bien que je n'ai pas dans le portrait que je vais faire, beaucoup plutôt pour ne pas paroître bizarre que pour espérer aucun avantage de la connoissance que je leur donnerai de moi-même.

(1) Cf. Ed. de Barthélémy, *La Galerie des portraits de Mlle de Montpensier ou Recueil des portraits et éloges..... des Seigneurs et des Dames les plus illustres de France*, 1860, in-8°. Voici également quelques passages du portrait de sa fille, *Marie-Charlotte*, qui devint en 1662 duchesse de Saxe-Iéna : « ..... Je dirai donc que j'ai la taille moyenne et assez grossière, la mine nullement relevée, la physionomie ni spirituelle ni stupide, la grâce ni bonne ni mauvaise, peu de disposition pour la danse ; la gorge blanche, mais fort mal faite ; les mains passablement belles et fort maladroites ; les bras fort laids et beaucoup trop courts ; le tour du visage trop long et assez bien fait pour le bas ; les yeux sans aucune vivacité, mais du reste assez raisonnables, s'ils n'étaient pas extraordinairement battus ; la bouche ni belle ni laide, ni fort pâle ni fort rouge ; le menton fourchu, le nez gros, sans être choquant ; le teint ni beau ni laid ; les dents mal arrangées et nullement blanches ; les cheveux châtain clair. Je n'ai l'esprit ni vif, ni plein d'expédients..... » Comme on voit, elle ressemblait assez à sa mère.

Et, quand ils m'auront promis qu'ils ne m'en aimeront pas moins, je leur dirai que je suis grande, la taille ni des mieux ni des plus mal faites, ni fort libre ni extrêmement contrainte. Je parois plus déliée que je ne le suis en effet, parce que j'ai le corps rond, le dos fort droit, les épaules plates, quoiqu'un peu hautes ; le port d'une personne de condition, la démarche assez raisonnable, la tête grosse, le visage trop long et d'un désagréable ovale, le teint gros et fort brun, le front beaucoup trop haut et trop avancé ; les yeux noirs, peu ouverts, ni grands ni petits, ni beaux ni laids, mais assez doux ; le nez grand, mais aquilin ; la bouche, quoique pas des plus grandes, néanmoins laide et trop plate ; les lèvres rouges, les dents pas des mieux arrangées et point assez blanches, mais saines et nettes ; le visage presque point coupé ; les cheveux extrêmement fins et d'un fort beau cendré ; la gorge pleine, assez bien formée, sans plis ; peu de sein ; le bras et la main, qui n'ont que les doigts de bien faits, trop maigres, encore que j'aie beaucoup d'embonpoint ; la jambe et le pied bien faits, surtout quand je prends soin de me bien chausser. Je crois n'avoir ni bonne mine, ni mauvaise grâce, et l'un et l'autre se peuvent souffrir.

J'ai trop peu de dévotion, dont je demande souvent pardon à Dieu et qu'il me fasse la grâce de mieux vivre, afin de bien mourir. Je ne manque pas tout à fait de connaissances ; mais je suis si peu satisfaite de mon peu d'esprit que je trouve que celui que j'ai n'en mérite pas le nom ; nulle solidité et encore moins de vivacité ; plus de jugement que de prudence.

J'ai beaucoup de tendresse pour mes véritables amis. Mais cette qualité leur sera toujours plus facile à perdre qu'à gagner auprès de moi, étant extrêmement délicate en gens et plus qu'il ne paroît, parce que j'ai affecté toute ma vie une civilité si générale et elle m'est si ordinaire que ceux qui ne me connoissent pas la prendroient bien souvent pour une bienveillance particulière. L'amitié que j'ai pour mes parens en général est moins forte que celle que j'ai pour mes amis, et leurs intérêts me sont si chers que je les préfère aux miens propres. Je les sers avec plaisir et leur perte me touche sensiblement. Mais, comme je suis naturellement beaucoup méfiante de moi-même aussi bien que d'autrui, me connoissant comme je fais, il ne leur faut pas moins de temps que d'adresse pour me bien persuader qu'ils en sont ; car je ne le crois pas aisément, quelque mine qu'on en fasse. Je sais aussi bien haïr qu'aimer, et suis plus curieuse que patiente, quoique je cache assez bien tous les deux. Je suis trop bonne et pardonne quelquefois avec trop de facilité.

J'ai beaucoup de mémoire et par conséquent je n'oublie point. Mais elle ne me sert qu'à me rendre malheureuse, puisqu'elle me représente continuellement tous les fâcheux accidens de ma vie, qui se trouvent en beaucoup plus grand nombre que les bons. Je me résous fort difficilement, mais j'exécute fort promptement. J'ai une timidité si importune qu'elle ne se contente pas de me faire rougir à tous momens, mais elle me rend si interdite parfois que j'en parois stupide. La gravité et le sérieux me siéent incomparablement moins mal que l'enjouement, qui n'est nullement mon personnage.

Mon premier abord est assez engageant et promet plus que je ne saurois effectuer. Je me pique tout à fait d'être complaisante, mais non pas jusqu'à la flatterie. Je ne suis pas ingrate, et la reconnoissance trouve toujours lieu chez moi ; et j'aime sans contredit mieux que l'on m'ait de l'obligation que d'en avoir aux autres. Ce n'est pourtant pas par gloire, n'en étant pas du tout capable. Je hais si mortellement la moquerie et ses auteurs que je n'appréhende point de tomber dans ce vice. Je déteste la menterie et maudis la médisance, quelque spirituelle qu'elle puisse être. Je n'y prends point de plaisir, fût-elle de mes plus mortels ennemis, auxquels je rends toujours le plus de justice qu'il m'est possible en ne célant point les bonnes qualités dont je les crois en possession, et cela pour l'amour de moi-même seulement. Je me sais contraindre sans être politique ; encore n'est-ce point en toutes sortes de rencontres.

L'intérêt n'a nul pouvoir sur moi. Je suis extraordinairement sensible, mais sans comparaison plus à la douleur qu'à la joie. Je crains plus le mépris que la mort, et je pardonnerai sans contredit le dernier plutôt que le premier, dont j'aurois peine à revenir jamais, si j'en étois bien persuadée. J'ai passé toute ma vie pour intrépide ; mais à présent je connois mieux le péril, quoique je ne manque point de courage et je m'en trouve suffisamment pour entreprendre des choses, non seulement difficiles, mais qui rebuteroient une infinité d'autres. J'ai une aversion horrible pour tout ce qui est poltron, ayant le cœur si bien placé qu'il ne démentira jamais ma naissance. Je suis incapable de toutes sortes de lâchetés et de bassesses, principalement de celles qui sont suivies de quelque trahison ; et, en ce rencontre (1), comme en plusieurs autres, je ne ferai à autrui que ce que je voudrois m'être fait à moi-même.

L'inclination a beaucoup de pouvoir sur moi et l'emporte bien souvent par-dessus la raison, qui ne laisse pourtant pas de reprendre sa place à son tour. Je suis ferme en mes résolutions jusqu'à l'opiniâtreté. Je n'aime point à être contredite des personnes qui me sont suspectes, encore moins corrigée de ceux qui ne sont pas de mes amis ; car je trouve tout bon de ceux qui le sont. Je prends les corrections et les avis des autres pour autant d'insultes et de reproches et je ne le leur puis dissimuler, ayant trop de sincérité. J'aime les généreux et tâcherai toujours de les imiter. Je ne m'attache pas trop à mon opinion et je m'en rapporte volontiers à ceux dont je l'ai fort bonne. On m'accuse d'être un peu prompte ; mais, comme j'ai déjà avoué que je suis sensible au dernier point, ce nom ici m'appartiendroit avec plus de justice que le premier.

Je ne suis point ambitieuse et craindrois fort de le devenir, puisque l'ambition n'est point sans inquiétude et que j'aime le repos sans être paresseuse. J'enrage d'être ignorante et n'ai que cette consolation qu'il n'a pas tenu à moi que je ne fusse plus habile. Mon humeur est inégale et j'en accuse mon tempérament, lequel, quoique naturellement gai, s'est néanmoins si fort laissé corrompre par divers fâcheux accidens que je puis passer avec vérité pour une des plus mélancoliques personnes du monde. Je suis triste, beaucoup plus rêveuse et la plupart du temps distraite à ne savoir que dire. Je n'aime pas tant la parure que j'ai fait (2), quoique je ne la haïsse pas

(1) Rencontre était alors du masculin.
(2) Le verbe faire s'employait au xviime siècle comme équivalent du verbe d'action sous-entendu, dont il tient la place.

encore. Je préfère la propreté en habits à la somptuosité et je me plais assez
à me mettre fort proprement ; en quoi je réussis moins mal qu'au dessein de
réparer par l'art et l'adresse ce que la nature m'a refusé. Les grandes fêtes
ne m'embarrassent point ; et, si je ne suis pas faite pour elles, elles le sont
pour moi, puisqu'elles me divertissent. La cour, le grand monde et surtout
la comédie me plaisent fort ; mais je n'y voudrois pas paroître pour
augmenter simplement le monde.

J'écris mieux que je ne parle et on ne peut pas s'acquitter plus médiocre-
ment du dernier que je ne fais. Cela n'empêche pas pourtant qu'une
conversation jolie et spirituelle ne me touche extrêmement, pourvu que
toute la raillerie piquante en soit bannie et qu'elle n'intéresse point ma
réputation, de laquelle je serai toujours si soigneuse que je me priverois de
toutes choses pour la conserver. On ne m'accuse pas d'être trop maladroite.
Je n'ai jamais souhaité du bien et des richesses que pour satisfaire mon
humeur libérale, ne prenant en rien tant de plaisir qu'à en faire et à
donner. Je ne puis jamais me fier en ceux qui m'ont trompée une fois en
ma vie et je ne me défends pas absolument d'être un peu vindicative en
certains rencontres. Je trouverois même la vengeance fort douce ; mais je
n'y voudrois pas contribuer moi-même. Tous les changemens du monde
m'inquiètent et une vie solitaire a autant de charmes pour moi, pourvu que
j'y sois accoutumée, que le grand monde. Je m'occupe avec plaisir aux
ouvrages des personnes de mon sexe, et ne hais nullement la chasse.

Enfin je trouve que peu de choses me sont véritablement indifférentes,
au moins un certain temps : et je suis si peu hypocrite que mon visage
découvre presque toujours les sentimens de mon cœur, sans que ma bouche
s'en mêle. Je ne dis point ce dernier, croyant me louer par là ; mais je ferois
conscience de céler quoi que ce soit de tout ce dont je me sens coupable et
me soumets ensuite à votre censure.

Nous avons dit que la conversion du duc de La Trémoïlle (1), le
18 juillet 1628, frappa douloureusement Marie de La Tour, qui
était une calviniste très fervente, comme sa mère et sa belle-
mère et qui prit dès lors énergiquement la direction religieuse

(1) C'est à ce personnage que Jacques Cappel avait dédié, l'année de son mariage avec Marie
de La Tour, son ouvrage intitulé : *Assertio bonæ fidei adversus præcipuas Heriberti
Rosweydi jesuitæ strophas ;* Sedani excudebat Joannes Jannon, MDCXIX. Voici la partie
essentielle de la dédicace :
Illustriss. Principi Henrico Tremollio, Duci Thoarsio,
Principi Talmontii, pari Franciæ.....
*Assertionem bonæ fidei duobus libellis comprehensam tuæ, Princeps Illustrissime,
Celsitudini jure merito libens offero, ut qui sciam nulli malam fidem magis
displicere, nulli veram fidem magis cordi esse quam tibi, vitæ integerrimo, fidei
tenacissimo (?).... Id tibi, Princeps Illustrissime, persuasissimum esse docent mores
tui, tam inculpati quam generosi, tam a vulpinis fraudibus quam a degeneri
timiditate alienissimi, qui procul a fuco et fallaciis liberum et erectum ita te cum
Deo loqui jubent, ac si homines audiant : ita te cum hominibus agere, ut memineris
a Deo te videri. Ita vere tibi præsens ac propitius erit Deus, quod beneficium ut
T. C. ut illustrissimæ familiæ tuæ, prout hactenus largitus est, ita porro largiri
pergat et omni T. C. benedictionis genere cumulet precatur.*
T. C.
Devotissimus
Jac. Cappellus.

de ses enfants. Dans son recueil, malheureusement fort incomplet, des *Lettres de la duchesse de Bouillon à la duchesse de La Trémoïlle,* 1875, p. 122 et suiv., P. Marguegay a inséré deux lettres, du 12 et du 15 août suivant, écrites par Elisabeth de Nassau à sa sœur, Charlotte-Brabantine, où elle trouve les expressions les plus vives et les plus poignantes pour dépeindre sa désolation. Nous ne pouvons qu'y renvoyer le lecteur pour ne pas allonger démesurément cette notice.

Disons toutefois que P. du Moulin, qui fut vraiment le pape des huguenots à cette époque, plaça en tête de la *Troisième Décade* de ses *Sermons* une *Epître dédicatoire* à « Marie de La Tour, de Sedan, ce 29 de juillet 1639. » Cette épître est fort intéressante, parce qu'elle fait allusion aux souffrances religieuses de la jeune duchesse. En voici le passage le plus important :

« ..... Ces considérations m'ont mû à diviser à deux parties le temps qui me reste et, sans abandonner la défense de la vérité, employer une partie de mon temps en méditations de piété, lesquelles j'ai couchées en forme de sermons, èsquels parlant aux autres je parle aussi à moi-même.

« Et ai pris la hardiesse, Madame, de vous en dédier une partie, sachant que vous prenez plaisir aux saintes pensées et que votre occupation ordinaire est de vous entretenir avec Dieu, qui vous a donné une grande vivacité d'esprit, laquelle vous gouvernez par la crainte de Dieu ; lequel se sert de vous pour empêcher que l'alliance de Dieu ne soit entièrement bannie de votre illustre famille, en laquelle ce qui reste de piété et de vraie connoissance de Dieu est, après Dieu, dû à votre vertu. Car, ayant dès votre enfance été nourrie en la piété, comme une abeille née dedans le miel, et élevée par un père excellent en vertu, duquel la mémoire me sera toujours chère et honorable, vous avez conservé ses saints enseignements, et avez subsisté parmi les tentations. Ce qui me fait espérer que Dieu se servira de vous pour réparer les brèches faites en votre famille et laisser à vos enfans pour héritage la vraie connoissance de Dieu, sans laquelle vaudroit mieux n'avoir jamais été né.

« Je me reconnois voirement indigne d'avoir part à vos bonnes grâces et incapable de vous rendre aucun service. Mais votre bonté imputera cette hardiesse à l'honneur que je vous porte, et aux obligations que j'ai à toute votre maison, sous l'ombre de laquelle j'ai trouvé du refuge en mes afflictions, lorsque mes adversaires m'ont arraché du troupeau que Dieu m'avoit commis..... »

En 1640, Marie de La Tour perdit sa fille, Elisabeth de La Trémoïlle, alors âgée de douze ans. Elle aimait beaucoup cette enfant, qui était fort intelligente, et sa douleur fut des plus vives. Afin de la consoler, les membres de sa famille et plusieurs de ses amis lui adressèrent des lettres de condoléance. Ces lettres, au nombre de soixante-cinq, ont été publiées par le *Bull. de l'Hist. du Protest. français*, 1861, t. x, p. 258-269 et 356-385. Nous allons en donner quelques extraits.

Lettre xiv, de Madame la duchesse douairière de Bouillon, sans date :

« ..... Ce n'est point elle que nous plaignons, c'est nous qui la survivons et qui ne pouvons trop regretter la privation de ce bonheur de votre maison, où elle étoit en grande bénédiction. Et puis, je me représente bien, mon cœur, que c'étoit toute votre joie et que vous vivez en cette heure en langueur. C'est ce qui m'abat si fort que je suis sans force et que je n'ai pu plus tôt vous conjurer d'avoir pitié de votre pauvre mère et modérer pour l'amour d'elle votre juste douleur, qu'elle ressent si vivement que sa vieillesse s'en sent accablée. Conservez-vous donc, ma très chère fille, pour la soulager et consolez-vous en la grâce si merveilleuse que Dieu a faite à notre chère enfant, qui s'est fait voir un exemple de piété et de constance..... »

Lettre xv, de Madame la duchesse de Bouillon, Sedan, 24 avril 1640 :

« ..... Monsieur votre frère ne vous peut témoigner son ressentiment sur ce triste sujet, ayant la fièvre tierce qui le tourmente bien fort. Il m'a commandé de vous assurer que de toutes les personnes du monde il est celui qui en est autant touché et qui vous plaint le plus dans une si grande perte..... »

Lettre xvi, de Mademoiselle de Bouillon (Charlotte de La Tour), ce 27 mars 1640 :

« ..... Il (Dieu) vous demande encore de la constance dans cette dure épreuve et tant de gens de bien le supplient de vous la donner pour l'amour de notre maison et la vôtre. Madame (leur mère) vous conjure de l'avoir et elle-même en a besoin, ressentant cette affliction comme mère de toutes deux..... »

Lettre xvii, de Mademoiselle de Bouillon, ce 3 avril 1640.

Lettre xxii, de M. le prince Palatin, Louis-Philippe (cousin de la duchesse de La Trémoïlle).

Lettre xxiv, de Madame la princesse Palatine, Marie-Eléonore.

Lettre xxxvi, de M. le marquis de La Moussaye.

Lettre xxxvii, de Madame la marquise de La Moussaye :

« ..... Je vous demande pardon de n'envoyer pas exprès vous le témoigner (son chagrin). Je sais que cela se doit et j'y manque avec un extrême regret ; mais certes je n'ai personne. Pardonnez-le moi donc, ma chère sœur, et croyez que c'est avec un grand déplaisir que je ne puis aller moi-même vous dire ma douleur. Et encore, si je crois pouvoir aider à soulager la vôtre, il n'y a rien au monde qui me pût retenir ; faites-moi l'honneur de le croire et de me pardonner, si j'ose vous supplier très humblement de penser à votre santé et d'en avoir soin..... »

Lettre XLI, de Monsieur le duc de Bouillon, s. l. n. d. :

« ..... Si je l'eusse apprise (votre perte) avant que d'arriver ici, où aussitôt je tombai malade, vous avez assez de bonté pour ne douter que j'eusse manqué à prendre part à une affliction que je connoissois si juste et que je savois vous toucher si vivement..... »

Lettre XLII, de Monsieur le vicomte de Turenne, s. l. n. d. :

« Ma chère sœur, je ne saurois vous exprimer avec quelle douleur j'ai reçu la nouvelle de la perte que vous avez faite. Outre que c'est d'une personne si proche, vous savez bien avec quelle tendresse je l'aimois et, sans considérer en cela votre affliction, quelle peut être la mienne sur ce sujet..... »

Lettre LI, de M. le comte de Roucy.

Lettre LII, de Madame la marquise de Duras :

« Ma chère sœur, c'est avec larmes et soupirs que je vous témoigne l'extrême déplaisir que j'ai de la perte que nous avons faite de Mademoiselle votre fille. C'étoit un fruit trop avancé pour le pouvoir conserver. Elle l'a témoigné par sa fin si admirable et si extraordinaire pour son âge..... »

Lettre LXII, de M. de Voiture, etc.

P. 47. *Les Larmes de Sion ou Plaintes sur l'affliction de l'Eglise* par Th. des Hayons, sedanais ; Genève, J. de La Planche, 1636, in-16, (Bibl. de l'Arsenal, 8,096 B. L.), sont dédiées

A très haute et très illustre Princesse
Mademoiselle Julienne de la Tour (1),

Mademoiselle, les effets des promesses de Dieu ne sont pas plus infaillibles que ceux de ses menaces. Tandis que nous avons pris peine à vivre en la crainte de son nom, nous avons pu vivre en l'assurance de ses bienfaits et maintenant que nous avons fait monter nos injustices jusques au lieu où se

(1) On a vu que cette princesse avait eu pour marraine sa tante maternelle Louise-Julienne de Nassau, venue à Sedan pour la circonstance. *L'Instruction chrestienne responsive au premier tome de l'Institution de P. Coton, jésuite,* par Jacques Cappel....; à Sedan, de l'imprimerie de Jean Jannon, 1619, in-8°, fut dédiée

A très haute et très puissante princesse, Madame Louyse-Julienne de Nassau,
Douairière Electrice Palatine du Rhin.

« ..... Ici donc juge tout bon chrétien, si nous ne combattons pas pour le bien de l'Eglise ; jugent les Princes, s'il n'y va pas de leur intérêt aussi bien que de celui de Dieu, si plaidant la cause de Dieu, nous ne plaidons pas aussi la leur. Or entre tous les Princes, à qui le Seigneur a donné cette connoissance, je n'en vois point de plus illustres, ni de plus zélés que ceux dont V. A. est issue, dont elle est mère, ou dont elle est proche par la consanguinité ou par alliance..... Parmi tant de Princes que le ciel a suscités pour nourriciers à son Eglise, pour défenseurs de sa cause, nous voyons reluire V. A. comme mère en Israel, trop plus désireuse d'exceller en piété qu'en dignité, de précéder en bons exemples qu'en autorité, tenant l'humilité pour le plus bel ornement de votre grandeur et la bénéficence pour le principal fruit de votre puissance, ès bénédictions qu'il a versées tant sur V. A. que sur son illustre maison, fait voir à l'œil combien il sait honorer ceux qui l'honorent..... — **Jacques Cappel.** »

On sait que cette affirmation de Jacques Cappel devait être singulièrement démentie par les faits et que le fils de Louise-Julienne de Nassau, Frédéric V, élu roi de Bohême le 26 août 1619 (au grand chagrin de sa mère), perdit d'abord son royaume d'occasion à la suite de la bataille de la Montagne-Blanche (8 novembre 1620), puis ses Etats héréditaires, et mourut dépossédé le 29 novembre 1632 à Mayence. Cf. E. Charvériat, *Histoire de la guerre de Trente Ans,* 1878, in-8°, t. I, p. 158, 231-236, et t. II, p. 146.

forment les foudres, c'est certainement avec beaucoup de justice que nous en ressentons les éclats. Puisque sa bonté toutefois nous donne le remède aussitôt que le coup, et que sa vérité nous apprend que nos pleurs sont capables d'éteindre le brasier de sa colère et le vent de nos soupirs d'en réduire la cendre à néant, serions-nous si peu sensibles aux afflictions de l'Eglise et aux nôtres que de nous montrer avares de l'eau de nos yeux, tandis que la plupart de ses enfans sont si prodigues du sang de leurs veines ? Ceux qui sont déplorables pour leurs mœurs ne pleurent point ; ils passent leurs jours en liesse et parmi les plaisirs. Mais l'Eglise, imitant son époux qui arrosa son sacrifice de ses larmes, n'est point honteuse de pleurer.

Voici les plaintes qu'elle fait en son angoisse et que j'ai voulu représenter sous celles de Sion, de laquelle elle est la vive image. Dans ces larmes qu'elle verse pour ses prisonniers, vous y verrez les vôtres exprimées et reconnoîtrez, *Mademoiselle*, que, comme les pleurs des fidèles qui se retournent à Dieu font les délices des Anges, qu'au contraire le diable souffre avec moins de regrets ses flammes que nos larmes et que cette eau de jalousie lui dérompt les entrailles, sachant que nos crimes font aisément naufrage en cette mer.

Ce grand roi d'Israël, qui faisoit sa nourriture de ses larmes et qui en jonchoit sa couche comme de diamants et de perles ; ce grand prophète d'Anatoth (1), qui souhaitoit que sa tête s'en allât toute en eau et que ses yeux fussent une vive fontaine de larmes, pour pleurer nuit et jour les navrés à mort de la fille de son peuple ; et ce grand apôtre, le parfait modèle des pénitens, qui sut si bien employer ses yeux pour impétrer sa grâce et dont les pleurs, sans mot dire, traitèrent son accord avec Dieu, nous sont des véritables témoins que les larmes roulent jusque dans le paradis, fléchissent le cœur de notre juge et nous servent d'un favorable canal pour nous conduire vers le port, non seulement de la grâce, mais aussi de la *gloire*.

Plaise à Dieu, *Mademoiselle*, qu'après vos larmes de tristesse vous en épandiez d'autres de joie et que celui qui possède la franchise de vos affections en sa captivité, me donne bientôt sujet de chanter la délivrance de l'Eglise en celle de sa personne et qu'alors chargé de palmes et de vœux plus glorieux, je vous puisse dire avec un visage changé que je serai toute ma vie sans changer, *Mademoiselle*, votre très humble et très obéissant serviteur. — **Des Hayons.**

P. 48. Jean de Rostagny, médecin de la duchesse de Guise, Isabelle d'Orléans, qui a publié une *Instruction de la fille de Calvin démasquée à Messieurs de la R. P. R.*, etc., 1685, in-12, consacre la huitième de ses *Epigrammes héroïques*, datée du 25 avril 1685, à Mademoiselle de Roucy, pour l'engager soi-disant à se convertir, ainsi que ses frères, en réalité pour tourner en ridicule son opiniâtreté à demeurer protestante..... « Notre grand monarque, lui dit-il, suit cette règle (la douceur), afin de ménager vos esprits et vous donner des marques d'un véritable père, au lieu que,

(1) Anatôt ou Anathoth, patrie du prophète Jérémie, dans la tribu de Benjamin.

selon la rigueur des lois, il pourroit vous punir comme enfants de rebelles qui ont mis autrefois sa couronne à deux doigts de sa perte, ne pouvant souffrir de chef, ni temporel, ni spirituel, etc. » (Cf. le *Bulletin de la Société de l'Histoire du Protestantisme français*, 1893, p. 86).

I, 199. Henriette-Catherine de La Tour naquit en 1609, vraisemblablement dans la dernière quinzaine de janvier, comme le prouve ce passage d'une lettre d'Elisabeth de Nassau à sa sœur, la duchesse de la Trémoïlle, édit. P. Marchegay, p. 89 : « ..... Mon Monsieur arriva vendredi (31 décembre 1608) ici en bonne santé et m'a trouvée avec mon gros ventre, contre mon opinion qui étoit d'accoucher à la fin de l'autre mois. Mais cependant je roule toujours et sens moins de maux que je ne faisois. Je tiens que mon extrême joie me les rend insensibles ; car plus on approche de son terme et plus on a d'incommodité, etc. A Sedan, ce 5⁰ janvier 1609. »

Le pasteur sedanais Charles Drelincourt a publié une *Lettre à Mᵐᵉ la marquise douairière de La Moussaye, pour réponse à celle du P. Hautain, jésuite de Lille en Flandre, écrite le 20 mars 1643* ; Charenton, 1643, in-8⁰, 16 p.

P. 53. Pierre du Moulin dédia son *Anatomie de la Messe* ; Sedan, J. Jannon, 1636 :

A haute et puissante Princesse, Mademoiselle de Bouillon.

Mademoiselle, Dieu, vous ayant donné une ferme fiance en ses promesses, n'a point voulu que cette foi fût sans exercice. Car, vous visitant d'afflictions cuisantes, il vous a mis pour un exemple de constance et d'un esprit qui demeure en bonne assiette et garde sa tranquillité parmi cette agitation....; joint que, Dieu ayant rempli votre esprit d'une grande connoissance en sa parole, vous gardez au cabinet de votre cœur multitude de remèdes et avez l'emplâtre prête devant le coup. Et le plaisir, que vous prenez à vous entretenir avec Dieu par prières assiduelles et à verser vos soupirs au sein de votre Père, tempère vos douleurs d'une douce consolation..... Dieu, qui tient en sa main les cœurs des princes et des peuples comme le décours des eaux et les incline où il veut, veuille donner efficace à sa parole et exauçant vos saintes prières, vous conserver longtemps en toute prospérité....

Cette préface est pour nous d'un grand intérêt ; elle vise constamment la conversion récente au catholicisme de Frédéric-Maurice de La Tour, malgré les efforts de sa famille et de son ancien précepteur.

Le Sedanais Pierre Trouillard, qui desservait alors l'église de la Ferté-Vidame (Eure-et-Loir, arr. Dreux), dédia son sermon *De l'Estat des âmes fidèles après la mort* ; Sedan, J. Jannon, 1650 :

A très haute et très vertueuse Princesse
Mademoiselle de Bouillon.

Mademoiselle, bien que plusieurs personnages d'érudition d'entre mes amis aient approuvé ce sermon, jugeant qu'il pouvoit être en édification aux bonnes âmes, je n'aurois osé néanmoins lui donner le jour sans le favorable accueil que vous lui avez fait en votre cabinet, soit que vous ayez eu égard au sujet qu'il traite, soit que vous l'ayez vu du même œil dont vous avez accoutumé son auteur..... C'est pourquoi je vous supplie d'avoir agréable qu'il paroisse sous la protection de Votre Grandeur. Etant à l'abri d'un nom comme le vôtre, je ne doute point qu'il ne soit d'autant mieux reçu, que je le présente au public par une personne, qui a joint à l'éclat de sa position, la solidité de la vertu, qui semble n'avoir vécu que pour instruire les autres et dont toutes les actions sont autant de bons exemples.

Si les gens de bien au reste reçoivent quelque utilité de ce petit ouvrage, ils vous en auront obligation ; et pour mon regard, ce me sera une très grande satisfaction de vous donner en cela un témoignage public des obligations que j'ai à votre illustre maison, sous la faveur de laquelle j'ai eu l'honneur d'être élevé. Je prie Dieu, *Mademoiselle*, que, comme il vous a fait être jusques ici un exemple particulier de ses plus chères bénédictions, aussi il vous les continue de plus en plus en longues et heureuses années.

Ce sont les vœux de celui qui sera toute sa vie, de Votre Grandeur, *Mademoiselle*, le très humble et obéissant serviteur. — **Trouillard.**

A Ferté-Vidame, le 3 janvier 1650.

P. 57. Frédéric-Maurice de La Tour avait déjà pris des précautions analogues dans son testament fait à Grenoble le 1er mai 1642 et contresigné Chadirac :

« ..... J'ordonne, disait-il, que mes enfants soient nourris et élevés dans la religion catholique, apostolique et romaine et que pour cet effet ils n'aient depuis l'âge de sept ans jusqu'à vingt que des domestiques de ladite religion..... »

Dans ce moment, le duc de Bouillon reconnaît que sa maison est chargée d'un million trente mille livres environ de dettes. Il nomme sa femme seule tutrice de ses enfants, jusqu'à ce qu'ils aient atteint l'âge de vingt-cinq ans, « priant M. de Thou de la vouloir assister lorsqu'elle l'en requérera..... Et si, durant l'administration de ma femme et le bas âge de mes enfants, on vouloit entreprendre quelque chose sur Sedan ou quelque changement au fait de notre religion, je supplie très humblement le roi de vouloir donner à ma femme l'assistance qu'elle lui demanderoit et, en cas d'oppression, on aura recours à notre père commun, le pape. » Cf. Baluze, *Histoire généalogique de la maison d'Auvergne*, t. II, p. 823-825.

P. 59. « Les *Mémoires* (de Dangeau), porte une *Addition* de

Saint-Simon (5 avril 1702), devroient ajouter un fait certain, curieux et unique. MM. de La Trémoïlle, de Bouillon et par eux MM. de Duras, sortis d'une fille du fameux prince d'Orange, fondateur de la République des Provinces-Unies et par conséquent fort proches parents encore du roi Guillaume [III], demandèrent au roi s'ils prendroient le deuil (à la mort de ce personnage) et le roi leur défendit d'en prendre aucun. »

P. 62. Lorsque le prince d'Auvergne déserta, il était également fâché de n'avoir pas été fait brigadier à la promotion de janvier 1702, comme son père l'avait espéré un instant. Cf. les *Mémoires de Sourches*, t. VII, p. 199. Si l'on en croit l'auteur de ces *Mémoires*, t. VII, p. 312 et 325, ce fut surtout « le pitoyable état de ses affaires qui le contraignit à faire un pas si délicat. » Son marquisat de Bergen-op-Zoom, d'un revenu de trente mille livres, était confisqué par suite de la guerre et il ne pouvait recevoir en compensation, comme autrefois son père l'avait fait, les terres françaises de Guillaume d'Orange, puisqu'elles furent partagées entre le prince de Conti et le prince d'Isenghien par un arrêt du Grand Conseil du 28 mars 1702. « Il avoit pourtant, dit Saint-Simon, 6,000 livres de pension du roi. »

Louis XIV laissa d'abord tomber l'affaire, à cause de son affection pour son grand chambellan. Mais le prince d'Auvergne quitta bientôt la Bavière, prit du service en Hollande et servit comme volontaire au siège de Venlo, qui se rendit le 23 septembre 1702, et où 500 soldats français furent passés au fil de l'épée. « Il alloit partout, montrant son épée qu'il crioit être celle de M. de Turenne et qu'il rendroit aussi fatale à la France qu'elle lui avoit été victorieuse. » A cette nouvelle, Louis XIV résolut de sévir et par son ordre le chancelier Pontchartrain écrivit la lettre suivante, du 23 octobre 1702, au premier président du Parlement : « Monsieur, le roi veut que l'on fasse le procès à M. le prince d'Auvergne et m'ordonne de vous le mander et à M. le Procureur général. S'il n'avoit fait que sortir du royaume, où il manquoit de biens, pour passer où il en a beaucoup et se le conserver par là, sans manquer d'ailleurs à ses obligations et en conservant inviolablement la fidélité qu'il doit comme sujet à son prince naturel, il auroit peut-être pu espérer les effets de la clémence du roi. Mais, quand à sa première faute il joint le crime de porter les armes contre le roi et de servir, comme il fait actuellement, dans l'armée de ses ennemis, il ne doit plus rien attendre du roi que la sévère justice. Ce sont les dispositions dans lesquelles est sa Majesté et qu'Elle m'a ordonné de vous faire savoir, afin que vous agissiez sur ce principe, se reposant fort sur votre zèle pour son service dans la suite de cette affaire..... » Cf. Depping, *Correspondance administrative sous le règne de Louis XIV*, in-4°, t. III, p. 435.

En conséquence, par un arrêt du 18 avril 1703, le Parlement « déclare la contumace bien instruite contre ledit François-Egon de La Tour d'Auvergne et, adjugeant le profit d'icelle, déclare ledit de La Tour d'Auvergne atteint et convaincu des crimes de lèse-majesté et de félonie et, pour réparation, a privé ledit de La Tour d'Auvergne de tous états, honneurs, offices et dignités ; le condamne à avoir la tête tranchée sur un échafaud par effigie, en un tableau attaché à une potence, qui, pour cet effet, sera plantée en la place de Grève de cette ville de Paris ; déclare ses biens féodaux, tenus et mouvant médiatement ou immédiatement du roi, être retournés audit seigneur roi et réunis au domaine de la couronne, et ses autres biens meubles et immeubles acquis et confisqués au profit du roi, en quelque lieu qu'ils soient situés, sur iceux préalablement pris vingt mille livres d'amende. » Cf. *Mémoires de Saint-Simon*, édit. A. de Boislisle, t. X, appendice XX.

P. 63. *Le Témoignage des Protestants en faveur de la Religion catholique*, par le sieur **Rosset**, *ministre converti*, 1671, est dédié

A Son Altesse Monseigneur l'Eminentissime cardinal de Buillon.

Monseigneur, les disputes de religion qui sont la matière de ce livre, sont d'ordinaire peu considérées et V. A. [est] dans une élévation de mérite et de dignité si haute dans l'Eglise, que beaucoup de personnes désapprouveront peut-être la liberté que je prends de vous consacrer cet ouvrage. Mais les grâces que j'ai reçues de vous, *Monseigneur*, justifient assez mon dessein..... L'auteur s'adresse à vous, *Monseigneur*, comme celui qui est une portion illustre du Saint-Siège, pour mettre à vos pieds ce qu'il y a de plus puissant pour l'Eglise dans les ouvrages des plus signalés schismatiques..... Il montre, par le profond respect qu'il a pour votre sainte Dignité, combien son cœur est attaché à celui qui est le centre de l'Unité catholique et qu'il reconnoit avoir été donné de Dieu à l'Eglise par votre suffrage.

Je ne pouvois, *Monseigneur*, consacrer cet écrit à aucune autre personne avec un applaudissement plus universel de ceux mêmes qui n'ont pas encore adouci leur amertume contre mon Père. Le nom glorieux de V. A. les attirera agréablement à la lecture de cet ouvrage ; les exemples de votre illustre famille leur feront goûter les raisons qui y seront déduites.....

Rosset.

P. 69. Voici le contrat de mariage de Mgr le duc et Madame la duchesse de Bavière, d'après une copie que nous a communiquée M. J.-B. Brincourt :

Par-devant Philippe Gallois et André Laurent, notaires garde notes du roi notre sire, en son Châtelet de Paris, soussignés, furent présents : le *Sérénissime prince et seigneur Maximilien-Philippe, comte palatin du Rhin, duc de haute et basse Bavière, landgrave de Leuchtenberg,* fils de feu Sérénissime prince électeur Maximilien, duc de Bavière, et de feu Sérénissime Marie-Anne, archiduchesse d'Autriche, ses père et mère, demeurant ordinairement dans le palais de Munich, étant de présent en la ville de Paris, en l'hôtel de Monsieur le prince Guillaume de Furstenberg, sis rue Notre-Dame-des-Victoires, paroisse Saint-Eustache, pour lui et en son nom d'une part ; — et *haute et puissante princesse Marielle-Fébronie de La Tour d'Auvergne, duchesse de Bouillon,* fille de défunts haut et puissant prince Frédéric-Maurice de La Tour d'Auvergne, duc de Bouillon, prince souverain de Sedan et Raucourt, et de haute et puissante princesse Éléonore de Berg, son épouse, ses père et mère, assistée de haut et puissant prince Godefroy-Maurice de La Tour d'Auvergne, duc de Bouillon, duc d'Albret et de Château-Thierry, comte d'Auvergne et d'Evreux, pair et grand chambellan de France, gouverneur pour le roi de la province du haut et bas Auvergne, demeurant dans le monastère des Dames religieuses de Sainte-Elisabeth, vis-à-vis le Temple de Paris ; et de l'avis et consentement de haut et puissant prince Henry de La Tour d'Auvergne, vicomte de Turenne, maréchal général des camps et armées du roi, colonel général de la cavalerie légère de France, gouverneur des provinces du haut et bas Limousin, oncle paternel de ladite princesse, d'autre part ;

Lesquels, en la présence, vouloir et consentement de très auguste, très vaillant et très invincible prince Louis quatorzième, par la grâce de Dieu, roi de France et de Navarre ; de très haute, très puissante et très vaillante princesse Marie-Thérèse, par la même grâce de Dieu, reine desdits royaumes, épouse de Sa Majesté, et de Monseigneur le Dauphin ; comme aussi en la présence de haute et puissante princesse Madame Marie-Anne de Mancini, épouse de mondit seigneur duc de Bouillon ; de haut et puissant prince Monseigneur Frédéric-Maurice de La Tour d'Auvergne, comte d'Auvergne, baron de Limeuil, vicomte de Lanquais, etc., reçu en survivance au gouvernement de haut et bas Limousin ; de haute et puissante Madame Henriette de Zollern, son épouse ; haut et puissant prince Monseigneur Emmanuel-Théodose de La Tour d'Auvergne, duc d'Albret, abbé commendataire des abbayes de Saint-[Pierre de Beaujeu], de Tournus et de Saint-Ouen de Rouen ; haute et puissante princesse Madame Isabelle de La Tour d'Auvergne, épouse de haut et puissant prince Monseigneur Charles de Lorraine, duc d'Elbeuf, gouverneur et lieutenant général de la province de Picardie, Artois et pays reconquis ; et de haute et puissante princesse Mademoiselle Louise de La Tour d'Auvergne de Bouillon, frères, sœurs et belle-sœur de ladite princesse, ont fait les accords et conventions de mariage qui en suivent :

C'est assavoir que, suivant l'agrément et consentement qui en a été donné par le Sérénissime prince et seigneur Ferdinand-Marie, électeur et comte palatin du Rhin, duc de haute et basse Bavière, landgrave de Leuchtenberg, frère dudit Sérénissime prince Maximilien, icelui Sérénissime prince Maximilien a promis et promet prendre à femme et légitime épouse ladite princesse Mariette-Fébronie ; laquelle de sa part a pareillement promis et promet prendre ledit Sérénissime prince Maximilien pour son mari et légitime époux, et respectivement faire et solenniser ledit mariage avec les cérémonies pratiquées dans l'église catholique, apostolique et romaine, savoir les fiançailles incessamment et le mariage suivant qu'il en sera avisé.

Ledit seigneur prince de Bouillon promet et s'oblige de pourvoir ladite princesse, sa sœur, d'une dot de cinq cent mille livres, revenant à la somme de deux cents cinquante mille florins du Rhin, et de faire payer cette somme audit Sérénissime prince Maximilien, sans qu'il soit tenu à aucuns frais, incontinent après les épousailles, audit Munich ou à Augsbourg, en monnoie bonne et loyale ayant cours dans l'empire, *laquelle somme tiendra nature de propre et demeurera affectée aux héritiers de la lignée de ladite princesse ;* laquelle, moyennant ladite constitution de dot, a renoncé, comme aussi par ces présentes elle renonce à tous droits qui lui seront échus par les successions paternelles, maternelles et collatérales, au profit dudit seigneur prince duc de Bouillon, son frère aîné.

D'autre côté, ledit Sérénissime prince Maximilien, pour témoigner l'estime et l'affection qu'il a pour ladite princesse, promet et s'engage de lui faire présent de garniture de pierreries ; comme aussi ledit Sérénissime prince Maximilien s'oblige, aussitôt que la dot ci-dessus mentionnée aura été mise en son pouvoir, de l'employer du consentement de ladite princesse, en telle sorte qu'elle en pourra entièrement disposer dans les occasions à venir.

S'il arrivoit par la Providence divine que ledit Sérénissime prince Maximilien vînt à décéder auparavant la princesse son épouse, alors elle aura sa résidence dans le château et ville de   . Et, afin qu'elle puisse vivre plus commodément tout le temps de sa viduité, ledit Sérénissime prince son époux, du consentement dudit Sérénissime prince électeur de Bavière, son frère, lui laissera annuellement, au cas qu'il y ait des enfans, outre son bien propre, la somme de douze mille florins du Rhin, faisant vingt-quatre mille livres, pour être cette somme payée à ladite princesse douairière au lieu de son domicile, en quelque lieu qu'elle trouve bon de s'établir, sans qu'elle soit tenue à aucuns frais et ce de quartier en quartier et durant sa viduité ; laquelle somme de douze mille florins du Rhin sera prise sur tous les biens dudit Sérénissime prince Maximilien et à quoi même il promet faire obliger ledit Sérénissime prince électeur de Bavière, son frère. Et, en cas qu'il n'y ait point d'enfans, ledit Sérénissime prince Maximilien laissera à ladite princesse, pour lui être payée tous les ans, la somme de quinze mille florins du Rhin, faisant trente mille livres, et ce pendant le même temps de la viduité, payant comme dessus.

De plus, au cas comme il est ci-dessus dit, que le Sérénissime prince Maximilien vînt à décéder auparavant ladite princesse, il lui laissera, pour lui demeurer en propre, sans aucun empêchement de la part de ses héritiers et de quelque autre que ce puisse être, outre la dot qu'elle aura apportée en mariage, tous les habits et meubles de la princesse douairière, ses garnitures de pierreries et joyaux de toutes sortes, son argent monnoyé, son buffet et la vaisselle d'argent qu'elle aura apportée de France et généralement tous les présens qui lui auront été faits et qu'elle pourra avoir acquis pendant son mariage.

S'il arrivoit que la princesse douairière passât un second mariage (ce qui lui sera permis, soit qu'il y ait des enfans ou qu'il n'y en ait point, pourvu que cela se fasse par le conseil et du consentement des parens et alliés de part et d'autre) alors la résidence de ladite princesse et son entretien de viduité sera réduit à la somme de cinq mille florins du Rhin, faisant dix mille livres, laquelle somme lui sera payée sa vie durant, comme dessus et ne lui sera donné autre chose, outre cette somme de dix mille livres, que le bien de sa dot, ses habits, meubles, pierreries et autres choses ci-dessus spécifiées.

En cas que par la Providence divine ledit Sérénissime prince Maximillien survive ladite princesse et qu'il y ait des enfans vivans, audit cas lesdits enfans et tous les biens qui appartenoient et pouvoient appartenir à ladite princesse, demeureront au pouvoir dudit Sérénissime prince Maximillien. Et s'il n'y avoit point d'enfans, tout ce qui a été spécifié ci-dessus appartenant à ladite princesse sera mis en la possession de ses héritiers, un an au plus tard après son décès, à la réserve de la somme de cent vingt-cinq mille florins du Rhin qui demeurera audit Sérénissime prince Maximillien et à ses héritiers.

Fait et passé à l'égard de Leurs Majestés, au château de Saint-Germain-en-Laye, le 13 mai 1668, etc.

P. 71. Voici le dénombrement des terres (orthographiées comme aujourd'hui) que le duc de Bouillon possédait en Auvergne, d'après le *Mémoire* de l'intendant de Riom, Ant.-Fr.-de-Paule Lefèvre d'Ormesson : « Outre le comté d'Auvergne, le duc de Bouillon possède encore à titre d'engagement, du chef de la duchesse sa femme, le comté de Clermont avec les baronnies de Montrognon et de Chamalières, puis le domaine de Riom, chef-lieu de la duché d'Auvergne, comme étant aux droits du duc de Vendôme ; enfin, du chef de sa maison, les terres de Gerzat, Saint-Beauzire, Le Bassinet, Orléat et Saint-Gervais et la baronnie d'Olliergues, le quartier de Bourg-Bas, La Chabasse, Ollières, Murat, La Chapelle-Agnon, Cunlhat et Augerolles, dans l'élection de Clermont ; la baronnie de Montgacon, la ville de Maringues et le chastel d'Ennezat, dans celle de Riom. Et d'ailleurs, comme il est aux droits du roi à l'égard de l'échange, il a la faculté de rentrer en possession des baronnies de La Tour, Artonne, Montcel, Coudes et Montpeyroux, en payant au marquis de Champdeniers, ou au comte de Broglie à ses droits, 40,000 écus de finance par lui payée au sieur d'Allichy, qui tenoit ces mêmes terres en engagement du roi. » Cf. H. de Boulainvilliers, *État de la France*, etc., 1752, in-18, t. VI, p. 428.

Voici le *Discours prononcé par Monseigneur l'Evêque de Soissons* [*Jean-Joseph Languet de Gergy*] *en l'église de la maison professe des Jésuites, en présentant le cœur de M. le duc de Bouillon :*

Mes Révérends Pères, je viens déposer entre vos mains le cœur de très haut et très puissant prince Monseigneur Godefroy-Maurice de La Tour d'Auvergne, par la grâce de Dieu duc souverain de Bouillon, vicomte de Turenne..... Ce n'est pas de toutes ces grandeurs que la mort anéantit, que je tire le motif des hommages funèbres et des prières saintes que je vous demande pour cet illustre mort. C'est par le cœur que les grands hommes se font estimer. Les louanges qu'ils méritent par cet endroit sont plus durables que les titres les plus magnifiques. Aussi étoit-ce par le cœur que ce prince a mérité l'estime de ceux qui l'ont connu et les regrets de ceux qui le perdent. Dans les périls de la guerre il eut un cœur plein de courage. Il eut pour la patrie le cœur d'un vrai citoyen. Envers les pauvres il eut un cœur de père. Il eut envers l'Eglise un cœur simple et docile qui faisoit gloire de sa soumission.

Ajouterai-je ici, ce que vous n'ignorez pas, ce que vous ressentez vivement, ce que je dis volontiers à la gloire d'une Société qui dans tous les temps a servi utilement l'Eglise, qu'il eut pour vous un cœur plein d'estime et de tendresse. Il vous aima, il vous protégea hautement dans un temps où tant d'autres se sont fait un injuste honneur de vous oublier.

Aux approches de la mort, son grand cœur n'a point été abattu. Il l'a vu venir à pas lents et en a soutenu toutes les horreurs avec courage. Il en a rempli tous les devoirs avec religion. Il en a supporté les rigueurs avec patience et avec une humble soumission, plus précieuse que le courage même. C'est dans les sentiments d'une pénitence édifiante qu'il a reçu les sacrements de l'Eglise et nous avons sujet d'espérer que Dieu qui tient dans sa puissance les cœurs des rois pour les faire servir à l'accomplissement de ses desseins, aura reçu dans sa main le cœur purifié de ce prince pénitent pour en couronner les vertus.

Recevez donc avec reconnoissance ce cœur matériel que je vous présente, cœur dépositaire de tant d'héroïques qualités et le symbole des sentimens de cette grande âme dont il ne reste que le précieux souvenir. Recevez-le comme un spectacle touchant qui attendrira votre piété et qui exigera de votre gratitude des prières plus puissantes pour procurer son repos. Recevez-le comme une dernière marque de sa bonté pour vous et comme un gage de la protection constante de tant de princes héritiers du nom, des titres et des sentimens de celui qu'ils ont perdu et qui honorent le monde par la pratique de ces généreuses vertus, dont ils ont reçu les premières impressions dans l'heureuse éducation que vous leur avez donnée.

P. 75. L'arrivée de Marie-Anne Mancini à la Cour fut un petit événement et J. Loret la célébra dans sa *Muse historique*, édit. Livet, 1877, grand in-8°, t. ii, p. 153, lettre cinquième, du samedi vingt-neuvième janvier [1656] :

Marie-Anne de Mancini,
Fillette d'esprit infini,
Cette nièce jeune et jolie
Qui vint l'autre jour d'Italie
Et qui des plus grands de la Cour
Est le cœur, la joie et l'amour,
N'ayant pourtant atteint que l'âge
De six ans et point davantage,
Eut la fièvre lundi, mardi
Et de plus encor mercredi ;
Dont la Cour eut quelques alarmes
A cause de ses petits charmes,
Grâce, gentillesse, agrément,
Qui plaisent généralement.
Elle fut plainte et visitée
Et de plusieurs réconfortée ;
Monsieur pour elle eut ce souci
Et Monseigneur son oncle aussi
Et mêmement Anne d'Autriche,
Qui de bonté n'est jamais chiche
Et qui tendrement la chérit

Pour l'ingénuité, l'esprit,
Grâce et lumière naturelle,
Qu'on voit si tôt briller en elle.
Or j'ai voulu qu'à tout hasard
En mes vers elle eut quelque part,
Certes, je ne saurois moins faire,
Car, sache, ô lecteur débonnaire,
Que cette naissante beauté,
Où luit tant de vivacité
Et dont si jolie est l'enfance,
M'oblige à la reconnoissance.
Je ne l'estime pas en vain,
Car tout de bon il est certain,
Chaque fois que je vais au Louvre,
Qu'en son procédé je découvre
Et visiblement m'aperçoi
Qu'elle a de la bonté pour moi.
Dans la Cour de notre Monarque
Elle me connoît et remarque ;
J'en ai souvent quelque regard
Et me dit toujours : « Dieu vous gard !»

Si l'opinion publique défendit la duchesse de Bouillon dans l'affaire des poisons, Louis XIV, qui en savait plus long, se montra moins accommodant, puisqu'il l'exila peu après à Nérac. Il est vrai que, pour étouffer autant que possible le scandale de la procédure, il ordonna que les pièces en seraient brûlées. Cf. J. Loiseleur, *Trois énigmes historiques..., l'affaire des poisons,* 1883, p. 165 et suiv. Dans son volume sur *La Sorcière,* 1862, p. 312, Michelet l'appelle « une Bouillon insolente, effrénée. » Th. Jung, *La Vérité sur le Masque de fer, les empoisonneurs,* 1873, p. 290, n'y va pas non plus de main morte :

« La trop fameuse Olympe Mancini, la deuxième nièce de Mazarin, menait joyeuse vie. En compagnie d'une autre empoisonneuse, sa sœur, duchesse de Bouillon, elle faisait partie carrée avec le duc de Villeroy et M. de Vendôme. »

Quoi qu'il en soit, « les Mazarines, dit justement Arvède Barine, *Princesses et Grandes Dames,* in-16, p. 5, envisageaient la vie comme une partie, où les sots seuls ne trichent pas et dont l'enjeu est le plaisir, le plaisir défendu surtout, bien plus savoureux que l'autre. » Nous avons déjà vu que Marie-Anne Mancini tenait beaucoup de sa grand'mère Eve sur ce point. Entre autres amants, elle eut vers la fin Thomas Le Gendre, sieur de Collandre et de Gaillefontaine, fils d'un riche négociant de Rouen, qui acheta le régiment de Flandre en 1705 au prix de 53,000 livres, (Cf. Dangeau, t. VIII, p. 373) et « dont la figure, au dire de Saint-Simon, intéressait les dames. » On fit sur cette double *mésalliance* l'épigramme suivante :

> *Qui l'auroit cru, que Joachim Collandre,*
> *Fils de Thomas, noble pour son argent,*
> *Ou bien Le Gendre*
> *Simple marchand,*
> *Eut mis à mal l'infante de Sedan*
> *Et commandé le régiment de Flandre ?*

En 1705, Marie-Anne Mancini avait *cinquante-neuf ans* et Collandre en avait *trente-deux.* Evidemment, si ce dernier n'avait négligé un peu ses études, il aurait dû, comme dit Boursault dans sa comédie du *Mercure galant,* songer à

> *Œdipe, qui jadis eut la douleur amère*
> *De faire des enfants à Madame sa mère !*

P. 86. « M. le Régent, lit-on dans le *Journal de Barbier,* t. I, p. 272 (en mai 1723) le dernier jour, dit à son ordinaire un bon mot. Madame la princesse d'Auvergne alla demander quelque grâce au cardinal Dubois. Cette femme est angloise et s'appeloit Mlle de Trent, fille de condition, mais sans bien. M. Law, d'heureuse mémoire, lui a fait gagner deux millions ou trois en actions. En conséquence, elle a épousé M. le chevalier de Bouillon, appelé à présent le prince d'Auvergne. Cela fait une personne de haut rang. M. le Cardinal refusa ce qu'elle demandoit. Elle s'échauffa de manière que le Cardinal lui dit : « Mais, Madame, d'où vient votre bien ? — Mais, Monsieur, lui dit-elle, d'où vient le vôtre ? — Oh ! par Dieu, dit-il, Madame, c'en est trop ; allez vous faire f.....! » Cette manière de parler lui est assez ordinaire. Madame la princesse d'Auvergne alla clabauder à M. le Régent sur l'insolence du Cardinal. « Il est vrai, lui dit M. le Régent, que le Cardinal est un peu vif ; mais aussi, il est de fort bon conseil. »

Ajoutons toutefois que, suivant les *Mémoires secrets* de Duclos, dans la collection Michaud, 3ᵉ série, t. X, p. 602 *b,* cette boutade de Dubois se serait adressée à la princesse de Montauban-Bautru, c'est-à-dire à Charlotte de Bautru, veuve de Jean-Baptiste-Armand de Rohan, prince de Montauban.

II, 88. Saint-Simon dit du comte d'Evreux que « sa figure et son jargon plaisoient aux dames. » Avant de se lier avec la duchesse de Lesdiguières, il avait obtenu les faveurs de la duchesse de Villeroy et de sa cousine, la marquise de Richelieu.

Son oncle lui vendit 600,000 livres la charge de colonel général
de la cavalerie. Il est vrai que le cardinal de Bouillon lui donna
au moins 100,000 livres pour la payer et que son ami et protecteur, le comte de Toulouse, s'entremit pour lui faire trouver le
reste. Cf. le *Journal de Dangeau*, t. IX, p. 105 et les *Mémoires de
Sourches*, t. VIII, p. 15.

Le *Journal et Mémoires de Mathieu Marais, avocat au parlement
de Paris, sur la Régence et le règne de Louis XV, de 1715 à 1737*, éd.
par M. de Lescure, 1863-1868, in-8°, renferme plusieurs renseignements sur le comte d'Evreux. Cf. t. I, p. 205 ; t. II, p. 109, 157,
341, 345, 372, 376, 436, 438 ; t. IV, p. 38 et 48. C'était « un homme
singulier. Il a fait bâtir une maison magnifique au faubourg de
Saint-Honoré, où il fait venir tous les officiers de cavalerie, qu'il
traite hautement. Il a obtenu le don de Monceaux, qui est au roi
et dont il a la capitainerie. Il y passe sa vie à la chasse et il ne
cache point son attache pour la duchesse de Lesdiguières, qui le
suit partout et qu'il trouve meilleure que la petite Crozat.....
Le petit Lingot, comme on l'appeloit dans la maison de Bouillon,
avoit apporté en dot 500,000 écus, que son mari lui a aisément
rendus pendant le règne du papier (c'est-à-dire du système de
Law) et par des dons que le Régent lui a faits sur les taxes de
son propre beau-père. Séparée de biens (en octobre 1722), la
comtesse est retournée chez son père, leste, jeune et trop heureuse
d'avoir retrouvé sa chambre de jeune fille. » Elle mourut au mois
de juillet 1729 et « son testament, écrit à cette occasion le président Bouhier, détruit ensemble les bruits qui avoient couru de
quelques enfants qu'on disoit qu'elle avoit faits incognito. »

L'ancienne société, lit-on dans le *Cabinet historique*, t. XIII,
p. 168, attachait à la formule finale des lettres une importance
que notre mépris de l'étiquette nous fait regarder aujourd'hui
comme inutile ou ridicule ; mais cette ignorance du protocole,
du bon style et du bel usage pouvait autrefois susciter les plus
méchantes affaires. En sa qualité de colonel général de la cavalerie
légère, le comte d'Evreux eut maille à partir avec quelques
gentilshommes, qui se trouvaient sous ses ordres et qui se
montrèrent fort délicats en cette matière. Il semblerait au surplus
que cette prise d'armes de jeunes officiers contre leur supérieur
ait été concertée ; car leurs lettres paraissent calquées l'une sur
l'autre.

Voici les deux lettres échangées par le comte d'Evreux et le marquis de Villequier, fils du duc d'Aumont, et mestre-de-camp de cavalerie.

M. le comte d'Evreux à M. le marquis de Villequier.

Vous êtes de trop bonne maison, Monsieur, pour vous formaliser de la fin de la lettre que vous avez reçue de moi le 19 du courant. Quand je vous écrirai pour choses qui ne regarderont que vous et moi, j'en userai tout différemment que quand ce sera pour faire exécuter les ordres du roi ou de S. A. R. Je suis bien aise donc de vous donner avis, une fois pour toujours, que je ne changerai pas de style, que ceux qui sont d'aussi bonne maison que vous ont trouvé convenable, devant, au jugement des gens sensés et raisonnables, observer une différence par rapport à la subordination entre un mestre-de-camp de cavalerie et son colonel général. Si, après l'assurance que je vous donne de ne rien changer au cérémonial, vous ne le trouvez pas en règle, je ne puis qu'y faire ; mais, encore une fois, je ne changerai pas pour vous seul. Il y a plusieurs autres fils de ducs et pairs, qui trouvent que je ne puis, ni ne dois faire autrement, et à qui j'écris dans les mêmes conditions ; je veux bien entrer en ce détail par l'estime et la considération que j'ai pour vous. Si vous trouvez par hasard que j'aie tort, je vous prie de me le dire à moi-même et de ne pas vous en prendre à mon secrétaire.

Le comte d'Evreux.

M. le marquis de Villequier à M. le comte d'Evreux.

Vous êtes de trop bonne maison, Monsieur, pour que je ne me formalise pas de la lettre que vous avouez m'avoir écrite. Je ne suis point frappé de la différence que vous me mandez vouloir mettre en m'écrivant pour me donner les ordres du roi et de S. A. R.; j'y suis trop parfaitement dévoué pour ne m'y porter comme je dois. Mais je ne saurois m'empêcher de vous donner avis, Monsieur, que, sans examiner ce que les autres trouvent convenable, je ne recevrai jamais ce cérémonial-là, sans un ordre exprès du roi ou du régent, quoique je ne veuille jamais me séparer de la subordination due au colonel général de la cavalerie, qui est la seule différence qui soit entre nous. Comme je crains de ne pas vous trouver chez vous, j'ai cru que ce seroit manquer à l'estime et à la considération que j'ai pour vous à vous faire savoir quels sont et seront toujours mes sentiments.

Le marquis de Villequier.

Le *Cabinet historique* donne ensuite les lettres échangées entre le comte d'Evreux d'une part, le marquis de Gesvres, le comte de La Mothe-Houdancourt et le marquis du Luc d'autre part. Elles sont sur le même ton impertinent.

Nous allons encore reproduire, parce qu'elles sont plus particulièrement blessantes, les lettres du comte d'Evreux et du marquis du Luc, qui doit être Gaspard-Hubert de Vintimille, né le 9 mars 1687, mort lieutenant général le 17 mars 1748.

M. le comte d'Evreux à M. le marquis du Luc.

Mon secrétaire m'a dit que vous lui aviez renvoyé une lettre que vous avez reçu de moi le 19 courant, Monsieur, parce que, dites-vous, le mot d'honorer ne vous convient pas ; vous avez raison et moi, j'ai tort. Je ne devois pas me servir d'un pareil terme ; tout le public, je vous assure, est de votre avis. Mais, comme je ne sais plus comment finir, vous trouverez bon que ce soit pour cette fois sans cérémonie.

J'attendrai que vous me disiez vous-même ce que vous désirez et je verrai après ce qui sera convenable, quand je vous envoierai les ordres du roi.

Le comte d'Evreux.

M. le marquis du Luc à M. le comte d'Evreux.

Je sais, Monsieur, le respect qui est dû à la charge dont vous êtes revêtu ; je n'ai pas cru m'en écarter en faisant ce que j'ai fait. Je sais de plus le profond respect et la soumission que je dois avoir pour les ordres de Sa Majesté et pour ceux de Son Altesse Royale. J'ai jusqu'à ce jour témoigné un zèle et une ardeur à les exécuter, qui montrent assez que je suis rempli de mes devoirs et que je ne m'éloignerai jamais de ces sentimens. Le public que vous citez si à propos, Monsieur, m'a toujours rendu cette justice et par cette conduite que je n'ai jamais démentie j'ai été assez heureux pour mériter son estime et pour m'en faire considérer et *honorer*. Comme vous voudriez me faire croire que vous avez fait un grand effort en vous servant avec moi de ce terme, il est à propos, Monsieur, que je vous apprenne que mon nom est Vintimille, que ce nom est connu et qu'il est si bon que, pour le faire valoir et lui donner un lustre, nous n'avons jamais eu besoin de recourir à des chimères et à des idées fantastiques.

Vous trouverez bon, s'il vous plait, Monsieur, que me servant du même privilège et ne sachant plus comment finir, que ce soit pour cette fois sans cérémonie.

Le marquis du Luc.

P. 108. Décidément le duc d'Albret fut un homme terrible et il n'a guère dû songer à suivre l'exemple de cet évêque anglais de la fin du VIIᵐᵉ siècle, nommé Aldhelme, lequel se plongeait dans l'eau ou dans la neige afin d'éteindre les flammes de la concupiscence. Cf. P. Bayle, *Dictionnaire critique, art.* François d'Assise, *Rem.* C. En dehors des onze enfants que lui donnèrent ses quatre femmes et du bâtard qui était marchand bonnetier à Paris, il eut encore une fille naturelle, nommée Mᶦˡᵉ *de Milfleurs.* C'est ce qui résulte d'un petit dossier, que M. J.-B. Brincourt nous a communiqué avec son obligeance habituelle. Le dossier comprend six lettres et un reçu, datés de 1721-1722, pendant le troisième mariage d'Emmanuel-Théodose. Les lettres sont adressées au sieur Regnaudin, à l'hôtel de Bouillon, c'est-à-dire sans doute à l'intendant du duc, les deux premières par la gouvernante J. de Gouesnel, les autres par Mᶦˡᵉ de Milfleurs elle-même, dont l'écriture, très droite a sept millimètres. Il s'agit dans cette correspondance des frais de pension pour la jeune fille, qui sont de 400 livres par an et des honoraires pour les maîtres à chanter et jouer (du clavecin), lesquels montent à 35 livres par mois. Il s'agit aussi de démarches, que le duc doit faire pour régulariser la situation de la jeune fille et auxquelles la duchesse de Bouillon paraît consentir.

Au reste, voici la première lettre, écrite par Mme de Gouesnel :

Ma petite est si transportée de joie, Monsieur, qu'elle me prie de vous écrire pour elle, ne voulant pas faire attendre votre domestique. Elle vous fait mille remerciements de la bonne nouvelle que vous nous apprenez. Je savois les bonnes intentions de Monsieur le Régent, qui connoît de réputation ma petite et qui sait combien elle a d'esprit. J'aurois été ravie de vous entretenir ; j'aurois ici l'honneur de vous dire plusieurs choses là-dessus. Si dans l'absence de Monsieur le duc de Bouillon je peux rendre quelque service là-dessus, je suis fort à portée de cela. On m'a dit que Monsieur le duc de Bouillon devoit être à Pontoise jusques à la Saint-Martin ; cela est bien long....., Je vous supplie, Monsieur, souvenez-vous de la pension de ma petite, qui est due du 19 décembre et [de] nos maîtres ; tout cela nous presse beaucoup..... Si vous allez à Pontoise, Monsieur, ayez la bonté, s'il vous plaît, de présenter nos respects à Monsieur le duc et à Madame la duchesse de Bouillon et à Madame la marquise de Rhode.

Voici maintenant une lettre de Mlle de Milfleurs au sieur Regnaudin :

Vous avez eu la bonté, Monsieur, de me promettre de payer ma pension le premier d'avril ; elle est échue le dix-neuvième mars et les cent francs qui étoient dus. Ce qui m'inquiète, c'est les maîtres ; il y a trois mois, car ils ne font pas de crédit. Les demoiselles les paient tous les mois. Mais ma tante (sans doute Mme de Gouesnel) leur a fait entendre que l'on payoit avec la pension tous les trois mois. C'est bien de l'argent ; mais on ne peut [trouver] des maîtres à meilleur marché que trente-cinq livres par mois pour les deux. Ils sont fort habiles et je ne les aurois pas pour ce prix, n'étoit qu'ils ont bien des écolières dans les couvents ici autour. J'espère, Monsieur, que vous aurez la bonté de ne pas oublier et de me faire le plaisir de parler de moi à mon cher parrain (le duc évidemment), pour me faire reconnoître. Je n'ai pas osé lui en écrire, crainte de l'importuner ; mais je ne saurois jamais avoir un moment de joie et de bonheur que cette affaire, ne soit faite. Je crois que vous le comprenez bien. Je serai plus sensible à cet honneur qu'à tous les biens du monde. Je vous aurai beaucoup d'obligation, Monsieur, si vous travaillez à faire finir cette affaire, qui me tient tant au cœur. Je suis avec beaucoup de considération et d'estime votre très humble et très obéissante servante.

                                                        Milfleurs.

Ma tante, Monsieur, vous fait mille compliments.

En tête de la lettre est écrit, sans doute par Regnaudin : Envoyé le 20 avril par le sieur (illisible), les 100 livres restant de la pension au 19 décembre 1720 et 105 livres pour les trois mois des maîtres, échus le 1er avril, 205 livres,

Dans la dernière lettre, de la même au même, et reçue le 18 avril 1722, nous lisons encore :

« ..... Je crois que mon cher parrain le voudra bien ; car il me semble que l'on ne peut faire autrement. Je vous supplie, Monsieur, de lui vouloir bien parler de moi. Madame la duchesse m'a fait l'honneur de me dire que l'on finiroit toute chose à votre retour. Vous savez, Monsieur, combien j'ai de raisons pour le souhaiter. Je vous serai sensiblement obligée, si vous voulez bien travailler à mon bonheur..... »

La troisième femme du duc de Bouillon mourut des suites de ses couches, le 8 août suivant. Quant à Mlle de Milfleurs, nous ne savons pas si finalement sa situation fut régularisée. Son nom, d'allure si poétique, rappelle celui du village de Mirefleurs qui se trouvait dans le comté d'Auvergne (Puy-de-Dôme, arr. Clermont, cant. Vic-le-Comte).

P. 120. Voici, extrait des registres des actes de mariage de la paroisse Saint-Sulpice de Paris, année 1743, l'acte de mariage de Godefroy-Charles-Henri de La Tour d'Auvergne, prince de Turenne, et de Louise-Henriette-Gabrielle de Lorraine :

L'an mil sept cent quarante-trois, le vingt-huit novembre, a été célébré le mariage de très haut et très puissant prince *Monseigneur Godefroy-Charles-Henry de La Tour d'Auvergne, prince de Turenne,* âgé de dix-sept ans, fils de très haut et très puissant prince Monseigneur Charles-Godefroy de La Tour d'Auvergne, par la grâce de Dieu duc de Bouillon, pair et grand chambellan de France, présent et consentant, et de défunte Marie-Charlotte Sobieska, princesse royale de Pologne et du grand duché de Lithuanie ; ledit seigneur prince de Turenne, colonel général de la cavalerie françoise et étrangère, de cette paroisse de fait et de droit, avec très haute et très puissante princesse *Madame Louise-Henriette-Gabrielle de Lorraine,* âgée de vingt-quatre ans, dame de l'insigne église collégiale et séculière de Saint-Pierre de Remiremont, fille de très haut et très puissant prince Mgr Louis, prince de Lorraine, sire de Pons, prince de Mortagne, maréchal des camps et armées du roi, chevalier de ses Ordres, et de très haute et très puissante princesse Madame Elizabeth de Roquelaure, présents et consentants, de fait et de droit de cette paroisse ; deux bans publiés en cette église sans opposition, dispense du troisième ban obtenue de Mgr l'archevêque de Paris, en date du vingt-cinq de ce mois, insinuée et contrôlée le même jour, fiançailles faites. Présents et témoins : très haut et très puissant prince Mgr Louis-Marie-Bretagne-Dominique de Rohan-Chabot, duc de Rohan, ami du seigneur époux ; Mgr Charles de Rohan-Soubise, oncle maternel du seigneur époux ; très haut et très puissant prince Mgr Charles de Lorraine, pair et grand écuyer de France, chevalier des Ordres du roi, lieutenant général de ses armées, gouverneur pour Sa Majesté des provinces de Picardie et d'Artois, cousin paternel issu de germ..... de ladite épouse ; très haut et très puissant seigneur Jacques-Éléonor Gri.....i, duc de Valentinois, pair de France, cousin paternel au troisième degré de ladite demoiselle épouse et plusieurs autres seigneurs et dames, parens et amis desdites parties qui ont signé. *Ainsi signé :* Godefroy-Charles-Henry de La Tour d'Auvergne. Louise-Henriette-Gabrielle de Lorraine. Louis de Lorraine. Elizabeth de Roquelaure, princesse de Pons. Charles-Godefroy de La Tour d'Auvergne. Le prince Charles de Lorraine. Charles de Rohan, prince de Soubise. Louis-Marie-Bretagne-Dominique de Rohan-Chabot, duc de Rohan. Le duc de Valentinois. Louis-Marie-Victor, comte de Béthune. Linotte, tuteur honoraire de Mgr le prince de Turenne. A. Languet de Gergy, curé de Saint-Sulpice.

Ajoutons que le mariage fut célébré dans la chapelle du prince de Pons par le cardinal d'Auvergne, oncle à la mode de Bretagne du prince de Turenne.

P. 144, note. Il faut rétablir comme suit la légende, au revers, de la deuxième médaille frappée par ordre du cardinal de Bouillon : *(3 lis)* **sedente** *(lis)* **Clemente** *(lis)* **XI** *(lis)* **Pont** *(lis)* **Max** *(lis)* **an.** *(lis)* **I** ; c'est-à-dire pendant la première année du pontificat de Clément XI.

TABLE DES MATIÈRES

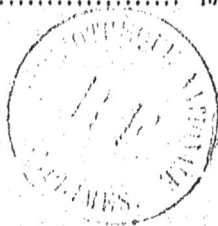

Sedan. — Imprimerie de Jules LAROCHE, rue Gambetta, 22.

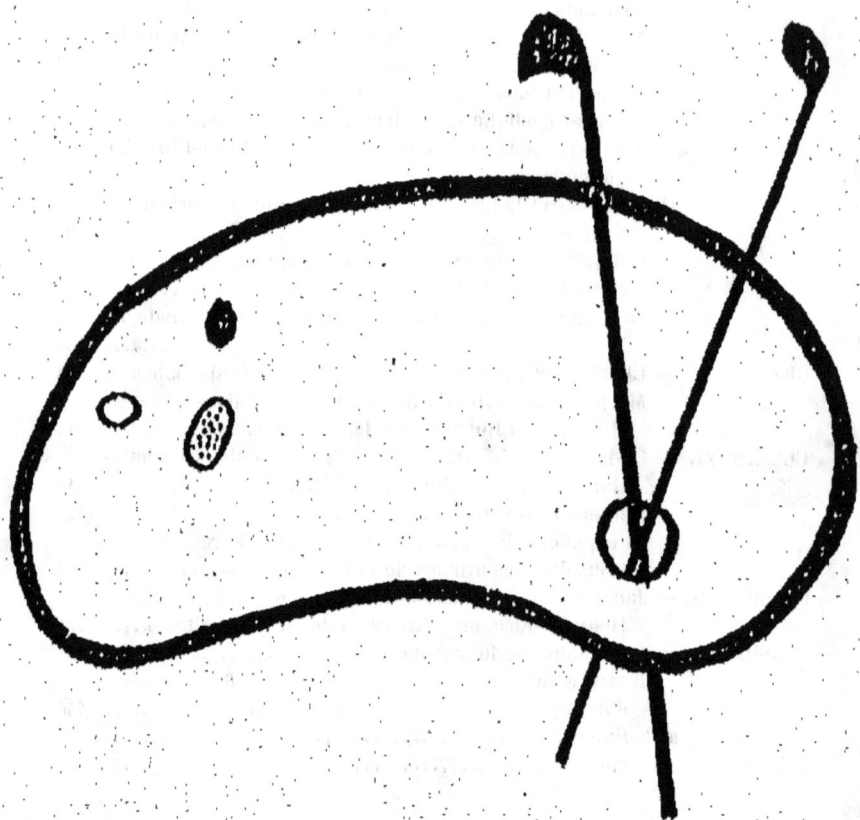

ORIGINAL EN COULEUR
Nº Z 43-120-8